臺灣歷史與文化 研究輯刊

二十編

第 11 冊

在介入與隱遁之間
——七等生文學中的沙河象徵(上)

劉慧珠 著

花木蘭文化事業有限公司

國家圖書館出版品預行編目資料

在介入與隱遁之間——七等生文學中的沙河象徵（上）／劉慧珠
著 -- 初版 -- 新北市：花木蘭文化事業有限公司，2021〔民
110〕
目 6+222 面；19×26 公分
（臺灣歷史與文化研究輯刊二十編；第 11 冊）
ISBN 978-986-518-558-9（精裝）
1. 七等生 2. 作家 3. 臺灣傳記 4. 文學評論
733.08   110011286

ISBN-978-986-518-558-9

9 789865 185589

臺灣歷史與文化研究輯刊
二十編　第十一冊　　　　　　　　ISBN：978-986-518-558-9

在介入與隱遁之間
——七等生文學中的沙河象徵（上）

作　　者　劉慧珠
總 編 輯　杜潔祥
副總編輯　楊嘉樂
編　　輯　許郁翎、張雅淋、潘玟靜　美術編輯　陳逸婷
出　　版　花木蘭文化事業有限公司
發 行 人　高小娟
聯絡地址　235　新北市中和區中安街七二號十三樓
　　　　　電話：02-2923-1455／傳真：02-2923-1452
網　　址　http://www.huamulan.tw 信箱 service@huamulans.com
印　　刷　普羅文化出版廣告事業
初　　版　2021 年 9 月
全書字數　404892 字
定　　價　二十編 14 冊（精裝）台幣 35,000 元　　版權所有・請勿翻印

在介入與隱遁之間
——七等生文學中的沙河象徵（上）

劉慧珠　著

作者簡介

劉慧珠，現任修平科技大學應用日語系副教授。東海大學文學博士、政治大學文學碩士、中興大學中文系。研究領域由古典文學跨入現當代文學。教授應用國文、創意思考與問題解決、文化創意產業概論等課程。曾出版《齊梁竟陵八友之交遊與文學》（花木蘭文化出版社，2012 年）、《開到水深之處——教出文學新產能》、《撫今追昔話台中——五個女人的地方書寫》等書。

提　　要

　　在台灣文學的繁花盛景中，七等生是一位風格特異的台灣作家，也是一位自我型的藝術家。縱觀他長達三十五年的創作生涯，曾被台灣文學界視為「永遠現代性」的代表作家，以及最具哲學深思的小說家之一。儘管他的全集已經出版（遠景，2003 年 10 月），但讀者對他的認識和了解卻沒有因而與日俱增，這可能與他個人淡出文壇許久，平日深居簡出有關，另外也牽涉到近幾年來台灣現當代文學的研究偏好，「七等生現象」不再是研究的熱潮，取而代之的是更多對歷史、政治與文化、性別等議題的關注，七等生儼然已成為台灣文學研究的「隱遁者」。

　　然而「重讀七等生」是筆者邁入台灣文學研究的自我宣示，期許能在這位過早被列入現代主義美學陣營的作家的文本中另闢研究的蹊徑。事實上，曾自言「台灣的河因為多沙石，民間泛指河都叫沙河」的七等生，在結束台北漂泊生活，返鄉任職後，其中、近期的創作風格已有所突破，其「沙河」的意象逐漸成為他創作中期的一個新地標；筆者藉由文化地理學的觀念，在文學與地理的關係中找到一條切入的路徑，循著作家身世的脈絡，看他走過的足跡，一一辨識其作品中的文學空間，探看其書寫的美學。這個研究的意義，第一是為作家的在地書寫形塑主體與認同，第二是為作家的創作美學尋找定位與價值。因此本論文首要放棄以現代主義美學為標籤嵌入式的研究法，直接由作家的本體出發，企圖做最素樸細緻，兼具傳記與美學意涵的專家研究。

　　首先透過與作家本人數次的訪談，以錄音並親撰逐字稿、整理稿的方式，逐步建立文本以外彌足珍貴的第一手口述歷史的訪談資料，之後再參照細讀《七等生全集》所蒐羅的蛛絲馬跡，和前人的研究所得，目的在為作家的一生勾勒一鮮明立體的生命圖象，並以此修訂一份較為完整的年表，期使對專家研究有別開生面的貢獻和助益。

　　總而言之，本論文共有幾個重點所在：一、以「在地與遷移」的角度觀照七等生一生「在自我的土地漂流」的生命現象與特質；二、建立七等生口述歷史的傳記資料，並添補現有年表的疏陋與不足；三、確定七等生在他創作中、近期，是以「通霄」出生地為創作的核心與地標，並營造出「沙河」的心象空間，反映在七等生小說人物的主體形貌與自我追尋上；四、循著七等生在地書寫的脈絡，走一趟通霄文學現場，感受這位「在地作家」書寫「沙河」的真實與夢幻，以及深切體認「沙河」的在地性、意象指涉與文化意涵；五、檢視七等生「沙河行者」的形象特徵，除了從文字的書寫透顯其內在生命外，也從攝影、繪畫等創作，看出其理念的延伸與藝術空間的開展；而其「逃避／隱退」哲學，更呈現出「以退為進」的生命美學，呼應他創作之初即據以執著自封的「寫作藝術家」形象以及「沙河行者」的孤獨身影；最後確立作家晚近抒情自我／主體的建構，及其在文學史上的價值與意義。

流淚撒種的，必歡呼收割（謝辭一）

　　這部論文的誕生，就像我第四個孩子的問世；從我老三滿三歲到她過完十歲的生日，七年的懷胎歲月。在此期間，我馬不停蹄地尋訪名師聆聽教誨，轉戰南北學術研討會感受學術氣氛，與資格考一次又一次的正面交鋒，在姊妹讀書會中相濡以沫論道問學；歷經苦思冥想的論文黑暗期，也體會破繭而出的喜悅（引周師分伶的話說是「死去活來」）；如果我還勉強稱得上是稱職的老師、快樂自信的媽媽、性情溫柔的妻子、孝順的女兒、順服的學生的話；還沒演變成一個六親不認、面目可憎、性情古怪，或憂鬱症病患的話，我真要感謝我的上帝，賜給我一群包容我的小組弟兄姊妹，沒有在我因遭逢資格考風暴，信心危機，靈命低潮的時刻，轉眼不看我；反而殷切地為我代禱，陪我走過生命的低谷，而重新仰望真理。

　　首先我要謝謝我的家人，擔任律師的老公奉典，在我沮喪難過、淚濕衣襟的枕邊給我倚靠的臂膀；老大鈞亮，跟我同一天生日的巨蟹座男孩，看他一天又天帥氣的成長，才稍稍緩和時間流逝的焦慮，有了身為人母的驕傲，但轉眼已逐漸感受到國三基測的壓力了；爸爸節出生的老二弘亮，才覺得他「藝術家」性格叫人難耐，練就我們為人父母學習忍耐與等待的功課（因為德川家康說過：杜鵑不啼等牠啼），一晃眼，他也成了要進國中唸書的俊秀小少年了；善體人意的老三訪竹，曾經乖巧善良像上帝派來的使者，也像隻溫馴可愛的小綿羊，讓媽媽沒有後顧之憂地扮演博士生的角色，曾幾何時，她即將邁入小五青春風暴期了。一路走來，他們也跌跌撞撞的，陪伴媽媽共同見證了這個艱辛的「老蚌生珠」的過程。

　　而我最要感謝作家七等生，沒有他就沒有這部論文，感謝他願意接受我三

番兩次的叨擾，而居然沒有翻臉；更要感謝我的論文指導老師周芬伶教授，其創作和學術上的成就大家有目共睹，難為她在百忙之中還得為學生指點迷津。

也要向幾位學養兼備的老師致上十二萬分的謝意：前興大中文系系主任陳器文教授，一路拉拔陪伴我穿越迷霧的叢林，看見一線曙光，使我勇敢挺進；東海恩師彭錦堂先生，以最大的溫柔、耐心和器度，引領提攜我走過徬徨歧途，跨步前行；擔任論文口考的陳師芳明、徐師照華和楊翠教授，提供許多寶貴的修正意見，足為我往後論文寫作的努力指標。而我同時也要感謝在政大時期的恩師簡宗梧、李威熊教授，以及已過世的沈謙教授（在興大時期的老師，他曾在我最失意落寞時誠意相挺）；同時也要對教會牧師王武聰、林旻凱（忠孝長老教會）、蔡松柏（屏東林邊教會），以及召會弟兄姊妹的代禱表達謝意，兼及公公、婆婆的包容，大姑秀玲一家、小姑秀媛一家的支持等。

我還要感謝這期間幫助過我的人：修平同事們的體諒和成全，尤其是秀齡老師，陪我到台北專訪七等生數次，對我毫無私心的協助；苡如老師常來電互吐心事，為我加油打氣；嘉賢（彰師大中文博士班）不僅常幫我到興大圖書館借書，還協助我資料的蒐集、俊廷（玄奘中文碩士）也三不五時來電問候，給我帶來學術界的小道消息，他們從樹德（現為修平）電機轉到中文學術領域，看著他們的成長蛻變，是我為人師表的最大安慰；也謝謝淑芳永遠站在前頭，成為我論文的開路先鋒，時時為我排難解惑；怡伶（修平應中系應屆畢業生）、佳瑩、珮婷（興大中文所）、詩筠、香君（興大外文系）等，在口述歷史逐字稿整理上的協助，以及我的博士班一群好姐妹們：雅玲、雪真、惠鈴、麗華、英雪、慧芬、如綺、禎臨等的加油打氣，以及外傭 Dasy、Dema、阿鳳，她們是我一路走來生活上的好管家；用功向學的喆鍊夫婦、還有我太平洋扶輪社的眾社友及夫人們（特別是 MT 夫婦、油畫老師 ART（紀慧明）等）；當然還有一些我未能提名，但曾經忍受、關心、祝福過我的師長及親友，以及我尚未修成正果，導師班的一群半大不小的修平應用中文系的學生們，在此讓我獻上最大的感激和謝意。

我希望迎接我的不是產後憂鬱症，而是充滿愛與盼望的人生。

我願將此論文獻給我在竹山逐漸老邁，卻以無比的耐心等待我完成學業的父親劉景通，以及後半生受盡洗腎折磨早已回天家的母親石妙梅女士。

更願將一切的榮耀歸給上帝。

沙河行腳——七等生通霄文學現場之旅（代謝辭二）

　　頂著七月的豔陽，懷著未知的心情走訪七等生的故鄉通霄（2007 年 7 月 2 日），把手邊該帶的資料及事先買來的通霄鎮地圖帶上路，心裡打算從北二高下通霄交流道之後的第一站就是通霄鎮公所，其餘就見機行事，端看上帝怎麼帶領了。

　　我開著先生的七人座休旅車，同行的有同事周秀齡老師和修平應中系的四位「重量級」女生，她們是我這趟旅程最佳的伙伴，剛上路時還很興奮，彼此打鬧取笑，不久後就紛紛躺平了，因為這四個女生有與她們的身材很不相稱的「柔弱」體質，藉由睡覺可以躲過暈車來襲。周老師陪我一路聊著聊著，竟然錯過了通霄交流道，開到後龍後再迴轉，像我這樣的路痴，這種情況還是小 case。

　　終於要進入通霄市區了，趕緊把大家喚醒，我瞥見路邊「通霄鎮」三個大字在向我們招手，便停車暫拍照，留待他日「此曾在」的感覺：這是我們探訪桃源的渡口，遙想東晉漁人當年「緣溪行，忘路之遠近」的浪漫情懷，期待眼前出現「白馬的故鄉」裡有最富庶和美麗的田中園；也異想看到那象徵「沙河鎮」的虎頭山和聽見「沙河」淺流的潺潺細唱，更希望能出其不意地碰到剛從座落在街尾的一間低矮的瓦屋走出來的李文龍，或是隱遁在「沙河」對岸，涉水而來的魯道夫。

　　我們的第一站是通霄鎮公所，是為了察看《通霄鎮志》而來，也希望借力使力，多少採集到一些關於七等生的奇聞軼事。令人雀躍的是，這裡的主

任祕書湯津源先生十分熱絡和慷慨，知道我的研究需求，主動地送上這本非常厚重有價值的《通霄鎮志》，只要填一下申請書即可。我也趁此向他打探這一趟行程的最佳行經路線，他攤開打算再送我們的一張通霄行政區域圖，一一向我們解說幾個相關的地理位置，我記上筆記，打算按圖索驥，展開我們這趟旅程的重頭戲——七等生通霄文學現場直擊。

　　一九七〇年，七等生結束台北的漂泊生涯，回鄉等待復職時，曾在母校通霄國小（通東里）代課一個月，而這個學校剛好就緊臨通霄鎮公所隔壁，我們向湯主任秘書道別時，已是中午時分，周老師請我們吃便當，我們就在通霄國小的蔭涼處歇息用餐，也享用她帶來的澎湖西瓜，並感受想像七等生曾在此地渡過最調皮搗蛋的小學時光，那個擁有繪畫和數學天份，卻不肯乖乖背書寫字，經常逃學到後山漫遊鬼混的少年「大頭」，如何幾經歲月和現實的淬鍊，如今已是著作等身的寫作藝術家了。

　　用完午餐，我們沿著中正路前行，農會及消防隊等這些在七等生小說中描繪的地景出現在眼前，當然不能錯過任何拍攝的鏡頭；之後左轉仁愛路，要去看一眼七等生的通霄舊屋。（因為匆忙出門忘了帶之前訪問七等生的筆記，上頭記載的地址有點記不清了）或許也是因為被太陽曬昏了頭，把仁愛路 3 號記成 51 號，一看感覺不對，趕緊打電話到台北向七等生求救（我想他大概被我從午睡中吵醒吧），他說「不是跟你說過就在街尾嗎？現在蓋了大樓了啊！」（是嗎？回去翻翻訪問稿，果然就是這麼記的）為了確定起見，我走到角間的「源和傢俱行」，大喊：有人在家嗎？午睡中的老闆被我吵醒，告訴我這是七等生的老家沒錯，而且連同隔壁鐵門緊閉的角間都是，如今已蓋起連棟樓房了。向他答謝並請教貴姓，他說這不重要，接著便又倒頭再睡，看起來這麼炎熱的夏日午後，是不會有什麼生意上門的。我趕緊拿起相機拍下這陪伴七等生渡過童年及中年大半歲月的仁愛路老家舊址。

　　完成此行的重大任務之後，要往七等生喜歡散步及游泳的通霄海水浴場，一探七等生經常在黃昏下班後的去處——密密的木麻黃防風林，見證他當年在此有過的沉思和裸泳的真實況味；也刻意去拍下《沙河悲歌》主角李文龍流連駐唱的樂天地及圓滿意酒家，並特地看一眼現今的郵局，因為它是過去老鎮公所的舊址，日治時期七等生的父親在此任職，但在光復後卻失去了職務，從此貧病交迫，足不出戶，甚至早逝，在他小小的心靈中留下了許多「記憶陰影」，成為他內在躁鬱不安的來源，也連帶影響了他對自我土地的認同，

透過反覆的書寫，終於踏上自我治療的旅程。

接下來是去七等生任職過的幾個國小。首先沿著台一線往苑裡的方向，在前往五福國小（五北里）的途中經過通霄橋，它是南勢溪與通霄溪交會的所在，往下不遠處就是七等生筆下沙河跳水谷的所在；小時橋底河水清澈，七等生的大哥就是在這裡教會七等生游泳和垂釣。當然這座新橋已經改建拓寬，比起舊日的通霄橋更為美麗壯觀。繼續前行，果然在路橋右轉斜坡下窄小的巷道進去一兩百公尺處，看到五福國小的精巧校門，這裡是七等生在通霄鎮待了最久的學校（滿九年），後來因為在坪頂山腰蓋新屋的關係，申請請調坪頂國小。這段期間他完成了〈離城記〉、〈沙河悲歌〉、〈隱遁者〉等幾部重要的在地書寫。

再下一站就是坪頂國小（坪頂里），它位於中油鐵砧山礦場天然氣圍牆的盡頭，3米路的十字路口右轉進去約七、八十公尺處。雖然要找到這所迷你型的小學有點吃力，卻是此趟行程最大的收穫。因為我們在這裡又遇見貴人相助，七等生以前教過的學生中，一位已是該校的教導主任，另一位是工友，都同樣有十三年的資歷。當我們向年輕帥氣的李介耀主任（58年次，曾經是七等生在五福國小三、四年級的學生）說明我們的來意時，他主動提供當年對老師的一些模糊印象，謙虛地說自己當時並不是前十名的好學生（但根據「第十名現象」的研究報告，十名左右的學生較多是社會上的中堅份子），卻記得當年有一個畫面，就是老師曾在黑板抄寫了一些詩句，自我沉浸其中而不自覺地掉下淚來，讓學生愣在那裡不知所措。另外，在他印象中，老師也是很嚴厲的，九九乘法表不會背是要挨打受罰的。

也在坪頂國小服務十三年的工友余清輝先生（58年次），一樣英挺瀟灑，他說在國小五年級時被七等生教到，但對老師已不復記憶，倒是他十分肯定七等生在坪頂國小服務的時間和期限（民六十九年到七十二年），也熱心地騎摩托車抄小路帶我們去找附近一位曾經是七等生在福興國小的同事呂榮海老師（已退休兩三年）。因為福興國小（福興里）是七等生所待的最後一所小學，所以這會是一份寶貴的資料來源。

幸運的是呂老師和師母都在家，呂老師相當質樸親切，毫不保留地向我們回應他所認識的七等生，他說他的大兒子趙斌在坪頂國小時曾被七等生教到。他記得七等生剛調到福興國小時髮型還算正常，但過了不久就蓄起長髮並綁了一個辮子，氣質的確與眾（其他老師）不同。對七等生的太太的印象

好像是一個沒有聲音的人，而他個人感覺在福興國小的這些年應該是七等生最快樂的時期，因為寒暑假經常有人去訪問他。後來他乾脆開車引領我們到福興國小的圖書室，想去看看七等生當年管理圖書室時所寫的一幅墨寶是否還在？可惜的是，圖書室的擺設幾經人事的更動早已拭去舊日的痕跡。

為了我們回程的方便，呂老師最後帶我們到城中國小（城北里），好順路南下苑裡交流道上南二高返回台中。這個七等生返鄉後正式復職後的第一所小學，以及曾留下些許緋聞的地方，校園景觀相當整潔美麗。要進入校園前必須爬上幾個石階，看得出來它居高臨下，以及位於鎮內富庶的中心。我們在此向呂老師道別，感謝他的招待和扮演稱職的嚮導角色，為此行畫下圓滿的句點。

也要特別感謝這趟旅程中與我相伴的周秀齡老師，她從專訪七等生時就與我一路同行，見證我在論文撰寫期間的辛酸和喜悅；而我們這四位應中系同學：姿文、姿婷、琬婷和紫琁，真是我們得力的助手，拍照和錄影，樣樣都行；而在旅途中遇見的湯津源主任秘書、李介耀主任、余清輝先生及呂榮海老師等，雖然萍水相逢，卻因七等生而結緣，也感受到他們最大的愛心和善意，我都一一謹記在心，這一切真是上帝的美意；我的論文如因這趟通霄文學現場之旅有任何嶄獲的話，他們功不可沒，當然我也不敢忘記表弟昭元和弟媳倩英（元普企業），他們協助我美化了通霄文學現場之旅圖，真是感激不盡。

寫於 2007 年 7 月

目

次

第一章　緒　論

第一節　研究動機

一、中文界的專家研究

　　台灣文學因一群長期默默耕耘的文學家園丁而存在，也因一群孜孜矻矻於資料蒐集與評析的文學工作者而持續不輟，更因一群有心建立史觀和理論體系的前行研究者而展現其主體性，追隨者如我輩者，站在文學的汪洋旁興嘆，我將如何用涓滴之流匯注其中而不見其渺小也不必自成其大？我將如何跳脫井蛙之見而避免貽笑於大方之家，又將據以何者縱身於大浪中不憂亦不懼？

　　不同的研究方法和角度像攝影師的鏡頭一般把台灣文學的不同面貌一一地展示在世人的面前，攝影的理論之一是為「再現」及使其被「看見」，但事物本身其實自有它們生存的姿態與形式，攝影師的「再現」若只是個人一廂情願地賦予其意義，將無助於它們本身價值的衡定；然而增加它們被看見的機會，卻有可能改變它們在世俗的命運，因為這是一個媒體掛帥的時代，媒體聚焦的核心即成為大眾矚目的焦點，當然文學研究的重心也集中在曝光率最多的那個區塊。而攝影的論點有辨識知面及刺點，以及等待奇遇和發現「驚奇」等，文論家羅蘭・巴特（Roland Barthes）以他特有的感性揮灑寫就《明室》〔註1〕一書，留給文藝界許多省思及迴響，這不也提供台灣文學研究者一

―――――――――――――――――――――――――――――

〔註1〕羅蘭・巴特著／許綺玲譯，《明室：攝影札記》，頁28、34～37，42，台北：
　　　　台灣攝影工作室，1997年。

個觀照的角度？在學院裡接受十八般武藝訓練的徒子徒孫們，要拿什麼本事來印証自己有獨當一面的研究能力，在眾聲交響的理論時代，何者是據以論述的有效利器，能用來幫助自己，不，幫助研究的對象增加曝光的機會而獲得到更多的掌聲呢？

　　傳統中文界的專家研究，多半處理已蓋棺論定的對象，試圖給予研究對象一個客觀合理的評價，以便在文學史上安置一合襯的地位；而這些多半已作古的被研究者，就像上了解剖檯的大體，身上的每一寸肌膚及器官，都是被檢視及解剖的對象，最好做到鉅細靡遺，那才算是對死者的最高崇敬。當然，台灣文學的研究亦是由一群學有專精的前輩學者和有自覺的台灣作家從文學史料的彙編和文集的出版建立起，像從一塊荒蕪的處女地開始披荊斬棘，而在一九八七年解嚴前後奠定了學術化的基礎，〔註2〕文獻的資料累積和文本的整理解讀已經有了相當豐碩的成果，專家的研究也已進入深化的階段；特別是有很多外文能力極佳的學者從西方引進各種文學理論來檢視現當代台灣文學的研究，如從結構主義、解構主義等理論切入，著重在作品與文本的「切割」與解讀，或者是以歷史與政治文化的角度投入台灣文學作家及其作品的詮釋與解析，使台灣文學的研究呈現眾聲喧嘩的局面。由於當前的研究大多傾向文學的外緣研究，近年來周師芬伶投注心力在傳記與美學的研究上，是以一種「新古典」的作法，翻轉「作者已死」的觀念，視作者為作品的靈魂，目的是用來補足文學史研究的缺口。〔註3〕因此當下要來做專家研究，尤其面對台灣當代的文學作家，我們似乎不能也無法再固守既定的研究框架，反而更要以嚴謹審慎的現代手法來妥善因應，因為他們（現當代作家）與我們的距離看似如此的近，但是彼此因成見所造成的鴻溝卻是無比的深遠，因為：一者，作家與研究者本來就有不同的認知；二者，凡事未到最後關頭難以論定，三者，研究對象若不好「惹」，可要防著他（她）們隨時有不滿意跳出來理論的時候；四者，要有眼明手快的功夫，隨時要能補充及挖掘新資料。

　　而論文撰寫的過程，其實就像一趟充滿變數與刺激的探勘之旅，任何風吹草動都會影響或干擾研究者與被研究者的心理認知和研究的動向。所以聰

〔註2〕楊翠，《鄉土與記憶——七〇年代以來台灣女性小說的時間意識與空間語境》，頁1，台大歷史所博士論文，2003年。
〔註3〕周芬伶，《聖與魔——台灣戰後小說的心靈圖象（1945～2006）》序言，頁4，台北：印刻文學，2007年3月初版。

明的研究者多會避開如此的麻煩與窘境，或者只取某一角度或某一時期的成果作觀察，或者運用某種訓練有素的理論切入，企圖抓得住像泥鰍般滑溜的研究對象。總之，做現當代的專家研究，筆者除了察覺當初所受的古典文學訓練不足以因應美學品味紛岐的現代文學作品外，更無法用一家之言來概括論述所有的材料，尤其對一位著作等身，其本身更有跨文類偏好的作家而言。在此我的指導老師周芬伶教授，在眾多的張愛玲的研究之中，著重於其文體各類型（小說、散文、詩、劇本、評論）表現手法的差異，以及小說美學的轉變，「從短篇追求的戲劇性，到中篇對風俗的描寫，長篇由華麗歸於平淡自然，當然更不能忽視她小說的女性敘述及增刪的過程」，〔註4〕其以現代理論切入論述，並以傳統考證增加論文嚴謹度的研究方式，給予筆者相當程度的啟發和示範，尤其她在文本解析前所做的張愛玲評傳，運用口述歷史及實地田野調查的功夫，使其文學年表沒有空缺和遺漏，如此細緻和踏實，在之前的專家研究中難得一見。因此當筆者選定專家研究的對象為當代台灣作家七等生後，依其隱逸低調的行事作風，更強化筆者要以口述歷史加入論文研究，或另立專章處理其生平傳記的必要及決心，冀以此填補及修正現有七等生年表的空缺與不足；並進而與作家一同參與見證一牛漂流的行腳，以及反映在文本中的生命軌跡，期使開展出七等生創作的深奧秘事。

二、研究動機與目的

　　從七○年代接受賴芳伶教授在興大現代文學課堂上的啟蒙，七等生的小說〈我愛黑眼珠〉就在心底烙下深刻的印記。「已經有外國研究生在研究七等生了！」老師的話言猶在耳，語氣是雀躍還是質疑，已不復記憶；當年懵懂的心思，不知要做何回應，也沒能掌握契機投入其作品的大量閱讀。離開興大校園，進入政大中文所就讀後，跟著簡宗梧教授（當時的系主任）一頭栽進古典文學的研究，而今一晃眼，十幾年的光陰倏忽而過，兜了一圈，從古典文學又返回台灣現代作家的研究，除了因緣具足與滿腔的熱誠外，心中唯一的執念，是希望能更親近文學，讓文學所彰顯的光與熱，甚至與生命的互動，深深地連結在一起。

　　我的研究對象七等生，稱得上是一個鰻魚型的作家，你看得到他穿梭在水中優雅的形貌，但卻不容易抓得住他；你又不能故意掩面不看他，因為在

〔註4〕周芬伶，《豔異——張愛玲與中國文學》，頁39，台北：元尊文化，1999年。

台灣文壇的大水缸裡，他已經小佔了一席之地，理由是他創作得夠久、夠多、也夠怪。至於為什麼要研究他而不是其他自己也喜愛的如王文興、陳映真、黃春明、王禎和、白先勇等與他同時期的台灣作家呢？其實隨著台灣許多現當代文學會議的熱鬧登場，以及「台灣文學經典化」〔註5〕運動的推展，過去備受爭議的某些六、七〇年代的作品，如王文興的《家變》（1972 年出版）及七等生的《我愛黑眼珠》（發表於 1967 年）等，竟都躍入了三十本「台灣文學經典」〔註6〕的名單中，這是否反映當初過於保守的台灣文壇，相對於今天的後現代美學觀，所謂現代主義的「病態美學」已經不足為奇？而文壇逐漸出現「異質」聲音或接受「負面意識」的書寫，是否證明了「覺今是而昨非」——文學審美觀的轉向／逆轉？〔註7〕如劉紀蕙對台灣文壇的觀察：

> 今日再度檢視台灣六、七〇年代寫實主義之流批評台灣現代文學西
> 化與現代化的論調，令人不免訝異於參與論戰者對文學藝術範疇界
> 定的排他性與霸氣。……反美帝、反西化、反殖民的論述，正成為
> 了另一種論述霸權，以另一種中心論述——台灣本質論——來做純
> 淨台灣文學的訴求，而使各種異質表現形式消音。〔註8〕

她認為這都是拒絕接受人性與藝術表達的多元流動與複雜層次，而以「多數大眾」之名，扼殺藝術家個人特質並表現父權理體思維的文化論述。〔註9〕因此，這些被編派為現代主義流派的台灣作家都是本人十分景仰與喜愛的，也特別對他們的文學生命感到關注與好奇，然而一來，受限於個人的學養能力，我只能選擇一家做起，二來，我願引榮格（Carl G. Jung）的話——「**當潛意**

〔註5〕 由文建會委託聯副承辦的「台灣文學經典研討會」，於一九九九年三月十九～
二十一日在國家圖書館舉行，三天的研討會主要討論的一份研討書單是經由
學界和文藝界人士共同評選出來的三十本代表「台灣文學經典」的書。見陳
義芝，《台灣文學經典研討會論文集》，頁 4，台北：聯經，1999 年 6 月初版。
〔註6〕 陳義芝說，這一份書單經媒體披露，即引起各界熱烈討論，對何謂「經典」
及「台灣文學」，各有闡述。這三十本書當中，包括王文興的《家變》和七等
生的《我愛黑眼珠》，都是之前備受文壇爭議的書。見《台灣文學經典研討會
論文集》，頁 2，台北：聯經，1999 年 6 月初版。
〔註7〕 筆者，〈論王文興《家變》的負面書寫〉，收於《興大中文學報》，頁 291，2003
年 6 月。
〔註8〕 劉紀蕙，〈固著之外——台灣文學史中的負面意識書寫〉，收於《孤兒‧女神‧
負面書寫——文化符號式的徵狀式閱讀》，頁 156，台北：立緒，2000 年。
〔註9〕 劉紀蕙，〈固著之外——台灣文學史中的負面意識書寫〉，收於《孤兒‧女神‧
負面書寫——文化符號式的徵狀式閱讀》，頁 157。

識被觸動時，魅力便誕生了！」來為自己與作家的緣分做註解。七等生的魅力在哪裡？就在於他那充滿哲思的文字，讓人在閱讀時處在似懂非懂之間，吸引人越加地想了解他和親近他；或者說透過論文的撰寫過程，我個人也在尋求解答，發現自己為什麼要研究他，以及他有何值得研究之處？或許楊照的說法也是答案之一：

> 過去的七等生，以及七等生小說裡的主角，都一直強烈地自覺著自
> 己的邊緣地位與放逐命運，因而忍不住不斷地哀愁著自己、疼惜著
> 自己。這正是他魅力的來源之一。替一整個時代覺得自己無處著落、
> 未被公平對待的年輕人們精確代言。〔註10〕

就是基於對邊緣角色的孤獨生命及其漂流命運的關懷與好奇，我願意傾注全力從其人格的特質深入其文學藝術的世界，確信他說過的話：「每一個生命都有他的表現形式」，就如同欣賞一幅畫作般，扣緊形式與意境的交互運作，遂能充分體會吳冠中《畫中心情》的名言：

> 我確視形式美是繪畫唯一安身立命的基地，但我愛上形式美是通過
> 了意境美的橋樑，並在形式美中發現了意境美的心臟。〔註11〕

或許閱讀七等生真正享受的不只是他利用文學所創造出來的那種憂鬱與困惑的氣氛，〔註12〕還可以發現文學以外所展現的生命美學與象徵意涵，如其創作中期的攝影與繪畫作品等，筆者寄望於從他的藝術創作中一窺其生命境界的堂奧，而這也是之前的研究闕而不談的理路與方向；而藉由研究台灣本土現代作家游走於文學與文學以外的成果展現，彷彿自身也經歷了一次藝術／生命美學的洗禮與返照，對研究者而言，不啻為生命的重整與蛻變。

有台灣文學界「永遠現代性」作家之稱，〔註13〕也曾被視為台灣三十年來最具哲學深思的小說家之一的七等生，從早期受林海音賞識，首次在「聯合副刊」發表〈失業、撲克、炸魷魚〉（1962）以來，至最後一部小說《思慕微微》（1997，商務版）的出版為止，他前後長達三十五年的創作生

〔註10〕楊照，〈「自戀書寫」中完成的自我——重讀七等生的小說《思慕微微》，頁123，
　　　　收於氏著《在閱讀的密林中》，台北：印刻，2003年。
〔註11〕吳冠中，《畫中心情》自序：〈意境美的心臟〉，頁3，台北：未來書城，2002
　　　　年。
〔註12〕楊照，〈「自戀書寫」中完成的自我——重讀七等生的小說《思慕微微》，頁122，
　　　　收於氏著《在閱讀的密林中》，台北：印刻，2003年。
〔註13〕阮慶岳，〈永遠現代性的作家〉，《中央日報》22版，1998年7月24日。

涯，橫跨了三個世代，所有的作品都散見在晨鐘、遠行、洪範、圓神、商務、遠景等出版社所刊印的單行本中，〔註14〕但大多已經絕版，讀者找尋不易。儘管他的研究已經琳瑯滿目，至今國內外學者所發表的相關研究論文已多達兩百篇之多，〔註15〕而國內外碩、博士學位研究論文少說也有九篇以上（國內以他為單獨研究對象者有五篇，主題涉及者有四篇，詳見本章下節）；再加上數年前由學者張恆豪負責編印的《七等生全集》也已經出版（遠景，2003年）〔註16〕，照理說他的整體面貌已有了清晰的眉目。但讀者對他的認識和了解卻沒有因此與日俱增，這可能與他個人淡出文壇許久〔註17〕，平日深居簡出，未有新作發表有關。所以一般對他的印象也大多停留在早期的階段，記得（〈我愛黑眼珠〉（1967））的主角「李龍第」，在洪水滾滾的屋脊上否認與妻子晴子的關係，而對懷中的妓女投以溫柔的愛憐，且理直氣壯地改名為「亞茲別」。評論者有從道德的批判、時空的斷裂、超現實寓言體與潛意識的心理分析等角度去解讀他的創作意圖，這些論述以及其他小說篇章的評論大多收在張恆豪編的《火獄的自焚》（1977）及《認識七等生》（1993）中。總體而言，從他早期被批評為「小兒麻痺的語言」（劉紹銘

〔註14〕陳季嫻，《「惡」的書寫——七等生作品研究》後面所列的參考書目；彰師大國文所碩論，2003年。

〔註15〕陳文芬，〈七等生在通霄〉的統計說超過百篇，頁160，《印刻文學生活誌》，2004年1月；而吳孟昌的碩論統計約近兩百篇（見《七等生小說研究——自我治療的書寫旅程》，註6，頁3，靜宜大學中文所，2006年）。但筆者參考陸續所出的評論，截至目前為止，應超過兩百篇以上。

〔註16〕七等生在《全集》序中特別感謝兩位特別的人士，一位是夢幻出版家沈登恩先生，一位是資深的台灣文學的文評家張恆豪先生。後者說好高興義不容辭地負起編輯的責任，前者表示有始有終地出版七等生的作品是一種對台灣的愛。見全集【1】《初見曙光》序。另外，在「編輯說明」二說：「全集的分卷（共分十卷），不以文類做區隔，而是以寫作年代來劃分，此一編輯構想來自作者七等生本人，自是有別於本公司過去出版的版本，是作者親編的新版本。」本文對七等生小說寫作時期的劃分大致也是依新版的分卷為主。另，附帶一提七等生對沈登恩先生的悼念文章：「重要的是時光行走三十年後的今天，我年老結束了我的寫作，拙作全集出版竟然在沈先生過世前一刻。這事實不謂意義不重大。這件事想起來真是不可思議，和沈先生在出版事業上有始有終的作者能有幾人？……」並於文末再次強調：「沈先生是我心目中要感謝和欽佩的人，特別在此為他默念再三。」〈無題〉（2005年6月1日《中國時報》「人間副刊」）。

〔註17〕七等生曾於全集出版後宣告「文學生涯譜下休止符」。（2003年10月2日《中國時報》）。

語）、「異質」書寫（雷驤語）及「高蹺式哲學」〔註18〕始，讀者呈現出激賞關懷與冷漠厭惡等兩極化反應，他幾乎可稱得上是台灣現代文學界最引人爭議的作家之一。

但從他中期作品〈沙河悲歌〉（中篇小說，1976）發表以來，其書寫風格似乎已有些許的轉變，傾向寫實與在地風土人物的書寫，因此不再予人陰鬱晦澀不可解的印象，梁景峰認為他作品後來轉變較為可懂，原因在於「從七等生的作品看來，他是很會獨白的人。早期他可以不顧意義的關聯，說個沒完，讓讀者滿頭霧水。短篇小說處理孤立的場景，可以在語言上和體材上以怪取勝。但他後來寫長篇小說，而長篇小說倚賴『史詩的廣度』，如果不顧意義的關聯，其外在架構撐不起來」（【人間評論】），他以為小說的形態（長短）有可能影響到風格的轉變。而在其《銀波翅膀》出版（1980）後的隔一年元月發表的〈再見書簡〉（中國時報8版，1981）中，他聲稱自己要再做另一次的學習和閱讀，以便和那些先賢先知的思想做更緊密的結合，除非另有機會，否則「不會再發表作品」。

然而此際他的《譚郎的書信》（圓神，長篇，1985）正在醞釀之中〔註19〕，其自傳式的書寫至此已有較明確的文體出現——日記體，他認為日記的方式，是「小說形式的追求者最後解脫的堡壘，無比自由和奔放，正合乎我不羈的性格。」（《譚郎的書信》，2003年遠景版，頁63）其中他以一個「異性目標」為其「理想戀人」，表達其「完成自我」的形上思想與理念，可視為藝術美的追求與文學論點的呈現。但筆者觀照他稍後的《兩種文體——阿平之死》（圓神，1991）以及《一紙相思》〔註20〕（遠景，2003），其文體風格皆是《譚郎的書信》形式的延續，〔註21〕那位在文本中缺席的女主角，高高在上地被捧

〔註18〕王德威，〈里程碑下的沉思——當代台灣小說的神話性與歷史感〉，收於《眾聲喧嘩——三〇與八〇年代的中國小說》，頁282，1988年。

〔註19〕根據七等生，〈重回沙河〉及〈譚郎的書信〉的內容推斷，《譚郎的書信》應寫於1979年8月至1980年4月之間。

〔註20〕遠景版「七等生全集」（2003年10月），第十卷題名《一紙相思》，內容除了原商務版《思慕微微》（1997年，初版一刷）所收小說四篇外（包括〈思慕微微〉），尚收散文〈兩種文體——阿平之死〉、〈上李登輝總統書〉等十二篇，以及序集七篇。可參閱陳季嫻《「惡」的書寫——七等生作品研究》後面所列的參考書目；彰師大國文所碩論，2003年。

〔註21〕陳麗芬，〈台灣現代主義文學的另類想像——以七等生為例〉，頁100，台北：書林，2000年。

為「凌波仙子」，其實文本自我〔註22〕與神「化」的意味十分濃厚，亦如楊照所認定的：「對『菱仙』的告白也好、為曹又方書寫的辯談注記也好，都是七等生藉以挖掘自我的工具罷了。」〔註23〕然而寫在《譚郎的書信》之前的《耶穌的藝術》（1979），以及之後的《重回沙河》（1986），其或用筆記，或以札記的書寫方式，也都是日記體的延伸，都可見七等生在文體實驗上的成績表現。周芬伶說道：「七等生書信體的小說，大多是情書與手札的混合體，他以極謙卑的態度對他的女神傾訴，如一九八五年出版《譚郎的書信》副標題為『獻給黛安娜女神』，作者神化愛戀的對象，是賦予愛情至高無上的地位，愛即是他的信仰，也是人世唯一的救贖。」〔註24〕在〈重回沙河〉中他雖表現如聖徒般的狂熱與基督／上帝對話，或許也只是障眼，在情愛未能滿足下，他對於愛的對象只能是獨白，也是他從現實中隱遁的另一形式；換句話說，他一方面渴求愛與被愛，但一方面卻又想保有完整的自我（自由），這種「烏托邦的兩難性在他身上成為根本的悖論」，「罪人和聖徒往往荒謬地混為一體」〔註25〕，廖淑芳等人的學位論文都曾分別針對七等生文體的敘述形式、風格形成的理路脈絡與主題呈顯的內在思維，有過深入的論述和探析，但卻從未自七等生生命史的角度，去整體觀照他的書寫風格和創作美學，也未對他中、近期以後，從文字延伸而出的攝影與繪畫藝術創作，以文本的方式，做過專門的討論，因此關於七等生文學的整體面貌，其實還有很大的論述空間。

三、問題與發現

　　然而除了從文學本位的角度去解析七等生的文學內涵外，自作家生平走過的地方，對地誌形貌的反覆書寫所遺留的痕跡，也可以與他幽微的心境與怪異的文體相互觀照。七等生早期的小說雖然被評有翻譯小說的味道，因其小說中特殊（非本土）的人名，如土給色、狄克、亞茲別、拉格等，讓人有一

〔註22〕胡錦媛，〈書寫自我——《譚郎的書信》中的書信形式〉，頁71，《中外文學》22卷11期（總263期），1994年4月；後收於張小虹編《性／別研究讀本》，台北：麥田出版，1889，頁61～94。

〔註23〕楊照，〈「自戀書寫」中完成的自我——重讀七等生的小說《思慕微微》〉，收於氏著《在閱讀的密林中》，頁121，台北：印刻，2003年。

〔註24〕周芬伶，《聖與魔——台灣戰後小說的心靈圖象（1945～2006）》，頁86，台北：印刻，2007年。

〔註25〕朱立立，《知識人的精神私史——台灣現代派小說的一種解讀》，頁15，上海三聯書店，2004年9月一印。

種殊異的荒謬感。然而眼尖的讀者卻不難發現，他在浪漫不羈的表象下，卻像是個有備而來的旅者，所到之處，一一留下他的註記，仔細閱讀下，會發現他這些註記，幾乎與他現實人生中漂泊的足跡是一一對應的，其「註記」與「足跡」的疊合程度，就反映在他的文學空間中。他的小說人物的名字可以叫「透西」、「阿薩幾」或甚至沒有名字的「音樂家」，然而他們卻一起眺望「深澳」一帶的海洋（《初見曙光・失業、撲克、炸魷魚》，頁 6）；兩個叫平助和吉雄的高中生「要從日南這端的鐵橋頭走到大甲那端的彼岸」，這是發生在「大甲鐵砧山下冗長寬蔓的大安溪鐵橋」（《初見曙光・橋》，頁 9）上的「逞勇奪美」事件；〈沙河悲歌〉的李文龍為了追求吹奏的高音，他加入前來沙河鎮公演的「葉德星歌劇團」，成為該團的一名樂師，輾轉奔走於彰化、清水、草屯等地之間，展開他漂泊困頓的人生經歷；〈老婦人〉描述七十幾歲的詹氏，從台北木柵溝子口出發，要到台北火車站搭車南下。不安好心的計程車載著她「經過考試院門前，在世界新聞專科校轉彎，到景美的路口，車子向左駛向新店的方向。」（《重回沙河・老婦人》，頁 213）在那裡她頸間的金項鍊被搶，人也跟著被遺棄路邊。之後她拖著疲乏虛弱的身軀，乘坐火車南下，先到白沙屯舊屋與次子吉村住幾天，再與老友結伴隨進香團到北港，之後又轉往台中來探望孫女阿惠，接著再南下高雄，為了完成此行替孫媳婦作月子的目的；一路的奔波與操勞，充分流露出世代的差異與臨老孤獨卑微的生命圖景。

七等生小說可以有很荒誕的情節和超現實的場景，也任由想像力做無限的延伸，但是他小說人物的足跡，卻始終跳脫不了台灣的這塊土地，像〈城之迷〉的柯克廉由鄉下來到台北城時，先是到城中區西門町書籍販賣中心書城地下室詢問藍白的地址和電話號碼，之後又轉到武昌街和西寧南路一帶的戲院瀏覽一周，再到明星咖啡室去。……不管是後來出現的淡水河，以及中山堂前的廣場，或是最令人流連忘返的碧潭山水風光，這些地景的安排，幾乎就是現實台北城的寫照。柯克廉為了不使斐梅等友人失望的情況下，努力要去適應台北城的生活和步調，但是最終還是選擇回到「一個寧靜的處所，好好的記錄我的漫遊的奇遇，這些材料透過我的全知心靈變成整個事實的象徵。」（《城之迷》，頁 179）現實的七等生確實曾在六〇年代住過九份、萬里和台北木柵，七〇年代回到通霄後，大約有二十年的時間是安於小學的教書

和寫作的工作。出生於苗栗通霄的七等生〔註 26〕，在他人生的黃金時期，離城（台北）返鄉後，在鄉土風情地景的襯托下，持續在其創作中流露其本相與人性的關懷，但似乎更把創作的重心轉移到家鄉人事風物的書寫上，其中文學心象地景最為顯著的標的，就是所謂的「沙河」，多次出現在〈沙河悲歌〉、〈重回沙河〉、〈隱遁者〉等小說篇名與情節的書寫中，成為一條流動的符號與象徵：「沙河以沙多石多而名，經常呈枯竭狀態，只有一條淺流在河床的一邊潺潺鳴訴。」〔註 27〕這條他從小從鄉人口中聽來的稱呼，意味容易挾帶大量的泥沙，也是他從小就常與親近、玩耍的河流，就像一條命運的鎖鏈，緊緊繫住他歡樂與哀愁；不僅成為他文學裡的地景，更是心象的表徵，開啟他書寫的新里程，令人不禁聯想，由此是否可以勾勒出一幅屬於七等生的文學／漂流地圖？如 1998 年聯合報讀書人週報編輯群做過的報導：

> 文學地圖為創作者經過作品開拓了人文地理幅員。如沈從文湖南鳳
> 凰、林海音北京城南、張愛玲的雙城──上海、香港……。沒有這
> 樣一張地圖，我們無法透視街道、山脈、河流……硬體實物內裡的
> 生命情調。文學地圖是作家創作身世的另一張年表，是書寫之外的
> 另一種出版。讀者可以拿著這張地圖，深層進入作品脈絡，到達閱
> 讀現場。〔註 28〕

即是從文學與地理結合的角度切入，有意開展作家筆下的人文空間；而且透過七等生的現身說法（數次的訪談，見自印本《在自我的土地上漂流──七等生口述歷史整理稿》，不難發現，他在作品中大量地置入了童年的記憶，身世的悲感，以及生活的挫折，這種種面相其實都交織在與自己的原生家庭有直接聯結的地理空間上，也重疊於通霄鎮內的兩條交會在通霄橋附近三角洲的主要河川中，一是指通霄溪（當地人稱之沙溪，因河床鋪滿細沙），另一則

〔註 26〕苗栗通霄，據說舊名「屯霄」或「吞消」，原是平埔族之一道卡斯族「屯霄社」
　　　　（亦稱屯消社）所在地，昔日因南勢溪水深廣，為鄰近銅鑼、三義、苗栗等
　　　　地貨物的吞吐銷貨中心，閩南語「霄」與「銷」發音相同。後因南勢溪逐漸
　　　　淤淺，商務不如往日繁榮。漢人開發時，有以為「吞銷」名字不美，取虎頭
　　　　山巍峨矗立、高聳雲霄的形象，而將地名改為現今之「通霄」，象徵地方發展，
　　　　前途遠大，直通雲霄。《通霄見鎮志》第一篇地理篇，頁 4～5，中華綜合發
　　　　展研究院應用史學研就所總編纂，苗栗縣通霄鎮公所編印，2001 年 10 月。
〔註 27〕《沙河悲歌》2003 年遠景版，頁 5。
〔註 28〕《聯合報》讀書人周報編者撰，〈回到沙河──重建閱讀現場：七等生〉，1998
　　　　年 4 月 13 日。

是南勢溪（當地人稱之石溪，因河床鋪滿沙石）〔註29〕。這兩條溪流分別貫穿數個鄉鎮，由於其混濁的特質，當地人稱之為「沙河」。〈沙河悲歌〉敘述男主角李文龍在酒家奏唱後的深夜，受到潛意識「魔神」的召喚，昏迷般地步向郊外的沙河：「來到沙河已夜深幽寂，除了淺流潺潺細訴。」「來到沙河，晨霧已經瀰漫。」〔註30〕並說明了：「這條河有兩個發源：一條由坪頂山下來，細流經過土城梅樹腳；一條自北勢窩流經番社在南勢與那一條水流匯成三角洲，然後通過沙河橋流向海峽的海洋。」〔註31〕在此「沙河」生命的混雜與流動特性，其實早已隱喻在人世的漂泊與遷移之中，而「沙河」最終朝向「海洋」的形姿與面貌，也象徵著生命境界的開展與提昇。

　　這種由對在地風物所衍生的情感，表現在其創作的時空上，形成所謂文化地理的面貌，展現了地誌書寫的特質〔註32〕；當「沙河」流動的聲響虛實地重現在李文龍的浪遊行蹤時，其吹奏「樂器」的意象與「沙河」的意象已經疊合為一，不管是有意無意，是具體或隱而未顯，在在都反映出意符與意旨之間流動的痕跡。換言之，七等生在文本中所透顯的人文空間幾乎與他的生平經歷有一血脈相連的關係，看似一個漂流的旅程，卻於在地與遷移中，處

〔註29〕《通霄鎮志》，第三章水文，頁6。

〔註30〕《沙河悲歌》2003年遠景版，頁4。

〔註31〕《沙河悲歌》2003年遠景版，頁6。

〔註32〕關於地誌書寫的分類定義，乃參考吳潛誠對地誌詩的三項特徵：一、描述對象以某個地方或區域為主，如特定的鄉村、城鎮、風景、溪流、山嶺、名勝、古蹟，範疇大抵以敘述者放眼所及的領域為準，想像的奔馳則不在此限。二、須包含若干具體事實的描繪，點染地方的特徵，而非書寫綜合性的一般印象。三、不必純粹為寫景而寫景，可加入詩人的沉思默想，包括對風土民情和人文歷史的回顧、展望和批判。例如〈太魯閣‧一九八九〉首句就說：「在微雨的春寒裡思索你靜默的奧義」，帶領讀者精神旅行。據吳潛誠的研究，十八世紀大文豪撒繆爾‧強森（Samuel Johnson）認為地誌詩濫觴於約翰‧丹南（Sir John Denham）的〈古柏山〉（"Cooper's Hill," 1642）一詩，是一種可以命名為區域詩（local poetry）的作品，基本題材是某個特定的風景，透過詩意的描述，佐以歷史的回顧和偶發的沉思。地誌詩中一定要有時間與空間的交錯。又，他認為：「有人說故鄉是我們祖先流浪的最後一個據點，這說法跟後結構批評觀念一致。故鄉不一定固定不變，神聖不可更動，你可以改變它，但你必須從故鄉出發。相對於『在地詩人』，那種帶著異國眼光的作者就不是。如『我打江南走過，那等在季節裡的容顏，如蓮花的開落』，『春風不來，三月的柳絮不飛』就不是在地詩，江南記憶對詩人自己而言也許很真實，但卻非台灣大多讀者的經驗。」見〈地誌書寫，城鄉想像〉，收於《島嶼尋航——黑倪和台灣作家的介入詩學》，頁83、82，台北：立緒，1999年。

處留下生命成長的軌跡，且寓有潛在的自我認同。於是本論文企圖由地方與空間的角度切入，觀看七等生何以在人生的黃金時期，結束漂泊的旅程，選擇退居鄉陋，安於工作和過簡樸的生活，以及如何構築他的生命風景，如何書寫沙河？而當我們與他一起站在這個地標瞻前顧後時，眼目所及的視野是否有所不同？期待在七等生的眾多研究中獨樹一支新地標，以開展出一個新風貌。

七等生在〈重回沙河〉中說：「在台灣四十年代的民歌和六〇年代的文學創作是真正代表自由精神和願望的時期，充滿著哀痛的感覺和人道理想，這是兩朵必然綻放的花，屬於生活的人民和使命感的知識份子。」（〈八六、兩朵必然綻放的花〉頁 203）從七等生小說中反覆出現「內在生命世界的闡釋」的主題得知，他的文字書寫，是想在現實的囚禁之中掙脫出一條自由之路，與同時期的白先勇、歐陽子、陳若曦等現代主義小說家經常出現的「出走」與「流亡」的主題，不斷在大陸、台灣及海外之間漂流的境遇有很大的不同，他是固守在台灣這塊土地上，表現出台灣知識份子特有的內心流亡[註 33]。尤其他更在中年回歸自己土生土長的地方，像一朵開在野地的花，自生自滅；他以自身遭遇為出發點，去感受自己的鄉土，去體察與他同時代人民的心聲和共通的命運，甚至勇敢地裸露自己的弱點與卑微，從人文地理學者的角度看來，他的所有的文本，無疑展現了高度的在地性。

然而筆者也觀察到，八〇年的七等生曾以自修的方式學習攝影，在山畔的新屋佈置一個暗房沖洗室；之後的幾年時間，並重握畫筆，設工作室於通霄、花蓮和台北等地[註 34]。因此我們發現，這位寫作藝術家並不以寫作為滿足，或者說，當他的創作理念無法在文字空間推展或受限時，是否攝影及繪畫媒材的開拓，是一個藝術工作者所能掌握的轉換空間？能否就此滿足他在對自由的嚮往與追求的過程中所受到的限制？或許我們對七等生整體的認識，除了透過文字書寫來掌握其文體風格外，以他游走文類的創作特性，也可將焦點轉移擴大到他時常以藝術家性格自居的媒材的轉換中，去探索這位

〔註 33〕張雅惠，《存在與欲望——七等生小說主題研究》，頁 77，政大中文所碩論，2004 年。

〔註 34〕根據七等生自撰的生活與創作年表，張恆豪增補過得知，在一九八九年服務滿二十五年正式從教育崗位退休後，設繪畫工作室於通霄，並曾在一九九三年移居花蓮時，也設了一個繪畫工作室，而隔一年移居台北市時，又在阿波羅大廈區設畫鋪子，直至一九九五年結束畫鋪子，退居木柵溝子口。

「寫作藝術家」的文體風格和書寫特色；而七等生在書寫自我的過程中，以退為進的生命情態，也反映了他的生命美學，這都有助於進一步審視七等生在台灣文學史上的地位和價值。

　　七等生也曾表示：「現代的寫作應重視發現式的創造意念。文學的巔峰時期已經過去，現在是一個新的洪荒時期，開拓的時代，文學走向大宇宙而不能老在鄉土中繞圈子。把過去的文學的特長讓給其他藝術作為園地，文學的退讓也正就是文學領導其他藝術向前拓展的美德。因此也應有多種藝術技術合作的開展。」〔註35〕聽起來這段話應是針對台灣鄉土文學的熱潮而發，強調文學的格局要能突破褊狹的鄉土觀念，也要去除文學唯我獨尊的心態，積極尋求與其他藝術合作的可能，以開拓更宏大的視野與遠見。然而，或許有人質疑他回鄉定居的行徑不就反其道而行，他是否在擁抱鄉土的同時又能不固著於鄉土，也能夠與多種藝術展開技術的合作？這的確是後通霄時期的七等生努力要去突破與開展的空間，也是本論文感興趣和試圖要去處理解決的問題。

第二節　文獻回顧

一、前行研究的成果

　　截至日前為止，有關七等生的研究已經洋洋大觀，相關的評論接近兩百餘篇；〔註36〕國內學位論文中，以七等生個人為研究對象者有五本碩論，以他個人為核心涉及主題研究者有一本博論，另有三本碩、博論，是以七等生為其研究群之一者；〔註37〕當然其他以七等生為例的相關主題探討，更是不在話下。因此任何沒有新意的研究都有可能只是濫竽充數，引發不了資深讀者的垂顧，然而由於筆者投入現代文學的資歷過於淺薄，但對小說美學的探究之心卻是無比的堅定，因此找一位頗具爭議的作家做為研究的對象是自我挑戰的起點，也是自我學習的開端，既然一切都要從零開始，不如紮實做好基礎工作，好在台灣文學的研究上不致缺席。

〔註35〕七等生，〈離城記後記〉，《離城記》頁69，晨鐘出版社，1973年。
〔註36〕漢學研究中心資料組凃靜慧所整理之〈七等生研究資料目錄〉約有一百九十餘篇，《全國新書資料月刊》，2000年元月號。
〔註37〕見本節（三）國內學位論文評介。

（一）研究資料彙編及目錄

1. 《火獄的自焚——七等生小說論評》（1977 年）：此書乃張恆豪承沈登恩、周寧相邀所編撰出版，號稱有關當代台灣作家的研究彙編。選出二十篇具代表性的七等生論評編輯成冊，附有「七等生的小說評論引得」和「七等生生活與創作年表」。他以〈我愛黑眼珠〉為主幹，揭露了七等生作品的某些「試金過程」。他在序言說道：「原則上，每篇自成規模，都是批評過程中的重鎮，這些重鎮的轉變將使七等生作品的迷惑漸然廓清而顯其真目。是故，每篇具有『試金過程』的意義，但一個全面且深度的批評，並非以此為終點，其成就當屬於未來的經營和建設。可以預睹的是：一種汲汲於專注於作品形式及內構的探討，使之與作者的傳記及其民族的背景互相發明，應是可行且有待努力的研究方式。」〔註38〕這些重要的評論者包括葉石濤、郭楓、陳國城（舞鶴）、劉紹銘、雷驤、吳而斌、周寧、高全之、陳明福、李紡、瑪瑙（唐文標）、陳昌明、黃浩濃、黃克全、胡幸雄等人，褒貶意見參半，顯現七等生早期作品具有許多不易掌握的美學質素和不確定感，因此評價呈現兩極化的現象。

張氏的整編，不僅凸顯從〈我愛黑眼珠〉之主角「李龍第」的信念所延伸而來的論辯相當激烈，也進而將這些評論歸納為四類：一是對七等生大部分作品的總論、二是將七等生置於比較文學的研究，三將七等生與黃春明作小說形式的比較，四與外國之卡夫卡、喬埃斯、芥川龍之介、杜斯妥也夫斯基等人並列齊觀。他深知，由於部分的評論只是點到為止，真正深入且等量的比較研究，還有待未來的開拓和努力。〔註39〕這樣的整編工作，已經著眼於作家風格的殊異性，但對影響與系譜的承傳尚在摸索階段，相當於在為作家建立個人的評論文集，也有助於後人的檢索。其中一篇夏志清所撰的〈台灣小說裡的兩個世界〉，代表海外學者對國內六〇年代現代小說的看法，亦即普遍認為台灣土生作家的感情關注及取材較具鄉土性。夏氏的論雖肯定七等生的〈我愛黑眼珠〉是「新的哲理小說」和「很突出的寓言」，但卻認為他在人物的描寫上「故弄玄虛」。〔註40〕顯然這種說法是以地域觀來論斷作家，且

〔註38〕張恆豪，〈「火獄的自焚」序——「我愛黑眼珠」的「試金過程」〉，收於《火獄的自焚》，頁 10～11，台北：遠行，1977 年。

〔註39〕張恆豪，〈「火獄的自焚」序——「我愛黑眼珠」的「試金過程」〉，收於《火獄的自焚》，頁 2，台北：遠行，1977 年。

〔註40〕夏志清，〈台灣小說裡的兩個世界〉，收於張恆豪編《火獄的自焚》，頁 242、250、251，台北：遠行，1977 年。

對七等生的認識並不充足，論述也不夠全面和深入，不免予人隔靴搔癢的感覺。但整體而言，楊牧認為：「此書專論七等生的小說成就和各種連帶的藝術問題，據我所知，頗為七等生本人所重視。」〔註41〕

2. 《認識七等生》（1993 年）：此書是苗栗縣文化中心出版計畫之一，由莫渝敦促張恆豪再編續集而成。張恆豪在〈期待眾聲喧嘩！〉編者序感慨係之地說：「在局勢大變革、思想大衝擊的潮流中，而我們的文學生態卻如此默默在滋長、在互動。本書所蒐入的論文雖還不足以呈顯此一階段性的思潮，然比較《火獄的自焚》裡的論文，一個後鄉土文學論戰的特質正逐漸在凝聚、在顯形，細心的讀者必可揣摩出此一趨勢與脈絡。在台灣文學重新建構的契機，這些被忽視被淡忘的舊文，終得以在九〇年代解嚴後的天空，透過新的傳媒，與新時代對話，不啻是再一次的新生。」〔註42〕收入本書的評論有呂正惠、張恆豪、廖淑芳、蔡英俊、洪銘水、金沙寒（黃克全）、廖本瑞、周寧、彭瑞金、金恆杰等學者精闢的論述（共十三篇），其中包括一位外國研究生凱文·巴略特的研究論文和一篇謝金蓉記者的專訪稿，也附有張恆豪等人編的「七等生生活與創作年表」及「七等生的小說評論引得」。編者歸納評論的角度大致分成三類：一屬總論，涉及七等生的思想或藝術，人格或風格；二屬於個論，針對單篇論文的某一議論而發；三屬專訪，由七等生的現身說法中，窺探其創作的奧秘，及人生觀和藝術觀的形成軌跡。〔註43〕這是繼前編《火獄的自焚》十六年後的集結，研究觀點各有勝場。其中學者呂正惠〈自悲、自憐與自負——七等生「現象」〉一文，在八〇年代懷抱盧卡奇社會主義的理論觀點，以文學社會學的角度，來說明七等生「現象」的由來，是「棄兒」與自憐的心態引來諸多同好者相濡以沫的情感。雖此論調已有不同見解的討論，但對呂氏而言，迄今仍未改初衷。〔註44〕此時七等生的評論文章已多達百篇，

〔註41〕楊牧，〈七等生小說的幻與真〉，收於《重回沙河》七等生全集【8】，頁 368。

〔註42〕張恆豪，〈期待眾聲喧嘩！〉《認識七等生》編者序，頁 7，苗栗縣文化中心出版，1993 年。

〔註43〕張恆豪，〈期待眾聲喧嘩！〉《認識七等生》編者序，頁 8，苗栗縣文化中心出版，1993 年。

〔註44〕學者呂正惠基本上是從社會環境的優劣來論斷作家的心理狀態，頗能言之成理，但畢竟這只是一種觀察角度，有把文學諸多細膩幽微的複雜因素簡化之嫌，廖淑芳的碩論已提出不苟同的論調。（見其碩論頁 3、9）然呂氏從八〇年代（一九八七年十二月原載於《文星》雜誌 114 期）首度提出此種論調以來，迄今數十年始終不變，如其論〈吳晟詩中的自我及鄉土〉：「如果一個人

論述的專業與縱深，今非昔比。

3. 《七等生集》（1993 年 12 月初版一刷）：由學者林瑞明、陳萬益主編，前衛出版社出版。基本上不算是專論，而是一本戰後第二代作家作品編選文集，附有楊牧及洪銘水的兩篇評論。尤其〈削瘦的靈魂——七等生集序〉提供了精闢的論點：「七等生小說具有下列三大特點：一、其小說串聯了個人多種生活經歷，極富自傳色彩，二、小說中的敘述語調與作者的思惟理念是一致的，三、他的每篇小說好像各自獨立，實則它單獨存在時僅有充足與不充足、完整與非完整的差別。必需讀遍他所有的作品，才能了解其創作意向，確切知悉其小說中的演化軌跡。」〔註 45〕其說確實掌握七等生作品的精髓，此書不啻為進入七等生的敲門磚。

4. 〈七等生研究資料目錄〉（《全國新書資訊月刊》中華民國 89 年元月號），由漢學研究中心資料組的塗靜慧所整理。撰者自述，此目錄收錄有關七等生著作、生平、及作品評論等資料約一百九十餘篇，資料類型包括專書、論文集、學位論文、期刊論文和報紙論文。而其所收錄之論文資料，出版時間始自民國 55 年 3 月，止於民國 88 年 6 月，曾參考國家圖書館「當代文學史料影像全文系統」及張恆豪編〈七等生的小說評論引得〉，張恆豪、方美芬、許素蘭編〈七等生小說評論引得〉等資料。是研究七等生必備的目錄索引。她在所撰寫的「七等生小傳」中引鍾肇政〈文學使徒七等生〉的話說：「與其說七等生的落落寡合，倒無寧可說是他的藝術家脾氣，不管是從事藝術創作，

的慾望較強、神經較敏銳，而又自覺在這條路上正在成為一個落伍者，他會非常痛苦。我覺得七等生的小說正表現了一個失敗的「自我」的自憐與煎熬。應該說，當時文壇到處瀰漫著敏感青年的「自我」，因為大家都極需別人的肯定，也就是說，大家都拼命隱藏自己脆弱的一面。」（2007 年 6 月 8 日彰化文學國際學術研討會）（未訂本）

〔註 45〕 〈削瘦的靈魂——七等生集序〉，收於林瑞明、陳萬益主編《七等生集》，頁 10～11，（《台灣作家全集・短篇小說卷／戰後第二代（10）》前衛出版社，2000 年初版四刷。（2003 年遠景版的七等生全集，已把〈削瘦的靈魂〉的「瘦」改為「瘦」字，但並未交代更改的原因，關於這一點彭瑞金曾為文質疑過。之後本論文如引用到該篇名，其依據都是以 2003 年遠景版為主。據七等生個人表示，他原來使用「瘦」字是取其形，義近「靈魂」之意，與削（當動詞）字連用時，是指一個不斷被剝削的靈魂，至於後來版本更動後，「削瘦」變作「削瘦」，非他授意，可能是排版誤植的緣故，但因為意思並沒有太大的差距，他也就覺得沒有再解釋或更正的必要。（2008 年 3 月 13 日上午 11 時至 12 時 30 分電訪）。

或做人做事，他所要求的絕對的純與絕對的誠，這似乎就是他唯一的標尺，因而不合他這個標尺的，他是絕對不肯妥協的。」〔註46〕且進一步說明：「七等生的小說對人性的探討，更是從來不以世俗道德的標準去尋求解答，他只是一個向內心世界探尋的掘礦者，不斷在一點一滴的向人類靈魂的深處尋求溫暖的一面，而他的小說背景也都是發生在那無垠無盡、深邃遼闊的心靈平原上。」〔註47〕編者對作家作品掌握的深度，可見一斑。

5. 《苗栗縣文學史》（第四篇　戰後文學：七等生，苗栗縣立文化中心出版，2000 年）和《通霄鎮志》（第九篇　第二節　新文學：七等生，苗栗縣通霄鎮公所編印，2001 年）。二者皆有部分章節談到七等生的文學，都是著眼於文學的地域性與在地性所撰作。前者乃由苗栗縣立文化中心委託縣內兩位作家莫渝和王幼華合撰，由於兩位分別對詩與小說非常在行，所以對七等生的詩與小說提出相當中肯的評論意見：莫渝以「來自憂傷的靈思」來談七等生的詩，強調七等生詩中「憂傷」的特質，並以詩中的敘事性看出其有意創作「詩小說」的企圖；王幼華以「面向永恆的獨語」來概括七等生小說的文字魅力，以為是六○年代風行的現代主義思潮和七等生專攻藝術（美術）的條件相結合，並在台灣當時社會的戰慄氣氛下，讓他成為時代的游離者與一個迷人的反社會英雄〔註48〕；後者由中華綜合發展研究院應用史學研究所總編纂，由新文學的角度切入簡介七等生這位鎮內的傑出文學工作者，可惜缺少深度的論述。〔註49〕

（二）重要論點評析

七等生的文學創作，自台灣的六○過渡至九○年代，大約半個世紀的歷程，雖然他不見得是最重要的作家，但他幾乎與台灣文學的評論同步在見證一部台灣文學的發展史，所以論到當今國內外台灣（現代）文學史或小說史的撰者也都不能刻意忽略他的存在和影響。從台灣早期葉石濤對其小說

〔註46〕鍾肇政，〈文學使徒七等生〉，收於《白馬》，頁 5，遠行初版，1977 年 9 月。
〔註47〕塗靜慧「七等生小傳」，收於〈七等生研究資料目錄〉（《全國新書資訊月刊》中華民國 89 年元月號），頁 36。
〔註48〕莫渝，王幼華，《苗栗縣文學史》（第四篇戰後文學——第一章　第四節　面向永恆的獨語：七等生，頁 269〜273、第二章　第五節　來自憂傷的靈思，頁 316〜320），苗栗縣立文化中心，2000 年。
〔註49〕中華綜合發展研究院總編纂，《通霄鎮志》（第九篇　第二節　新文學：七等生，頁 609〜610），苗栗縣通霄鎮公所編印，2001 年 10 月。

「形式怪誕與文體奇特」〔註 50〕的論斷,就奠下七等生文學風格「晦澀難懂」的標籤,且從其〈精神病患〉看出其富世界性的指標意義,相當等同於現代中國的「狂人日記」。〔註 51〕這樣的論點雖然是片面而不全的,但卻能深切體認七等生小說人物(賴哲森)處在現代社會體制下的不安與焦慮。陳國城則對七等生的小說主題有進一的觀照,他說「七等生於他的某些小說作品中,曾經處理了一個重大的主題,就是『自我世界』與『現實世界』相互衝突、對抗、消長及價值抉擇的過程。」〔註 52〕他從藝術美學的技巧切入文本主題所衍生的人性衝突、矛盾與鬱結,適時彌補當時文評對七等生作品束手無策的狀態。〔註 53〕而高全之則把討論的重心擺在其小說人物道德理念的探討,看出七等生作品的主要趣味,「在於他個人在人我對待關係上,秉持一種特殊的價值觀念。如果個人道德架構,意味著個人處世待人,所奉行的一套價值標準」〔註 54〕,而期期以為其文字不可效法,也不鼓勵其所帶出的道德架構:「七等生以身試社會傳統道德之大法。我們似乎不必鳴鼓攻之擊之。因為一方面,七等生的部分想法,或部分想法的片斷,確實有時已觸及現代中國人,或說中國人,內心私藏不露的心理事實。另一方面,七等生的道德架構可能又是源自於一個藝術追求者,自以為是,或自以為真的幻念。」〔註 55〕

　　張恆豪算是最得七等生小說三昧的評論者,他幾乎已經讀遍七等生所有小說,而且找到他意象經營的核心——城鎮。他說:「在七等生的小說,『現實世界』的具體表徵,便是城與鎮。前者代表勢力、偽善和敗德,後者象徵愚昧、迷信和腐蝕。城是個新興的都市,他深深地迷醉於它,它像個渾身解數的豔女,一切講究的是金錢、權勢、頭銜、享樂,散發著迷人的妖魅,是造成縱慾、墮

〔註 50〕葉石濤,〈論七等生的小說〉,收於張恆豪編《火獄的自焚》,頁 2,台北:遠行,1977 年。

〔註 51〕葉石濤,〈論七等生的小說〉,收於張恆豪編《火獄的自焚》,頁 6,台北:遠行,1977 年。

〔註 52〕〈「自我世界」的追求——論七等生一系列作品〉,收於《火獄的自焚》,頁 77、78,台北:遠行,1977 年。

〔註 53〕陳季嫻,《「惡」的書寫——七等生小說研究》,頁 174,彰師大國文所碩論,2003 年。

〔註 54〕〈七等生的道德架構〉,收於《火獄的自焚》,頁 91,台北:遠行,1977 年。

〔註 55〕〈七等生的道德架構〉,收於《火獄的自焚》,頁 91、110,台北:遠行,1977 年。

落和罪惡的溫床，他刺穿她的詭機但卻難以擺脫蠱惑；鎮是個敗落的故鄉，迷信、頑舊和髒亂所叢生的淵藪。」〔註56〕從七等生早期寫實性較強的〈結婚〉、到中期的〈隱遁者〉、〈垃圾〉等篇，都可以看出他內心對城鎮「欲迎還拒」的姿態。而且他也從〈初見曙光〉、〈巨蟹〉、〈跳遠選手退休了〉等作中，透視七等生追求「自由」的意義，是著重在「非社會性」的層面，以連結其對「自然」的嚮往是很個人主義的。〔註57〕黃克全更從小說美學的層面來解讀其作品意涵：「七等生常藉小說人物的內心獨白或對話明顯地呈露出其旨意，有時他甚至更恣意地直接介入其中，破壞其敘述觀點而大發議論，讀者因可藉以窺視出其中題意之一二。難者在於：其作品既多為一心象的鋪展，此心象無作不定向的投射，故事情節淪為次要，僅附屬於心象上而隨之牽動而轉，（但我愛黑眼珠）的小說情節尚稱嚴密，此心象又很難用知理去析解，況有時人物的種種內外行為會突然掙脫作者本人的束縛而自作不著原先某一特定理念邊際的浮游。」〔註58〕他認為這種作者並不刻意去控制其筆下人物心象動向的表現手法，類似四十年代法國興起的「反小說」〔註59〕。但七等生對小說的認知是從一己的感覺出發，或許透過當時如沙特、卡夫卡、卡繆等探觸人類存在、疏離、荒誕等處境的哲學性小說，使他早年即存在的「鬱結」有了渲洩的出口。

楊牧稱七等生是「一位非常自我的藝術家」〔註60〕，讚許他是臺灣三十年來最具哲學深思的小說家之一，其小說更是最富於抒情詩意的創作，且在「二十年內不斷使用幻想與現實交錯互替的技巧」，他說：「我之所以敢如此斷言，乃是因為我已經發現他深深了解這種技巧的文學價值，更因為我覺得這其中包含了他的人生體會和哲理。」〔註61〕他對七等生創作技法的了解和肯定，相當

〔註56〕 〈七等生小說的心路歷程〉（1977年6月），收於《認識七等生》，頁40，苗栗縣文化中心出版，1993年。

〔註57〕 〈「火獄的自焚」序——「我愛黑眼珠」的「試金過程」〉（1977年8月20日），收於《火獄的自焚》，頁7～8，台北：遠行，1977年。

〔註58〕 〈管窺七等生及其〔我愛黑眼珠〕〉，收於《火獄的自焚》，頁191，台北：遠行，1977年。

〔註59〕 「反小說」（antinovel）：20世紀中葉的前衛派小說，標誌著徹底背離傳統小說的常規。反小說家從下列前提出發：在小說中一切都已完成……。（大英百科全書線上繁體中文版）繁體中文版。

〔註60〕 此說出於〈七等生小說的幻與真〉（1980年），收於《重回沙河》，七等生全集【8】，頁363。

〔註61〕 此說出於〈七等生小說的幻與真〉（1980年），收於《重回沙河》，七等生全集【8】，頁375。

程度地撫慰了七等生當年受到文壇漠視誤解的受傷心靈。而學者馬森更以「伯樂」之識，相中七等生這匹「千里馬」的「文體」魅力。他說：「文學評論家劉紹銘曾經說過七等生的文字患上了小兒麻痺症，不過後來也修正了這種意見。我承認七等生的文字驟讀來有彆扭和囉嗦的缺失，特別在他早期的作品中為甚。但是我仔細耐心地讀遍了七等生的作品之後，才覺得他追求精確性與獨創性的長處實在遠遠超過了以上所說的缺陷。甚至於在領略了他文體上的優點之後，會覺得原有的缺陷是並不多麼重要了。」〔註62〕因此他批評七等生是一位「內視性極強」的作家，而「『內視』的作品的最大特點就是自繪、自剖與自憐。縱觀七等生的作品，其主要的題旨與內容，不出以上三種類型。」〔註63〕馬森已從文體的內在思維深刻地捕捉到七等生繁富的心靈圖象。

　　呂正惠則從文學社會學的角度來審視七等生的創作心理：「相對於陳映真和黃春明，七等生可說是下層知識分子的『典型』；他的出身限制了他的發展，他的敏感讓他知道自己的命運，他的命運使他對社會產生深刻的敵意，從而把自己從社會割離出來，把自己封閉起來，然後在自己的思想意識所建造的哲學王國之中自封為王。七等生是下層知識分子的『極端發展』，他成為這些知識分子沒有出路之中的一種『出路』。他是他們的主觀代言人，是他們主觀世界的『精神領航人』。這是我所了解的，七等生和他的讀者的『秘密』。」〔註64〕這種論述從人文關懷的面相有效地辨析作家風格的類型，但簡化和忽視了作家精神世界的主體性格。此說已經廖淑芳修正補充：「七等生的『精神領航』絕不在那份『自封為王』的『極端發展』，而主要來自本文所揭示的其清晰的人格發展歷程，它不完全只是情緒的自憐成份，還有理性的自剖成份和理想的自繪成份，它也不完全來自對外在社會（亦即本文所謂的『群體』）的敵意，而更主要來自個人自我認同，自我超昇的內在創造力，本篇討論即由此一理路試圖詮釋其形成發展的內在脈絡。」〔註65〕兩方論點各有勝場，

〔註62〕〈三論七等生之三：七等生的情與思〉（1985年），收於《燦爛的星空——現當代小說的主潮》，頁187，1997年11月初版。

〔註63〕〈三論七等生之三：七等生的情與思〉（1985年），收於《燦爛的星空——現當代小說的主潮》，頁169，1997年11月初版。

〔註64〕〈自卑、自憐與自負——七等生「現象」〉（1987年），收於張恆豪編，《認識七等生》，頁14，苗栗縣文化中心出版，1993年；又收於呂正惠，《小說與社會》，頁97，台北：聯經，1992年二印。

〔註65〕〈七等生作品中的個人觀、群體觀及其形成過程〉（1992年），收於張恆豪編，《認識七等生》，頁83。

但廖淑芳更從文學的幽微層面觀照到作家心理的對應，作法更為細緻。

　　談到台灣本土作家美學思潮取向的論述理路，陳麗芬認為：「與當時作家一樣，七等生在參與複製模仿西方現代主義及各取所需的過程中，盡情地斷章取義，扭曲、衍生、變異出台灣版本的『現代主義』。但置於同時期的『現代主義』台灣作家群中，七等生又更顯得任性與恣意。他不但常不按牌理出牌，而且因為有意與主流文學界劃清界線，使得他常有更大的揮灑空間，在摸索的過程中也就不太患得患失，不懼怕從錯誤中學習。最有趣的而且也是最值得我們注意的一點是，七等生時常把他的『錯誤』，也就是創作實驗中的殘渣廢餘也一併納入作品中，成為小說的一部分，而且堅持如此。七等生作品中因此總是瀰漫著一股非常原始的躁動，對於這股在創作過程中的衝動本能，七等生不但不予過濾昇華，反理所當然地原封不動地保留下來。職是之故，七等生的許多作品從當時正統學院訓練下所理解的『現代主義』的角度來看，可以說都是不合格的。」〔註66〕這樣的評論部分肯定了七等生美學風格的獨特性，難以用既定的理論來框架和理解。

　　至於七等生小說美學是否要被編派到「現代主義」的討論，參與《台灣文學史》撰述工程的學者陳芳明，他從七等生的語言「側重在文法的顛倒與錯置」推論其「意念的追索較諸文字的修辭還來得重要。更確切地說，七等生認為心理情緒的流動，自然需要藉助變革的文字表達才能完成。」〔註67〕所以無庸置疑的，他堅定地認為，七等生到九〇年代都還是「台灣前衛藝術的後衛」〔註68〕。而周芬伶則從七等生小說中的神性人物看到他的宗教關懷以及心靈圖象，〔註69〕得出七等生中晚期的思想雖接近奧修，透過性（愛）追求無自我性與無時間性，「然他只是具有宗教情懷的小說家，並非哲學家或

〔註66〕〈台灣現代主義文學的另類想像──以七等生為例〉，收於氏著《現代文學與文化想像》，頁83，台北：書林，2000年。

〔註67〕〈六〇年代現代小說的藝術成就〉，頁159，《聯合文學》第208期，2002年2月。

〔註68〕〈六〇年代現代小說的藝術成就〉，頁159。

〔註69〕她將七等生小說中的神性人物分為三種：一是看不見的超自然物，如高漢、白馬……；一是作為受難者的瘋子，如聖・月芬……；另一是神人一體的混合物，如〈虔誠之日〉在教堂遇見的神……或者是神魔一體的神，如〈目孔赤〉中東方的耶穌基督『他有一個凡身，卻是另一種超然的存在』。見周芬伶，《聖與魔──台灣戰後小說的心靈圖象（1945～2006）》，頁83～84，台北：印刻，2007年。

宗教家，他提供的思想體系是不完整，且處處是破綻」。從他晚近的書信體小說看來，其宗教情懷不如說是個人的情愛獨白：「他那如聖徒般的狂熱，只有直接與上帝對話，對於愛的對象只能是獨白了。愛只是他從現實中隱遁的另一形式，因而是孤獨無望且困難重重。這些體例與情愛支離破碎的情愛書寫，只能說是更自由地開啟與表達自己的情愫，衰老使他更加謙卑，他的宗教情懷不再追求『基督』與「復活」，只肯定『愛』與『自由』。」〔註70〕〔註71〕

　　曾經因認同台灣鄉土文學而否定了七等生的郭松棻，在美國接受作家舞鶴專訪時表示：「左派時期，我常為香港的《抖擻》雜誌寫東西，其中有一篇談台灣文學，當時覺得鄉土意識強的作家好，把現代主義的七等生批評了，但幾年後慢慢改變看法，鄉土作家們的所謂反映時代、土地與人民的三部曲性的作品其實都沒法進入文學堂奧的；而七等生的作品反而值得看。我有他大部分的書，他是現在我覺得最有成績的作家，他基本上已經完成了他的事業，他幾乎是台灣最早完成一生文學的作家。」〔註72〕雖然他的評論表現出個人的好惡，但相對的也修正了早期部分評論的偏頗立場和角度，使七等生文學在歷經時代美學的考驗中，有重新釐定的必要和價值。

　　大陸學者白少帆則從七等生小說世界飄忽、夢魘的氛圍，以及通過他反覆出現的形象和意象，感受到七等生出自強烈自我意識的孤獨感，是「源於濃重危機意識的恐懼感以及蘊積於憂患意識的對人類的大愛。這樣，七等生和他的藝術世界，在中國文學的背景下構成了獨特的文學現象，其審美價值和認識價值都是不容忽視的。」〔註73〕他也肯定：「七等生與他筆下的人物一樣真誠坦率，是一位很少有的同時暴露自己的光明與黑暗面的真正的藝術家。應該說，是七等生造就了這些藝術形象，而他們又忠實地再現了七等生的理想節操、痛苦悲哀。」〔註74〕此說已深刻掌握作品的風格特徵，無異為作家

〔註70〕周芬伶，《聖與魔——台灣戰後小說的心靈圖象（1945～2006）》，頁92。

〔註71〕黃克全，〈管窺七等生及其「我愛黑眼珠」〉，收於《火獄的自焚》，頁191，台北：遠行，1977年。

〔註72〕這段話是郭松棻在紐約接受舞鶴訪談時表示。見（〈不為何為誰而寫——在紐約訪談郭松棻〉，頁54，《印刻文學生活誌》23，第一卷第十一期，2005年9月。

〔註73〕白少帆等主編，《現代台灣文學史》第二十章，頁496，遼寧大學出版社出版，1987年12月一印。

〔註74〕白少帆等主編，《現代台灣文學史》第二十章，頁499，遼寧大學出版社出版，1987年12月一印。

的文學知音；朱立立則認為：「七等生的自我認同焦慮和藝術行為密不可分，他的自我追尋既帶有浪漫主義者總體性理想觀念，又烙上了現代主義的絕望與悲觀，因此烏托邦的兩難性在他身上成為根本的悖論。他的小說常將孤獨的個人置於極端境遇中進行殘酷抉擇，表現絕望中的自由和存在主義的境遇倫理。七等生的小說世界極不和諧，溫情脈脈與冷酷無情、情人與殺手、罪人和聖徒往往荒謬地混為一體，可以窺見作者自我認同的繁複錯綜，而存在主義對他的影響或許最為激烈，且富有戲劇性；而東方哲學的浸染以及回歸土地的意識，使他得以從激烈悲壯的個人悲劇想像裡稍稍脫身。但他終難徹底抹去存在主義留下的質問和傷痕。」〔註 75〕她從知識份子的精神私史的角度扣緊作者自傳書寫的面相，論述別出心裁；而早期西方學者凱文‧巴略特〔註 76〕的觀察：「某些層面，七等生較接近齊克果，他嫌惡集體主義和偽善的既有道德。他嫌惡某些作家自以為是某種特定階級的代言人，歷史會證明這類型的作家別有野心。顯然，在他的個人主義與存在主義裡，七等生找到了另一種形式的社會主義和集體主義。」〔註 77〕是從比較文學的角度出發，給予作品更多的肯定。顯示七等生文學的評價，已不分畛域，無遠弗屆。

（三）國內學位論文評介

從眾多七等生文學的評論和觀察視野中，足以看出台灣文學界對本土作家的關切、質疑與遲來的諒解；而大陸與西方的觀察角度則可以反映一位台灣作家進入國際視域的開始，當然國內的學位論文也不遑多讓，從九〇年代

〔註 75〕 朱立立，《知識人的精神私史──台灣現代派小說的一種解讀》，頁 15，上海三聯書店，2004 年 9 月一印。

〔註 76〕 迄今為止，一共有四本西方的碩士論文，先後為：（美）Anthony James Demko：《The Internal world of Chi-teng Sheng, A Modern Taiwanese Writer》（1983）、（澳）Kevin Bartlett：《Literary Theory, Philosophy and Theology in Chi-teny Sheng Early Short Stories.》（1985）、（法）Catherine Blavet：《QI DENG-SHENG 七等生 ECRIVAINCONTEMPORAIN TAIWAN AISPRESENTATION ET IRAOU-CTIONS》（1989）、（義）Elena Roggi 碩士論文（1994）。因與本論文的研究角度關涉性不大，所以不特別提出討論；僅以澳洲凱文‧巴略特的論文為代表。

〔註 77〕〈七等生早期短篇小說中的哲學、神學與文學理論〉，收於《火獄的自焚》，頁 88、97、98。凱文‧巴略特為澳洲人，墨爾本大學東亞研究所畢業，一九八三年夏天，曾應聘來台任教，此應是他的碩論的一部份。原題為「Literary Theory, Philosophy and Theology in Chi-teny Sheng Early Short Stories.」此文為青春（陳國城）所翻譯。

迄今將近二十年間，國內研究七等生的學位論文，也頗有可觀。如一九九〇年六月，國內第一本研究七等生的碩士論文誕生——《七等生文體研究》，是為成功大學歷史語言所廖淑芳撰寫。她為了理解並釐清七等生作品因形式怪誕、文體奇特所造成的文壇兩極化爭議現象，特從瑞士語言學家索緒爾的結構語言學觀點及捷克文學批評學者穆克洛夫斯基的「歧異」觀念為基礎，全面觀察其辭彙、句法、篇章各方面的文體特色，以探討他怪異文體的形成原因及手法，並提供個人由「閱讀」文體所引起的美感經驗。然受限於文體研究的視野與角度，所以未能對作家及文本的內涵有更深度的解析。

相隔十年，也就是二〇〇〇年七月，第二本碩士論文相繼出現，成大中文所葉昊謹：《七等生書信體小說研究》。他以七等生晚近《譚郎的書信》、《兩種文體——阿平之死》以及《思慕微微》等三部自傳性濃厚的書信體小說作為研究對象，去追索此文體在七等生敘事形式上的轉變與特色，並由作家書信「預留底稿」的特殊習慣去揣想這三部作品的創作意圖，以歸結出七等生作品中理想愛情與自我追尋並置的核心主題；對七等生的小說創作思維有完整性的銜接貢獻。基本上是延續第一本論文未竟之處做延伸，已關注到七等生中、近期的文本型態與風格，但仍未能全面觀照其一生文體的演變之跡。

二〇〇三年，六月，第三本七等生的研究論文由彰化師範大學國文研究所碩士生陳季嫻撰寫，題為：《「惡」的書寫——七等生小說研究》。是從台灣文學場域一向以社會寫實為主導的角度，去觀察夾在所謂反共文學與鄉土文學之間，具前衛性的現代主義作家七等生，是如何在主流文學的夾縫中開出一朵變異的「惡」之華（花），並進一步詮釋其現代主義文學的精神特色和美學技巧；彌補之前對七等生創作美學討論之不足；然而七等生在中、近期刻意與文壇的疏離及文體的轉變，仍待有心人的關注與探索。

二〇〇四年，七月，國立政治大學中文所研究生張雅惠的碩士論文：《存在與欲望——七等生小說主題研究》，在前人的研究基礎上發展完成。主要是從台灣文壇對現代主義既接收又抗拒的角度，去釐清七等生之所以有正負兩極化評價的形成原因，並對七等生小說始終對「真實生命」的追求所產生的「存在」與「欲望」兩大主題意識進行內在思維的探索，具有小說主題歸納統整的研究貢獻；可惜因未能回歸到以作家為本體的探究與美學的探討，因此尚有發展的空間。

二〇〇六年六月，又有一本研究七等生的碩士論文問世，也就是靜宜大

學中文所吳孟昌的《七等生小說研究——自我治療的書寫旅程》。他從七等生
自傳書寫的角度出發，用精神分析心理學的方法切入，探視七等生小說中所
開展的世界與作者生平遭遇的疊合之處，肯定七等生的書寫是一趟自我治療
的心靈軌跡；為七等生自傳性書寫的討論提供一清晰的藍圖；美中不足的是
未能將作家的生平與創作年表進一步增補修訂，看不到二者相互印證的痕跡。

　　另有四本碩、博論，雖不是以七等生為單獨的研究對象，但卻是主題研
究的重要對象之一者。第一本為清華大學中文所陳瑤華的《王文興與七等生
的成長小說比較》（1994年）。她是從「成長小說」這一文類的角度來探視王
文興和七等生早期的小說，發覺二人文本中所描寫的主角似乎都是同一人的
化身，因此以他們篇中的主要角色為基礎，討論他們在成長過程的各種經歷，
並以比較的方式研究台灣成長小說的類型與要素。此研究對了解七等生童年
的成長與蛻變心理，有相當的參考價值。

　　第二本為淡江大學中文所鄭千慈的《崩解的自我——鄉土地上的畸零人》
（2005年）。他是從七等生的政治性格或政治指涉的角度出發，結合西方理
論，以「崩解的自我」之現代主義的軸線，發現七等生小說中畸零者（邊緣
人）的處境直接隱喻當時台灣現代主義的處境（處在現代性和國家複合體的
籠罩之下），以為那樣的爭議在某種程度上就是一次小型鄉土文學論戰的彩
排。他說：「七等生似乎以他的文本為我們示範了一種可能的答案——他的文
本以意旨和意符相分離切裂的「廢墟」伊始（其自我之追尋），伴之以對現代
性——國家複合體之監控技術的呈現，遂成功地建構一異於同時期其他台灣
小說家的獨特文本。」〔註78〕這篇論文從作家的處境與國家想像的立場出發，
以極文學性的筆調來處理一個框架好的議題，論述相當細膩出色。

　　第三本為東海大學中文所林慶文的博士論文：《當代台灣小說的宗教性關
懷》（2001年）。他以作者論歸納研究的方法，用「宗教性關懷」（乃指作者有
明確之信仰自覺）的角度，探視包括七等生、姜貴、李榮春、朱西寧、李喬、
東年等十二位現當代作家的作品。其中第七章是以「孤獨的膜拜者」的標題
來界定七等生，並用「情愛的辯證」、「原始與自由的道德觀」、「對超越者的

〔註78〕鄭千慈的論文以班雅明、傅柯、拉康等當代西方理論，用「崩解的自我」的
　　　軸線分別詮釋解讀黃春明、王禎和、陳映真、七等生、宋澤萊、施明正、舞
　　　鶴等現當代作家的作品，極其眩目，頗有可觀。在此筆者所引關於七等生的
　　　論點，參看其論文頁4、66、78。

態度」來詮釋七等生在文本中的宗教修辭；〔註 79〕在文學性的文本中開拓宗教信仰的議題，確實別開生面。

第四本為國立清華大學中文所廖淑芳的博士論文：《國家想像、現代主義與文學現代性——以七等生文學現象為核心》（2005 年）。她以文壇所謂「七等生現象」為核心，挖掘七等生當年與文壇友人交遊分合的箇中曲折，從理念的分歧與歷史真相的蒐索出發，上溯日據時期翁鬧文學的現代性、國家想像與現代主義文學的關係，聯結與七等生同時期的陳映真、王禎和與黃春明等《文學季刊》同仁的國家想像與鄉土文學論戰，企圖勾勒與重現五、六〇年代現代主義文學的氛圍。這是繼她在一九九〇年對七等生文體的研究後，多年來所關注的議題的集大成，也是她個人從對七等生作品的喜好出發以來，投入相當漫長的時間與精力所做的第二次階段性任務的完成；但因她把主力放在現代性、國家想像與認同等議題的追索上，已無暇從審美的觀照去評斷七等生作品的總體面相。

二、前行研究的評價

吳孟昌的碩論已針對歷年來近兩百篇之多的七等生小說的相關評論和研究成果，歸納出三個主要的研究角度：一、書寫的形式與技巧；二、主題的歸納與分析；三、作者的思想或人生觀。第一點是源於七等生小說獨特的行文方式；第二點是源於他小說主題的隱晦；第三點則是由於他小說人物令人費解的言行。〔註 80〕無疑的，一位作家的文體、思想與美學風格是文學評論者關注的焦點，透過評論有助於讀者對作家、作品的認識與賞析，七等生因為文體特殊，所以其中有許多評論似乎是以解謎的方式在做導讀的工作，如陳季嫻說：「佛洛伊德分析精神病患的夢，解剖夢的象徵，找出病人壓力所在的方法，相對地也適用於闡釋七等生小說的主題，筆者抱著解謎的心情來闡釋其作品。」〔註 81〕但有更多的評論是在各自表述文學觀點，甚至形成互相爭

〔註 79〕林慶文在論文摘要中敘述其關注的角度：「表現在他們作品中的特徵是運用較多的哲學、思想、宗教等問題的議論修辭，這些議論修辭的敘述形式可視為一種類似告白（confess）的心理意識的呈顯，使研究者可從其意義中看出在朝向超越途徑上的異同，並指出其主要關注的主題。」頁 1。

〔註 80〕吳孟昌，《七等生小說研究——自我治療的書寫旅程》頁 3，靜宜大學中文所碩論，2006 年。

〔註 81〕陳季嫻，《「惡」的書寫——七等生小說研究》，彰師大國文所碩論，頁 168，2003 年。

奪文學發言權的論述場域，或因意識型態及所持理論派別的不同，而有交相論戰的情形，對七等生這樣一位自發性的創作者而言，他對大部分的批評言論是不予理會的，但也有忍不住跳出來「維護」〔註82〕自己的創作理念的時候。而台灣文學評論界就在嫻熟西方理論的中外學者以其學養的優勢加入批評的行列後，達到了最高潮，一時眾聲喧嘩、熱鬧滾滾；並逐漸凝聚共識，在分歧中整合出屬於台灣文學多元的美學觀點和批評脈絡。

總結之前的研究角度，七等生的研究重點有三：一、歷年來七等生研究的脈絡大多是以六〇年現代主義美學的角度出發，看他如何扣緊時代的氛圍，以自身的獨特氣質發展出現代主義的美學技巧和書寫風格，並以此來檢視台灣作家或文壇受西方文化影響的深淺與多寡；二、以七等生文體的特異來探視其風格的承傳是否有其理論的根據，或是否符合世界文學發展的潮流與規律等等；三、是以七等生小說作品的主題為主軸，輔以七等生個人的書寫特質，然後再分別連結以上這兩大脈絡進行論述。所有的研究各有勝場，其解讀也頗為深入，奠下了學術研究的豐碩根基；這是一個台灣土生土長作家，其作品從被漠視誤解到能了解接受以至被歷史評價的過程，也是一段台灣文學批評從印象式的導讀評介到專業批評論述逐漸成形的歷程，充分反映了台灣文學界拓展視野的雄心和匯入世界文學潮流的企圖。

透過七等生研究文獻的整理耙梳，無疑是重新溫習台灣文學、文壇及學術研究的互動關係，便於從中找到一條便捷有利的論文切入點；而筆者也深受學者陳芳明引新歷史主義者話語的激勵，承認所有的歷史都是斷裂的，所以尚有想像與填補的空間。如果把有關七等生的前行研究中所謂的「七等生現象」〔註83〕視同一部台灣文學批評界的「歷史文本」的話，那麼它所形成的「話語」（discourse）的確存在著某種間隙和斷裂，如同傅柯（Michel Foucault，1926～1984）為了拆解現存的西方思想文化史，設法將「斷裂」（discontinuity）與「差異」（difference）兩個概念像楔子一樣打入「歷史」一般；〔註84〕而這也

〔註82〕為維護自己的創作理念，七等生曾三次撰文辯駁。〈維護〉一文是七等生首度針對葉石濤對〈我愛黑眼珠〉中男主角李龍第「忽然移情別戀一個妓女」的論點提出批駁，發表於《情與思》，1972 年。另兩篇是〈來到小鎮的亞茲別序〉（1975 年）、〈真確的信念〉（1976 年）。
〔註83〕廖淑芳的博論《國家想像及現代主義文學及現代性——以七等生文學現象為核心》（清華中文所，2005）即是以「七等生現象」為探索的起點。
〔註84〕盛寧，《新歷史主義》，頁 88～89，台北：揚智，1995 年。

是我個人之所以願在百花齊放的研究氛圍底下投入台灣文學作家研究的起點與勇氣。然而文學研究是承先啟後的工作，前人的開拓和累積的成果縱使已經結實纍纍，但並未意味到此已告一段落，新一代的歷史研究學者，要在歷史的縫隙與斷裂中，開展出新的議題與空間；從事文學研究的工作者更要絞盡腦汁、想盡辦法站在前人的肩膀上看出不同的視野，並在資料的梳理中找到一條最有價值的論述角度，這是迎接文學新世紀的來臨，後學如我輩者該有的責任與態度。

第三節　研究方法

一、研究方法與範圍

　　本論文踩著前人努力拓展文學前景所釀造的豐碩成果的腳蹤而來，回身一望，自己已置身於蒼茫的迷霧叢林而無能辨識前出的方向，懊惱沒能學得披荊斬棘的真工夫和當機立斷的批判力，以致落得徬徨歧路，窮途而哭。所幸在清晨霧散之後，七等生的沙河地標隱隱若現，筆者緊緊抓住這條七等生所說的「台灣的河因為多沙石，民間泛指河都叫沙河」的線索，慢慢地從地景空間與文學象徵的連結意涵，找到一條切入的途徑，而有了清楚的方向；真切感受到上帝話語的力量：「一宿雖有哭泣，早晨便必歡呼。」（聖經‧詩篇：30篇5節）這個方向當然是用循著作家生命史的脈絡，看他走過的足跡，一一辨識其作品中的文學空間、心靈結構與象徵意涵。

　　從事當代台灣文學作家的研究，當然最不可忽略的是台灣土地對作家的影響，尤其對一個在地的作家而言，地理空間在作品中所留下的地誌痕跡是否也是考察一個作家文體風格轉變的有效因素？用人文地理學的觀點重新檢視時，就是把作家的創作文本視同一張張向外展示的心靈地圖，尤其對七等生這樣一個在地作家而言，通霄沙河難道只是一個區域的地理空間或一個地方的獨特實體？抑或有其超越與象徵的意義？因此本論文首要放棄的是之前以現代主義美學為標籤嵌入式的研究法，直接由作家的本體出發，鎖定七等生在地與遷移的生命歷程，用介入或隱遁的觀點去觀照其一生的創作心靈，企圖做最素樸且全面的專家研究。如周師芬伶所言：

> 作專家研究，傳記的比例不可過低，如果本書有何特色，那就是傳
> 記的部分既要兼顧作家生平的完整性，亦要做到女性傳記書寫的特

色，和女性藝術家的心靈呈現。全書一貫的精神在展現女性創作者
的完整生命圖形，它是在圓形迴環中啟蒙──叛逆──放逐──回
歸完成生命的週期。其作品的外在風貌是豔異的，內在精神是自由
與叛逆的。〔註85〕

雖不同於張愛玲的女性生命圖形所呈顯的圓形迴環，七等生在男性作家之間
卻也多了一份陰柔的藝術特質。於是首先透過與作家本人數次的訪談，親炙
其生命，以錄音、拍照（或攝影）並親撰逐字稿、整理稿的方式，逐步建立文
本以外彌足珍貴的第一手「口述歷史」的訪談資料。一般而言，口述歷史（oral
history）指的是發生在過去的事，而訪談（interviews）涉及的內容較無設限。
〔註86〕本論文的使用方法二者兼具，期使能更深切地感受與領略到七等生獨
特的創作風格與生命特質。雖然口述歷史的使用特色最早是由弱勢或較少使
用文字者的族群開始（如老年人、女性、政經弱勢族群等），作家以其優越的
筆觸，往往自以為可以避掉「口述歷史」的干擾，然而「作家對自己的出身與
家庭等私領域也多有隱諱，他們常說『這個不能寫』，或『那個不能說』或『我
能寫，你們不能寫』如此導致他們的作品看似透明，事實上身世一團謎者甚
多。加上作家自訂的年表缺乏歷史家的耐心，往往記錯時間，前後顛倒，或
過於簡單者不少。」〔註87〕且「有越來越多的社會學研究者體認到它的重要
意義，尤其在台灣的歷史學研究領域裡，因過往歷史記憶被刻意磨滅、打壓，
文獻資料已顯不足，口述歷史於是彰顯其能戳破時空、重新建構歷史的積極
意義。」〔註88〕即使七等生的小說創作被視為具有很高的自傳傾向，但畢竟
由口中道出的生命／生活史彌足珍貴，有助於與其一生的創作文本相互詮釋
與對照，尤有甚者，是對其創作年表的修訂，可以有更細緻的處理。藉由參
照細讀七等生全集所蒐羅出的蛛絲馬跡，和前人研究所得，目的在為作家的
一生勾勒出一清晰立體的生命圖象；其中更透過實地走訪七等生的故鄉通霄，
以田野踏察的方式，做一趟「沙河行腳──七等生通霄文學現場之旅」（參見

〔註85〕周芬伶，《豔異──張愛玲與中國文學》，頁40，台北：元尊，1999年。
〔註86〕游鑑明，《傾聽她們的聲音──女性口述歷史的方法與口述史料的運用》，頁
　　　　112，台北：左岸文化，2002年。
〔註87〕周芬伶，〈讀人如讀史──口述歷史與作家傳記研究〉，收於《芬芳的秘教──
　　　　性別、愛欲、自傳書寫的論述》，頁221，台北：麥田，2006年。
〔註88〕游鑑明，《傾聽她們的聲音──女性口述歷史的方法與口述史料的運用》，頁
　　　　112。

代謝辭二），並以此製作、修訂出較為完整的【七等生漂流之旅圖】、【通霄文學現場之旅圖】與【七等生年表】等（見本論文附錄一、二、三）。

在運用「口述歷史」的方法完成作家小傳之後，循著作家生平所踩踏的足跡，一一按圖索驥，然後把焦點擺在他的創作中、近期，主要對這位沙河行者的在地書寫與創作美學進行深度的探索，並隨時回溯及觀看其生平傳記（歷史）與書寫（文學）二者之間的互文性，不禁令人玩索，七等生是否以「書寫自我」的文學策略來建構一部自我的「歷史文本」？新歷史主義學者格林布拉特曾經明確承認：「歷史脫離不了文本性，甚至所有的文本都可以被引導到面對文學文本所顯示的不確定性的危機。」〔註89〕以此觀點去審視作家本人的現身說法，我們看到這二者之間的確存在著微妙且高度的互涉性及關聯性，於是成就了七等生獨特的創作美學。

在文本的解析方面，因地理學對「地方」的討論和派別很多，其主要的取向有三〔註90〕，分別代表了三種層次〔註91〕：

一、地方的描述取向。這種取向最接近常識的觀點，認為世界乃是由一組地方構成，每個地方都可當做特定的實體來研究。這種獨有特殊（idiographic）的地方研究取向，是區域地理學所採用方法。

二、地方的社會建構論取向。這種取向依然關注地方的特殊性，但只是拿來當做更普遍而基進的社會過程的實例。馬克思主義者、女性主義者和後結構主義者可能會採取這種地方取向。

三、地方的現象學取向。這個取向並不特別關心特定地方的獨特屬性，也不太涉及特殊地方建構的社會力量。反之，這種取向嘗試將人類存在的本質，界定為必然且很重要的是「處於地方」。這種取向比較不關心「複數

〔註89〕盛寧，《新歷史主義》，頁80，台北：揚智文化，1995年。

〔註90〕一是區域地理學家所指的：「擁有獨特生活方式的個別地區」；二是人文主義者所描述的「在世存有的基本方式」；三是基進地理學家「探察地方的建構方式如何反映了權力。那些涉及各種理論化理論的學者，則認為地方是社會再生產的一環。」見 Tim Cress 著／swell 王志弘譯，《地方：記憶、想像與認同》（Place: a short introduction），頁84。

〔註91〕透過地方觀念史，我們可以看到至少三種研究地方的層次。這三種層次其實環環相扣，而要了解地方在人類生活中扮演的角色的全體複雜性，這三種層次（以及介於層次之間）的研究都很重要且有其必要。見 Tim Cress 著／swell 王志弘譯，《地方：記憶、想像與認同》（Place: a short introduction），頁85～86，台北：學群，2006年。

地方」（places），而比較專注於「單一地方」（place）。人文主義地理學者、新人文主義者和現象學哲學家，都採用這種地方取向。

本論文從通霄沙河的地理實體出發，扣緊七等生文學中的沙河象徵，主要是從人文主義地理學的研究取向去探視作家一生創作的軌跡，如何在空間與地方的移動中，自覺與不自覺地影響和豐腴了其創作的土壤，因此也印證及發現他一生值得探索之處主要有三：第一，他的書寫隱含極高的自我成份、第二，其創作軌跡與台灣的時代脈動同步前進、第三，其繪畫的素材也是在本土的時空底下，但是卻開出與其他本土畫家十分不同的異質之花。若由人文主義地理大師段義孚（Yi-Fu Tuan，1930〜）的「逃避」〔註92〕觀點來闡釋，似乎擁有了一把更為便捷的鑰匙，對七等生的生命史因此有了更清晰明朗的解讀；另外，透過對作家故鄉「沙河」地景的描摹與重現，觀察到：「對故鄉的感情滲透，部分原因是其美感特質，但也因為它們在我們的記憶中與事件、個人或情感相關。」〔註93〕或許七等生作品魅力的來源，也含攝在如此與他既熟悉又陌生的風物之中。相信由對七等生生命史的探索入手，可以釐清其文本在虛實之間游移所造成的曖昧不明，並有助於其文本的詮釋與解析。

因此本論文在方法論上，所援用的理論方法，大致分為外部與內部交插使用的文學研究法，期使一份專家研究能兼顧其深度與廣度。外部的研究法是採人文主義地理學者所持的論點，以及參照若干不同地理學者的理論，從空間與地方的移動中可能與文學產生互動的因素去尋找其關係和影響。而內部的研究法是為彌補外部研究法的不足，從文藝心理學的角度對文本做細膩深度的探勘，其實這部分人文主義地理學大師段義孚的論點已經提供了許多視角，因為「他的研究範圍已經橫跨了地理、景觀、文學、歷史以及宗教信仰等諸多領域，而且他的文字時常超過文學的極限，他的詮釋將人們對現實環境的感受與似乎不太相關於地理學的哲學、心理學、都市計畫與景觀設計學及人類學方面的見解聯繫在一起。」〔註94〕另外，自楊牧以幻想和現實交錯來評論七等生的小說技巧，彷彿是開啟七等生的文字世界的一把萬能鎖之後，

〔註92〕段義孚，《逃避主義》譯者序：「其《逃避主義》一書將人文地理學的兩個研究主題「遷移」與「人地關係」有機地融合進「逃避」當中。」（頁11）台北：立緒，2006年。

〔註93〕聶筱秋等譯，《環境心理學》，頁70，台北：桂冠，2003年。

〔註94〕段義孚（Yi-Fu Tuan）著／周尚意、張春梅譯，《逃避主義》後內容簡介，台北：立緒，2006年。

七等生的文字就不再如此晦澀難解，反而他那種瀰漫在字裡行間近似於「超現實」與「蒙太奇」的效果〔註95〕，成就了他小說主題的最大象徵。在梁景峯與七等生的對談中，曾提及他的某些短篇小說中的人物和場景跟我們夢中的世界其實很接近；〔註96〕這種早期「個人心象」〔註97〕式的描繪法，似乎隱含一條（自我）追尋的母題，且在他中、近期的小說中延續，只不過在形式表現上略有變異，從中可以勾勒出一條前後一以貫之的原型脈絡來。因此利用精神分析學家榮格（Carl Gustav Jung，1875～1961）對「夢」和「集體無意識」的解析，有助於理解七等生文學「心象」的來源；因為「集體無意識」是我們人格和生命之「根」，無形中把我們同遠古的祖先聯繫在一起，把現代人的精神生活同原始人的生活方式、思維方式和感受方式連結起來〔註98〕。所以本論文大致上都把文本當做作家的潛意識看待，對照作者生平的生活寫照，以進入作家的內心世界作深度的探索之旅。

　　在文本的解析方面，本論文嘗試將七等生的作品劃分成三期：早期是指從1962到1970年之間（大約九年），那段在台北漂流的時期，出現故鄉沙河的場景，與九份、萬里、大甲、台北等地景的作品；中期是指他自1970年返鄉後，到離開通霄前（1992年），大約二十年，在通霄時期的所有作品，包括書寫沙河的文字、攝影和繪畫等；近期是指他自1992年離開通霄到花蓮，再到台北歸隱的這段期間（1997年），大約五、六年，延續書信體和繪畫的創作。本論文著重討論中、近期以沙河象徵為主軸的作品，然而早期涉及沙河意象的文本也一併列入討論，尤其文本跨越了三個世代，為便於研究起見，於是嘗試把文本劃分為三大類：

　　第一類是以「黑眼珠」系列作品為主，掌握「黑眼珠」的意象原型，進入「黑眼珠」的隱喻空間，兼及七等生文體的初探及再檢視，並分從散文、小說及詩來重探七等生的文體特徵。

〔註95〕楊牧，〈七等生小說的幻與真〉，先收於前衛版《七等生集》，頁233，2000年；後收於遠景版《重回沙河》（七等生全集【8】），頁366，2003年。

〔註96〕這個推論作者也頗為認同。見七等生、梁景峰，〈沙河的夢境和真實——七等生作品討論記〉，收於鍾肇政主編《不滅的詩魂——對談評論集》，頁123～124，台灣文藝出版社，1981年。

〔註97〕七等生在與梁景峰的對談中曾表示過，這是自己大部分短篇小說所採取的角度。見〈沙河的夢境和真實——七等生作品討論記〉，頁123。

〔註98〕葉舒憲，《探索非理性的世界》，頁52；大陸：四川人民出版社，1988年。

第二類是討論以「城鎮」意象為核心的作品，目的在探視七等生在城鄉移動中的自我隱退與主體追求。此期沙河的形象雖不明確，卻是把理想愛人的追尋主題寄託在原鄉與白馬的形象之中；城鎮是作為華麗奢華的象徵，並比對自己內心對原鄉舊事物的迷戀與嚮往，如《削瘦的靈魂》、〈精神病患〉、〈散步去黑橋〉、《離城記》和《城之迷》、〈隱遁者〉等這幾部反映今昔城鄉時空變遷的作品。

第三類以「沙河」的地景為主軸，反映個人的生存與欲望，愛與自由等議題。如《沙河悲歌》、〈老婦人〉、《重回沙河》等，以及他回鄉定居一段時間後，中年心境的轉變和暫停小說創作後的攝影專輯；裸露內在最真實愛欲的個人日記／札記等，含括九○年代的繪畫藝術等。也呼應到他將個人內在意欲轉化為對形上超越理念及空間的好奇與探索的階段，如〈銀波翅膀〉、《耶穌的藝術》、〈目孔赤〉、〈環虛〉等具有啟悟與宗教關懷的文字。

此三類的意象常交織混雜，之所以如此分類，是依主題劃分便於討論而定，第三類的部分作品雖未必全部點出沙河的實體，但以之寫／書於涌雪／沙河時期，而且具有鮮明的在地色彩。在詮釋作家與地理空間的關係時，是著眼於七等生的地誌書寫與在地色彩，以便使七等生早期的書寫特徵可以與中、近期連成一氣，呈現出一清晰的脈絡來。

其實七等生的小說人物大都以自己為原型，毫不掩飾自己對存在空間所產生的疏離感與荒謬感，而興起「返回自然」的意識和行動，這其實也就是基於逃避的需要所產生的一種變形，〔註 99〕刻意表現在追尋自我的過程中，呈現理想與現實之間的落差和矛盾，以及無所不在的囚禁和約束感，因此透過精神病患、削瘦的靈魂、隱遁的小角色、城市的邊緣人或永恆的戀人等不同的面具來遮掩羞怯自卑的陰影和展示孤傲冷漠的矛盾性格，而當遇到困境時，「跳出窗外」〔註 100〕的動作則就一定程度地反射出內心的怯懦和對自由的嚮往。

七等生常藉創作來宣誓自己本身賴以存在的主權〔註 101〕，其小說人物的性格有其獨特性，那是由於作者在創作人物時不自覺地把他的自我塑造的認

〔註 99〕段義孚，《逃避主義》，頁 59，台北：立緒，2006 年。

〔註 100〕七等生的小說人物在危急中出現「跳出窗外」的情節比例甚高，包括〈削瘦的靈魂〉、〈來到小鎮的亞茲別〉、〈放生鼠〉等都是如此。參看本論文第四章第一節之二。

〔註 101〕七等生，〈維護〉一文，收於《離城記》，七等生全集【4】，頁 339。

同反射在他所形塑的角色人物中，於是乎在自我異化過程中，語言之牆所造成的主體分裂與隔閡，恰恰影響到讀者的心理；換句話說，當七等生主體想像的自我與他人主體（讀者）想像的自我能夠心心相印時，這就完成了主體的認同；反之，當兩者想像的自我不能彼此接收和感受（排斥作用）時（也就是不符合讀者的期待），這一類的讀者就被排除在理想的讀者（想像的他者）之外了。

由於以往對七等生的研究多集中在其小說的成就上，比例較少的散文、詩及文評等經常被忽略，這一方面是因為作家作品散落不全（不同的出版社，有些集子已絕版），以致要做全面的專家研究的困難，然而遠景版的《七等生全集》（十冊）整理完成後，在作者參與新編的版本中，作家文體的全貌已有了全面探討的可能。因此如果要對他的作品有更完整細膩的分析，必要特別關注其多元特異的美學風格；如以他藝術科系出身背景的優勢，以及持續不斷地對音樂、繪畫、攝影等藝術的涉入與偏愛，必然呈現獨特而混雜的審美特質。學者馬森即一語道出：「七等生的描述在奇幻之外，多了一份詩情與畫意，使原為小說主體的情節與人物退居到文字與思維的魅力之後了。」〔註102〕這已扣緊作家創作的核心。於是本論文的研究範圍，則是鎖定在七等生作品的中、近期，文類包括他的小說、詩及散文，還有攝影、粉彩及油畫，從文字書寫及藝術創作等不同型類的文本中去探索隱含在他文學中的沙河象徵。

二、章節架構

本論文在確定以專家研究做為撰寫思索的方向後，以人文學地理學的觀點為切入角度，主要探討七等生文學中的沙河象徵，並以精神分析心理學的理論為輔，鎖定「沙河行者」來總括這位「寫作藝術家」的創作形象及其孤獨身影，而得出以下的章節綱要：

第一章　緒論
第一節　研究動機
第二節　文獻回顧
第三節　研究方法

本章首先說明本論文的寫作動機和目的，是希望當代文學的「專家研究」

〔註102〕馬森，〈夢與真實之間——七等生的藝語〉，《自由時報》41 版，1998 年 10 月 5 日。

能為台灣文學的研究工作提供管窺之見，像攝影師的鏡頭一樣聚焦在一個值得被期待和看見的風景上，增加其曝光率。台灣的當代作家七等生，以其創作的時間夠久、量夠多、文體也夠怪異，因而引發筆者研究的關注與興趣，他與同時期的作家王文興一樣在語言的風格上有特殊的表現，但比較不同的是，王文興是致力於語言的「變造」，而七等生的語言是隨順意念與心理情緒的流動而產生的「變革」，〔註103〕因此兩人歷年來都接收到毀譽不一的評論。於是在文獻的回顧上，必須先針對七等生之前約兩百多篇的評論和研究論文做一番耙疏，去釐清其異質形式所引發的審美論戰所持的角度及論述的脈絡，站在前人研究的基礎上，運用人文主義地理學和各種文學理論，分從外部與內部交錯的文學研究法，切入新的視野與觀點，以期在七等生的研究上開展出一嶄新的風貌。

第二章　在自我的土地上漂流──七等生小傳

第一節　通宵的孩子（1939～1958）

第二節　追逐生活的浪子（1959～1969）

第三節　沙河的獨行者（1970～1980）

第四節　游走文類的「寫作藝術家」（1981～1996）

第五節　城鎮的隱遁者（1997～）

第六節　七等生的筆／怪名之謎

小結

　　本章以「在自我的土地上漂流」為題，主要從作家的在地與遷移的路線去探究其一生在介入與隱遁之間的特質。作法乃是透過與作家本人的接觸訪談，將錄音的檔案打成逐字稿並整理成整理稿，並由整理稿發展成其傳記資料，配合文本所得的蛛絲馬跡，彼此互相參照及印證。如同周師芬伶教授所言，做專家研究最不可少的就是傳記部分，〔註104〕而之前的七等生研究不足的也就在這個部分，因大部分的研究者都把他的小說當作自傳性的書寫，所以想當然耳地將文本做為解讀的脈絡，而忽略作家本身傳記的建立。因此本論文首要之功即針對其現有的生平年表，和散落在各個作品中的「斷簡殘篇」，以及親對作家本人的數次專訪與求證，像拼圖般一塊塊地拼湊出一幅完整的

〔註103〕陳芳明，〈六○年代現代小說的藝術成就〉，頁159，《聯合文學》第208期，2002年2月。

〔註104〕周芬伶，《豔異──張愛玲與中國文學》頁40，台北：元尊，1999年。

生命圖象及文學的漂流之旅圖，並實地走訪七等生的故鄉通霄沙河，讓虛實的地標浮出檯面，也重新製作其年表，並請作家本人加以修訂，期使對專家研究有別開生面的貢獻和助益。（見本論文最後所附：〈七等生年表〉、〈七等生漂流之旅圖〉、〈七等生通霄文學現場之旅圖〉、〈七等生專訪整理稿〉等）。

第三章　「黑眼珠」的隱喻空間──七等生文體的再檢視

第一節　七等生文體初探

第二節　「黑眼珠」的多重隱喻

第三節　「黑眼珠」系列作品的「互涉性」

第四節　七等生文體的再檢視

小結

從前一章對他生活史的探討，為我們提供了他創作的軌跡和生命的圖象，本章進一步以「『黑眼珠』的隱喻空間」為題，即是要從空間意象的角度入手，掌握七等生藝術形式轉化的關鍵和契機，並重新檢視他的文體特色。因此除了重探七等生早期文體形成之因外，用人文地理學的觀點透視早期七等生最為人熟知的〈我愛黑眼珠〉，掌握隱喻其中的場景意象。從中我們發現「黑眼珠」不僅開展了七等生的創作空間，也隱含了他秘密的愛情，是他早期文學中極為凸出的創意；而他作品的不完整性和前後文本的「互涉性」，也讓符號在意義中流動，成就了他文體越界的異質之美。因此除了從「黑眼珠」系列作品的文體特徵和文本互涉中去追索七等生的形式美學外，也以入乎其內出乎其外的方式，分從散文、小說及詩來重新檢視他的文體風格，以便與他中、近期文學中意象最突出的城鎮與沙河象徵順利地連結。

第四章　城鎮的召喚與失落──七等生的自我隱退與主體追求

第一節　隱退的自我

第二節　流動的主體

第三節　鄉關何處──城鄉的時空置換

第四節　〈隱遁者〉的認同途徑

小結

本章主要處理七等生結束漂流歷程返回通霄後創作中期（1971～）的作品，如《削瘦的靈魂》、〈精神病患〉、〈散步去黑橋〉、《離城記》、《城之迷》和〈隱遁者〉等反映城鄉時空變遷和城鎮意象為主體的作品；以「城鎮的召喚與失落」為題，即是從七等生「城堡」的意象出發，看他在如何在透過「幻

想」構築的「王子城」裡堅持守候，憑弔自己的憂鬱與孤獨：「有一個時辰／這山城景色／專屬於憂鬱和幻想的男人／可是，那金色輪廓下／彌漫的藍霧／出現在冬季的清晨」（《僵局、五年集》，頁283）以及如何從最真實的自我：以「石屋疊砌」，周遭散落著「粗石、殘牆、瓦礫和垃圾」（同上，頁281）的堅固堡壘中突圍。如同他曾努力掙脫童年的貧窮，來到台北城求學與打拼，天真浪漫的心志，卻在殘酷的現實中，不得不逐漸地退卻，之後選在人生的黃金時期退居鄉陌，安於工作和過簡樸的生活一般；〔註105〕讓我們從中觀照到一個在主體中遊移的隱退自我，以及對城鎮莫可奈何的迎拒，最後選擇回歸鄉土，也就是遷移到最初離開之地的心靈圖象。

第五章　「沙河」地景的描摹與重現──七等生的在地書寫

第一節　「地方感」的描摹

第二節　沙河的意象指涉

第三節　沙河的悲歌淺唱

第四節　重回沙河之後

小結

本章以「『沙河』地景意象的描摹與重現」為題，主要著眼於地景研究是人文地理學裡最淵源流長的研究之一，理由是：「人文地理學家描繪了獨特的地景，嘗試重構過去的地景，追溯生產與持續塑造今日地景的社會過程。地景不僅被理解為實體環境，還是思考地方、描繪地方、以及賦予地方意義的特殊方式的結果。」〔註106〕於是延續前一章七等生在城鎮的召喚與失落中，呈現隱退的自我與主體的流動，以及自我認證的危機等面貌，進而探究他早期「沙河」地景意象的「地方感」描摹到中、近期《沙河悲歌》、〈老婦人〉、《重回沙河》、〈垃圾〉等的在地書寫。一方面直接走入他生命中的通霄，去探索沙河的在地性，另一方面以人文地理學的角度，重新觀看他文學中的烏托邦與故鄉記憶疊合再現的意涵，並為下一章「內視與超越──七等生的藝術與生命美學的開展」預留伏筆。

〔註105〕七等生在〈老婦人序〉一文表露自己要歸功於刻苦耐勞的母親傳給他一顆卑微的心，使他能在這稍能思辨的年紀（約三十二歲）選擇過這樣的生活。收於《一紙相思》，七等生全集【10】，頁292。

〔註106〕Paul Cloke 等人編王志弘等人譯，《人文地理概論》，頁290，台北：巨流，2006年。

透過前一章對七等生作品中「沙河」地景的描摹與重現，沙河的意象逐漸浮出地標，成為一個地方的概念，呈現出通霄的在地性與「文學聖地」的雙重意涵。本章以「內視與超越」為題，主要處理他回鄉定居一段時間後，中年心境轉變並暫停小說創作後八〇年代的攝影專輯──〈重回沙河〉、九〇年代的繪畫藝術。從七等生在他八〇年寫作的中、近期，暫時停止小說的撰寫，開始研習攝影和暗房工作，以及在小學工作退休後的九〇年代，重握畫筆，揮灑他的油彩世界中，都可見他未能忘情於繪畫這起初的愛，以及有心在藝術的領域開展他的另類空間，以回報關愛他文字的讀者的心意；由此更具體顯現出這位「寫作藝術家」的整體風貌和行在沙河之上的孤獨身影。另外，也深入他中、近期將個人內在意欲轉化為對形上超越理念的探尋，如〈銀波翅膀〉、《耶穌的藝術》、〈目孔赤〉、〈環虛〉等具有啟悟與宗教關懷的文字，除此之外，並綜合之前各章所論七等生書寫的地誌特色，以人文地理的觀念和榮格的理論切入，冀望在其中開展出一條具美學意義的文體脈絡來。

本論文的研究動機來自於七等生的魅力和他生命中的一條河，這條河成為他文本中最主要的地景意象，也是他文本中的最大象徵，成就了本論文藉以論述的依據。如他說過的：「沙河在我文學的意義上來講，台灣任何一條河都叫沙河，它是一個統稱，是台灣地理上的一個名稱，我們小時候稱它為『沙仔溪』。平常它很安靜，大水來，每條河都沙河淹淹，甚至變成土石流

之類的。」〔註107〕於是研究的角度從生命史的構建到文本的論述與解析，都環繞在這條別具意義的沙河上，試圖找尋它在七等生個人生命的在地（通霄）情感與文學層面的象徵意涵，兼及其藝術創作與生命美學的開展；因而研究的方法綜合了口述歷史、田野調查、文化地理學及精神分析心理學等理論，以凸顯七等生的沙河地景意象與文學藝術的空間向度。

〔註107〕王雅倫、李文吉，《台灣現代美術大系》攝影類／【現代意識攝影】，文建會策劃，藝術家出版社印，頁 67，2004 年。

第二章　在自我的土地上漂流
——七等生小傳

　　七等生，是一個令人又愛又恨（廖淑芳語）〔註1〕的現代作家，當你靠近他想探知他的內心世界時，卻感覺他的世界越加的遙遠與遼闊；即使面對面的交談，　種既真實又迷離的感覺，不是越來越清晰，反而是讓人不由得心虛地想退回書房再去重讀他的作品。

　　自謙自己不是作家的七等生卻有著藝術家的獨特品味與執著，或許這是他把文學視同藝術的根本理由，而創作形式就是他面對生存所採取的一種姿態。他回想自己一生雖沒經過什麼大風大浪，卻多的是說出來沒人相信或能明白的事情，只能藉由書寫去表現自我的存在，他以為生命的欲求是生存的唯一要義，因此藝術創作就是他面對生存的挑戰。他認為寫作最大的快樂和報酬是把感覺透過一個個的事件傳達出來；生活中不愉快的經驗，也可藉想像幻化為對美感的追求。為了創作的緣故，確切地說是為了要逃離充滿偽善虛假的教育環境，〔註2〕他曾辭掉小學教師的工作留在台北城打拚，在現實種

〔註1〕 廖淑芳，國內第一本七等生碩論（《七等生文體研究》，成大歷史語言研究所，1990年）的撰寫者。她自述對七等生的作品是愛恨交織，愛其文字中迷人的哲思，卻恨其筆下女性面貌的模糊。

〔註2〕 全集【9】《譚郎的書信》:「一件有一件的俗事向我襲來，學校的某些工作既瑣碎又無意義，想到我置身於這佈滿偽善虛假的教育工作，真要使我再度棄職而逃。一九六五年，距今十四年前，我曾經受不了而演過逃離的一幕，然後是一連串的流浪和飄泊；想到那些生活無著的日子，我現在只得用強抑來束縛我的衝動。」見頁94；這幾乎就是現實七等生的經歷。由以上文字推斷，這些書信有可能作於一九七九年八月。

種的摧逼下，倏然成為一名追逐生活的浪子，就如〈跳遠選手退休了〉中的城市幽魂，在眾人的呼喊聲中悄然引退，孤獨淡漠地去追尋心中的那一片亮光（美）；他把從台北轉回通霄復職後的二十年黃金歲月用來從事筆耕，寫出內心深處魂牽夢縈的沙河，之後，他用退休後的全副精神投入繪畫，畫出文學以外夢寐以求的沙河。

　　本章以「在自我的土地上漂流」為標題來統括七等生的一生，主要扣緊文化地理與作家的關係，因為「地緣經驗是相當個人的，每一個人的經驗都不同。」〔註3〕於是透過與作家本人數次的訪談，以錄音並親撰逐字稿、整理稿的方式，逐步建立文本以外彌足珍貴的第一手口述歷史的訪談資料，之後再參照細讀七等生全集所蒐羅出的蛛絲馬跡，和前人研究所得，目的在為作家的一生勾勒出一清晰立體的生命圖象，並以此修訂出一份較為完整的生平與創作年表，期使對專家研究有別開生面的貢獻和助益。（見本論文最後所附：【七等生年表】、【七等生漂流之旅圖】、【七等生通霄文學現場之旅圖】及【七等生專訪一：〈我父親像羅馬人〉】、【七等生專訪五整理稿】等）。

　　於是以下主要由「在地與遷移」的角度切入，分從「通霄的孩子」、「追逐生活的浪子」、「沙河的獨行者」、「游走文類的『寫作藝術家』」和「城市的隱遁者」等幾個生活的斷面，來觀照作家一生創作的軌跡，如何在空間與地方的移動中，自覺與不自覺地影響和豐腴了其創作的土壤，因為七等生一生值得探索之處不僅在其書寫曾與台灣的時代脈動、世界的文藝思潮同時並進，其繪畫的軌跡也是在本土的時空底下，但是卻開出與其他本土作家十分不同的異質之花。相信由對七等生生命史的探索入手，不僅可以觀看一位「寫作藝術家」的文學身世，也可釐清其文本在虛實之間游移所造成的曖昧不明，更有助於其文本的解讀與分析。

　　另外，從七等生筆名的殊異性，及其所引發的聯想，也可以看出一位游走在文類邊緣的「寫作藝術家」的不羈性格，是如何地與社會體制或既定的價值觀在對抗，於是特立一節於小傳的結尾，來追溯探討其筆名的來源及其所延伸的意涵，由此補充並概括其一生的總體形象。

〔註3〕PAUL A. BELL 等著／聶筱秋等譯，《環境地理學》，頁69，台北：桂冠，2003年。

第一節 通霄的孩子（1939～1958）

一、出生序曲

　　七等生（1939～），原名劉武雄，名字本身就意味著日據時代台灣人父母對男孩子的期許，期待一生英武雄偉之意。他在一九三九年的夏天出生於苗栗縣通霄鎮，套用他在小說中的話：「自己是個七月末旬出生的男人，雖是巨蟹的本質，仍屬於太陽的有創造力的刻度的性格。」（《沙河悲歌·復職》，頁 263）「你是太陽之子，七月誕生的孩子。」（《離城記·削瘦的靈魂》，頁241）得知，他在西洋十二星座中隸屬獅子座，但卻偏愛巨蟹座，因與巨蟹座不到一天之差。他說：「我非常偏愛星座裡面巨蟹這個星座，至少我也是從巨蟹走出來的，因為我是二十三日凌晨出生的，只相隔一天而已，等於是在交接點……。」〔註4〕所以他寧可相信自己是介於巨蟹與獅子座之間，既有獅子座的豪邁開朗，且兼有巨蟹座的感性細膩；但卻不見得有很強的領袖慾，譬如他不自大、不彆扭，卻偏好獨居和自己操持家務，如撿拾木工的材料回來製成家具之類的情事，〔註5〕這種性格上的矛盾，不易讓人完全理解他對文壇刻意保持低調，以及隱逸性格的形成之因，尤其是他一生喜愛漂泊和浮遊意願〔註6〕與數度的遷移事實，跟巨蟹固守家園的習性似乎也不近相合。

　　「我是出生在一個打棉被店的樓上！」〔註7〕七等生從長輩的口中得知，那是一個租來的地方，光是一個小小的通霄，他的幾個兄弟姊妹的出生地，都可能分屬在不同的位置，對他們而言，「家」的意義在當時還是個很奢侈的空間想像。而就他的記憶所及，在光復前他們終於擁有了一棟蓋在一處公地上的小房子（後來稱國有地，日據時代叫 XX 町，光復後就叫仁愛路的地方），是因為父親當時在鎮公所（『役場』）任職，與新竹州廳的一個日本人很要好，於是特別通容的。日據時代其實有很多的公地都被日本人買去蓋公共建設，

〔註4〕照西洋星座的算法，七月二十二日以前出生者為巨蟹座，七月二十三日以後就屬獅子座。

〔註5〕筆者「七等生專訪三」（2007 年 1 月 7 日）整理稿。

〔註6〕《譚郎的書信》：「我還存留著去美國見你的狂想，這種不切實際的想像就是我的特質，也像是我存在真實，但這一切並不與你有肯定的關係，只是我喜愛漂泊和浮遊的一種意願而已。」七等生全集【9】，頁 150。

〔註7〕本小傳是根據筆者數次訪談七等生而加以徵引整理而成，全部的訪談記錄另編印成《在自我的土地上漂流——七等生口述歷史整理稿》，以下若有徵引原文的部分，僅註明次別和日期。

譬如警察局、農會和鎮公所等,這在當時就是號稱地方的三大建設,因此留下很少的私地供民間使用,七等生就是因為父親擔任公職的緣故,搬進了生平第一個屬於自己的家。

　　小時候的七等生,很安靜,喜歡被人家抱在懷裡,所以人家都叫他『軟綿綿的!』(台語是「軟 k´am kam」)」而且從鄰人的口中得知,當他被從張姓房東的「打棉被店」二樓抱下來走到洪姓做草蓆的隔壁鄰居家裡時,看到牆上貼著和平鴿的畫片,不滿週歲的七等生竟然會不由自主地手舞足蹈起來,鄰家長輩看到他對鴿子歡喜的程度,於是就邊指著鴿子邊逗他玩:「はと抱抱抱!」所以長大後,那些抱過他的人,看到他就會說:「你不是たけ嗎?現在已經長這麼大了啊!你以前多麼古椎(可愛)呀!一看到我們家的はと就會很興奮!」(「たけ」就是「武雄」的日本話,而「たと」就是「鴿子」)。但是他到四歲還不會講話,大家都覺得很奇怪,擔心他是不是個啞巴,於是就帶他去看醫生,醫生看了就說是因為舌頭太長的緣故,二話不說地就把舌頭給剪了一小段。「所以人家的舌頭是尖的,而我的是扁的,好了之後就變成圓的了,就好像兩個舌尖一樣,那是因為被剪過!」〔註8〕這話聽起來有點荒謬,或許已經過他的想像和轉化,演變成一齣超寫實的童年記事本末了。

　　很多名人的出生都有一段傳奇故事,好來附會一生不凡的經歷;而被文壇冠以孤獨行者的七等生,其從鄰人長輩聽來的吉光片羽,適足以拼湊及印證他後半生追求孤獨安靜的生命特質;尤其當他伸出一雙將近七十歲、擅做木工的手,竟然還是十分柔軟細嫩時,他不諱言地笑說他的女朋友最喜歡的就是他的手摸在身上的感覺;而這雙修長如柔荑的手也就是創作出無數文學與繪畫作品的「寫作藝術家」之手,柔軟中帶有強韌與剛毅,道盡了一生綿長曲折的創作歷程,因為自從搬離了「打棉被店」的樓上之後,七等生漂泊的遷移史才剛展開了序曲。

二、家族記事

　　父親劉天賜,一九○三年生。日據時期曾到日本念書,回國後做過森林管理員,一次騎馬巡行於霧峰太平山時,巧遇七等生的母親,無意間成就了這段姻緣。〔註9〕他個性耿直、身型高瘦體面,為一劍道高手,也寫得一手好

〔註8〕筆者「七等生專訪五」(2007 年 4 月 24 日)整理稿。
〔註9〕七等生,〈夏日故事〉,收於《銀波翅膀》,七等生全集【7】,頁 276、278。

字。結婚後轉任於通霄鎮公所，有了自己的房子後，生活逐漸穩定下來，與鄉人交遊，往來密切。但在台灣光復後因派系鬥爭（另一原因是不願加入國民黨）被解職（一九四六年），家境頓時陷入貧困，朋友也一一散去。失業後的六、七年間，曾罹患天花，這種在日據時代必須隔離的病，讓他在痊癒後留下疤痕，導致幾年之間他幾乎足不出戶，性情轉為鬱悶寡歡，後因胃癌病逝於通霄老家（一九五二年）。

在七等生的童年印象中，父親對自己的遭遇一直無法釋懷，他曾無意中撞見父親在窗邊喃喃自語地說出自己被出賣、要報復等字眼，顯然內心受到很大的衝擊；他也曾卑視過被解雇後的父親，不能秉守孤傲節操，是個可鄙的懦夫，心理產生對父親的敵視。〔註10〕但後來他在〈諾言〉（給妹妹的一封信〉）一文卻寫道：「從我們父親的遺物，我知他是個智識份子，是一個奉公守法的自由主義者。他是一位高貴的人物，我為他自豪，雖然他那不屈就的高超的品格致使他在英年就因貧困的煎熬而憆然離世；他知道現世人性的醜惡；我對他的早逝感到慶幸。」〔註11〕可見時間的蘊釀已足夠讓他以比較寬容成熟的心態去探視及接納過去。

母親詹阿金，一九一三年出生。是台中霧峰鄉下的一個蕉農之女。喪偶之後獨立撐起家計，白甘平凡且任勞任怨。〔註12〕常提醒七等生不要像一隻狗一樣隨便向父親過去的朋友搖尾乞憐，以免讓對方尷尬或自己難堪。〔註13〕有一陣子做起雞隻買賣生意，常要走很遠的路到附近的村莊去挑選雞隻，然後再轉手賣人。有次半夜發現雞隻病了，從睡夢中叫醒七等生要他陪同一起去向買主要求更換，以免病雞暴斃，血本無歸。母親是潛意識裡害怕必須經過一棵形象怪異附有鄉野靈異傳說的大榕樹，但不便明說，一路挽著他的手要他不要回頭。他懵懂的小小心靈雖感受到一股鬼魅氣氛的神奇魔力，但事後卻十分感激他母親當晚叫醒他，讓他陪伴她身旁走過這一

〔註10〕張恆豪，〈七等生小說的心路歷程〉，收於《城之迷》，七等生全集【6】，頁400。
〔註11〕七等生，〈諾言〉，收於《沙河悲歌》，七等生全集【5】，頁212。
〔註12〕七等生，〈老婦人序〉，收於《一紙相思》，七等生全集【10】，頁291。
〔註13〕如〈散步去黑橋〉：「但父親不在後，小邁叟曾在街上賣冰棒，他遇到那些和父親稱兄道弟喝酒的人士，他們對小邁叟望一眼掉頭走開了，小邁叟回家告訴母親說他看到他們。母親說：『你最好不要上前去叫人家。』小邁叟承認說他絕對沒有，他知道母親話中的意思，母親在父親死後辛苦地擔當養家的責任。」（收於《城之迷》，七等生全集【6】，頁297）

段象徵隱晦童年的歧曲之路，成為他一生永難抹滅的深刻印記，〔註 14〕否則成年後有大半時間是與母親疏遠的，即使在賣掉老家後，她寧可依附女兒、女婿同居，也不肯跟隨兒子（七等生）同住，以為兒子漂泊的個性不值得倚靠；直到過世前一個月，在她意識不清楚的情況下，才由七等生接手照料，享壽八十九。〔註 15〕

　　七等生的先祖世居通霄，早期的劉家其實也是個大家族，傳說在他的祖先那一代，有半個通霄鎮以上的土地是屬於他們的，只是沒想到他們後來變成赤貧，連土地都沒有。七等生感慨道：「那可能跟我們祖先處理生活的態度有關係吧！」這其中的因素之一是：「我的祖父（劉阿火）據說跟我的祖母是有名無實的。他們有三兄弟，除二叔公是耕田的以外，三叔公也是一個調皮鬼，日據時代到日本以後回來，曾經不知道為了什麼事情，隻身負氣地離開家鄉到花蓮去了。」〔註 16〕因他的祖母邱氏，童年的時候就是以童養媳的身份來到劉家，據說她是一個非常聰明而且有才藝的人，而她的朋友之中也多的是具有演戲天份和藝術細胞的人。七等生因為小時候很乖、很聽話，全身軟綿綿的，所以很得祖母的疼愛，到哪裡都喜歡帶著他。因此從阿舅的口中就曾說出「你阿嬤是最一等疼你」的話。也就是說，七等生在年幼的時候，阿嬤是會帶著他到處「趴趴走」的。那是因為他母親每兩年就生一個孩子，上頭三、四個女的，還有一個大的，七等生當時最小。但祖母在七等生二、三歲時就過世了，並沒有留給七等生什麼深刻的印象。倒是後來她的這些姐妹淘在看到讀小學的七等生時都會說「那不就是 XXX 的孫子嗎？」或說「你看那個軟綿綿的，都已經長這麼大了啊！」這些都是七等生輾轉得知的童年記憶，不少是有關祖母邱氏的風流韻事。據說祖母跟祖父的感情不睦，所以有可能是有名而無實的夫妻。家族中也有人提過：「三叔公少年時很英俊，就是跟你阿嬤是最好的，可是這個阿嬤是哥哥的老婆，因為他的年紀比較小，後來不知什麼事情賭氣離開了……。」〔註 17〕諸如此類，這些流傳在每個鄉間角落的家族記憶和傳說，與各地的鄉野傳奇一樣，都在訴說著一些有所欠缺的生命記事。

〔註14〕此段故事被寫進〈大榕樹〉，頁 146。
〔註15〕筆者「七等生專訪」（2007 年 1 月 7 日）整理稿。
〔註16〕筆者「七等生專訪五」（2007 年 4 月 24 日）整理稿。
〔註17〕筆者「七等生專訪五」（2007 年 4 月 24 日）整理稿。

　　七等生是十個兄弟姊妹（有兩位姊妹出生後不久即過世）中的老五（次子），大姊玉霞、二姊玉娥分別於台北定居；長兄玉明在七等生服役期間因肺病去世（一九六二年），[註18]二妹玉美（一九四三年生）結婚後，長年寄居國外。因為家貧，家中兄弟姊妹很早就不得不面對被分散的命運。七等生的大妹敏子（一九四一年生），被寄養在吳姓的農家，其胞弟阿鐘（一九四五年生）送給新竹做鉛工的夫婦當養子，[註19]而幼妹（一九四九年生）玉招和母親寄居在已婚的三姊（夫）家，白天在電力公司當服務生，晚上讀夜校；直到大學畢業考上公司的正式職員為止。[註20]

　　跟七等生感情最好的大妹被送走，是繼小弟阿鐘之後，那時他也只不過是十歲的小孩，看著弟妹們一一離去，心中感到十分地不捨與無奈，冥冥中只感覺到命運的捉弄。那時台灣剛光復不久，國民政府來了之後，父親因未能即時表態加入國民黨而被解職，家庭經濟頓時陷入困境，小弟阿鐘剛好在此際出生，二、三歲時，被一對從新竹到通霄來做鉛工（台語「黏錫」）生意的夫婦領養，不久他們搬回新竹後，彼此就斷了連繫；等到七等生長大輾轉得知他們搬去了台南，也已經是二、三十年以後的事了。一股衝動讓七等生（40歲）連夜趕去台南，正因為前去尋親不遇，在寄住的飯店房間內一時無法成眠，發現床頭桌上擺放著一本聖經，遂隨手翻讀，沒想到在安靜的孤寂之夜裡深為其中簡潔詩體的文字所吸引，因此引發他寫下《耶穌的藝術》：

　　　　今年（民國六十七年）六月三日，我心情萬分焦望，從通霄趕去台南，尋找童年時就與我分別的胞弟；我能獲得他的消息，是一位同鄉的老婦人來告知的。幾日之前，她前往台南探望女兒，她女兒的丈夫在那裡開一家租書舖子，從女兒口中得悉屋後有一對母子，那個男孩子常到書舖來看書，相識後驚喜原是同鄉人：他說他出生在通霄，年幼時送給做鉛工的夫婦做養子，經過二三十年的變遷，養父已死，服完兵役後，母子從新竹移居來台南謀生，從事木匠的工作。我抵達台南時已臨近深夜，預先在飯店訂一個房間，旋即僱車趕到胞弟的居家；不料他飯後外出，他的養母亦不知他何處去排遣。我回到飯店，洗身喫飯，想準備就寢；當我靠在床上時，思緒紛雜，對我的胞弟倍覺思念，

〔註18〕〈諾言〉，收於《沙河悲歌》，七等生全集【5】，頁212。
〔註19〕〈耶穌的藝術〉，收於《銀波翅膀》，七等生全集【7】，頁3。
〔註20〕〈沙河悲歌〉，《沙河悲歌》，七等生全集【5】。

心中不免對幼年時代的環境感傷起來。（頁3）
從這段尋親的歷程中可以看出屬於他這個弟弟阿鐘曲折的生命史，而這個曲折的生命史也反映了台灣當時普遍的家庭困境與時代的悲歌；然而兄弟重逢後相守的時光竟也如此短暫，前幾年這個弟弟的辭世，令他特別感慨家族的離散與歲月的凋零。

三、少年「大頭」的荒唐事蹟

　　七等生五、六歲入學前的一段時間，也就在台灣光復前，大東亞第二次世界大戰後期，為躲避美軍的轟炸，他們曾舉家遷到鄉下去。〔註21〕只佔用了一間廂房，父親仍住在鎮上的屋子，假日才回農莊來，〔註22〕這個農莊離鎮上差不多有三十分鐘的路程，這段全家為了躲空襲，暫住在黑橋對面呂姓農莊的日子，令人回味無窮：夏日時，他們會把草蓆鋪在黑橋上躺下來仰望星空，說出星星的故事，〔註23〕這似乎已成為七等生生命裡頭一段很難忘的經歷。到了八歲他該入小學的年紀，入學報到的第一天，鄰居的小孩背起書包高高興興地就要往學校報到了，經過他家門口時還不忘大聲吆喝：「喂，要來讀冊囉，快來去喔！」但奇怪的是他竟然不肯上學，在這個任何小孩都可能會歡天喜地或是應該乖乖聽話上學的時候，他竟然因為莫名的恐懼而心生抗拒，真是氣壞了受日本教育的父親，於是就這樣被用武士道服的長長腰帶吊綁在屋樑下痛打一頓，這力道一出手就是不留情面的，痛得他哇哇大叫，姑母聞聲從隔壁走來，把他從屋樑上解下來，背著一身是傷的他趕在十二點前衝到學校去報到。那天因為去登記的時間有點晚了，以至於被編到後面的班。那後面的班級大部分都是一些愛玩的學生，因為街上有錢人，或者說是家境比較好的家庭的這些學生，他們的家長早早就帶他們去學校做登記了。他那次真的被嚇到了，小小的心靈烙下不可磨滅的陰影〔註24〕；後來有一次，父親用木劍打傷了他哥哥，把他砍倒在神桌底下（如〈沙河悲歌〉裡李文龍的手臂被硬生生的劈斷），這個畫面也讓他永生難忘。〔註25〕七等生腦海中一

〔註21〕筆者「七等生專訪五」（2007年4月24日）整理稿。
〔註22〕七等生，〈夏日故事〉，收於《銀波翅膀》，七等生全集【7】，頁279。
〔註23〕〈隱遁者〉，收於《沙河悲歌》，七等生全集【5】，頁173。
〔註24〕〈我年輕的時候〉，最初收於《散步去黑橋》，現收於《銀波翅膀》，七等生全集【7】，頁165。
〔註25〕筆者「七等生專訪五」（2007年4月24日）整理稿。

些記憶猶新的片段，就成為他不斷書寫的「記憶陰影」，譬如有人讀到他作品中對父親的敵意，（《僵局·父親之死》，頁 132）。他承認自己是在寫父親的死，卻沒有說父親是怎麼死的，說的好像這個小孩從此自由了，「因為之前一直有一個東西約束著他，那現在這個人已經走了……。」〔註 26〕他不否認自己的作品幾乎都是從感覺出發，因為他以為有東西在他的心裡面，如果不寫出來的話，就沒辦法撫平心靈的躁動。「因為人類最重要的就是要得到心靈的解救，不管是用什麼途徑，總之要從工作中解放你自己。……」年輕的七等生其實很早就選定了這條從藝術與寫作出發的救贖之道。

　　台灣光復初期的局勢不算穩定，學校裡頭也還亂糟糟的，每天都可能上演換老師的戲碼，七等生在通霄小學的日子也不例外。他一反害羞的本性，成為老師眼中的搗蛋鬼，也常鼓動其他小孩作怪：「以前教室的牆壁都是抹土的，就在隔間牆上弄一個洞，下課就從那個洞過去，玩騎馬打仗去示威，和隔壁班的打架，弄得大家都很怕我啦！」因為他的搗蛋性格，因此即使他從小到人的成績都還算不錯，卻因為品行不良，一直到師範畢業，都與乖乖牌的形象不合。『那是好玩嘛！帶頭我是很會帶頭，因為我是獅子座的，有一種臨場不畏懼的感覺！（如孟子的「說大人而藐之」）」所以那些要群體行動，比如喝酒打架那種要拼命的事，他很可能都會跑第一；他認為人類的通性就是物以類聚，很自然的會為了一個集體的利益而被鼓動，有一些小學生就是喜歡這樣玩。當然這種「逞凶鬥狠」的性格，與他不愛吃肉〔註 27〕因而營養不良、身材瘦小的體型很不相稱，除了一顆頭看起來特別的大之外，看不出他有「當大哥」的本錢。「我父親沒工作以後，家裡窮，我就開始不乖了。我會有一種自虐的行為，就是不吃東西，所以我小時候曾經瘦到只剩下一個頭，根本就沒有營養。」這是號稱「大頭」的他的自我剖白：「其實我的頭不算大，只是因為身體太小了！」大頭果然擁有不小的聰明，到了三年級時，居然被選為班長，因為學校教室不夠，必須借用鎮公所的禮堂上課，排隊出校門途經市場大街時，身為班長他故意單獨和隊伍分開一二步的距離，以顯示領頭

〔註 26〕筆者「七等生專訪四」（2007 年 3 月 6 日）整理稿。
〔註 27〕以上引自筆者「七等生專訪四」（2007 年 3 月 6 日）整理稿；另七等生〈大榕樹〉：「我不喜歡吃肉類食物使母親非常不愉悅。」「我唯一喜愛的食物是青菜、水果和糖果。」似乎是自我性格的反射。見《沙河悲歌》（七等生全集【5】），頁 146。

人的神氣。〔註 28〕這種自我膨脹、洋洋得意的個性倒是與獅子座的性格有幾分相似。

　　「我媽媽常對我說你還在吵，還不趕快去上學！我說不是啦，我就是不想上學，我為什麼不想去上學？那是因為我都是空著肚子，沒有飯吃啊！」這是少年「大頭」的心聲，小小年紀知道自己的家境不好，不是升學的料，早就有心裡準備要去當學徒。但其實他也不是真不愛讀書，實在是沒有力氣讀，只好被貼上壞小孩的標籤。但到了六年級，因為成績還不錯，受到老師特別的關愛，居然被編入了升學班，兩個禮拜考一次試，分座位時又總被分在前面第一個座位，強大的升學壓力壓得他喘不過氣來時，就索性經常逃學，躲到學校的後山去胡思亂想和漫遊鬼混。〔註 29〕「那時候窮的人當然很多，我不能說我家裡是最窮的，但是家裡頭的那種氣氛和困境，我的父親從台灣光復到我小學畢業，事實上都已經臥病在家裡六年了，生計整個都靠我媽媽和姊姊們做草蓆來支撐。你想我父親以前是多麼體面的人啊，他哪能承受這種打擊？他只能鬱悶地待在家裡，又是病又是天花的。」這些不斷成為七等生小說素材的真實情節，是他自我治療書寫旅程的起始：「我會逃家事實上是我的心理問題。我是一個非常被動的人，即使我會出走也是被逼的，譬如說小學生為什麼要逃學？原因就是我覺得不舒服，第一個我沒有早餐吃，你看我瘦成這個樣子。第二就是，我到學校沒有人重視我。學校的東西老實講太簡單了，我一看就會啦！我在這裡學什麼，我寧可去玩，這是我那時候逃學的真正原因。」那時他會欺騙母親，央求她給他帶一個便當到校。為什麼？其實那時他們都在教室內，中午就回家吃午飯了，哪需要帶什麼便當？他只是隨便編個謊言，譬如：「媽媽，妳給我帶便當，因為今天我們班要舉行這個便當會。」因為只要帶便當的話，他就可以拿著便當在野外逃學一整天，不然還得回家吃午飯。

　　年近不逾矩的七等生，以一種了然的態度來回顧這段荒唐的往事，感慨係之地說：「實際上這是一個壓力，就是逃避回家、逃避學校。我會做這些事情，是因為那時候的學生都一直在趕功課，我哪裡有回家做功課？我從來不

〔註 28〕對這段童年的回顧，七等生在〈耶穌的藝術〉中說：「固然在那年代裡，在我的同學之間，我的聰明秉質受到師長的讚譽，受到同學的欽慕，但現在我為那份無知的驕傲之心懺悔，使我今天落得孤獨之苦。」收於《銀波翅膀》（七等生全集【7】），頁 122。

〔註 29〕七等生，〈隱遁者〉，收於《沙河悲歌》，七等生全集【5】，頁 154。

會在家裡做功課的。連我上初中以後，我在家裡我也不會寫什麼功課。所以這就是為什麼從初中到進入師範學校，我的作文成績都是丙跟丁，國語也講不好的原因。」〔註30〕國語能力差，部分的因素也是來自於大環境，那時台灣剛光復不久，一切百廢待舉，不僅外省籍的老師不多，本省籍的也在學，一面學一面教，況且很多老師的鄉音都很重，怎麼教國語呢？七等生認為自己的國語之所以講得不標準，就是根本沒有好好練過國語的緣故。〔註31〕在小學的升學班裡面，小小的七等生展現了老師一說他就很清楚的數學天份，一些令人困擾的題目，他一看就懂，那時數學對他而言是最擅長的科目。倒是國語一科，涉及到語言的學習，不背不讀的話能力就無法提昇。他清楚表明自己是當了作家以後，才知道要讀書，也才開始讀書，等於人家已經讀了幾十年的書了，他才在後面追趕。這是他的真誠告白，因為他以前逃學不是去山上玩耍，就去海裡抓魚，不然就是去採土豆，再不就去賣『枝ㄚ冰』（台語）。〔註32〕看得出來，少年七等生就是知道怎樣在困境中去挖掘樂趣。

此時他也慢慢展露出繪畫天份，當母親和姊姊為了生計必須到隔壁人家編做草蓆，只留他一人看家時，他總是寫寫畫畫來發洩心中的種種奇想；有時他會注視著牆上孫中山的遺像良久，直感到自己的臉部像孫中山先生那麼嚴肅為止。這個舉動對一個剛入小學不久的小孩而言，自有萌生鼓舞的啟示。家鄉的土奎伯看他畫得好，曾請他用水彩畫一大張的中國地圖，並要在上面註明各省省名、省會、名勝古蹟、山脈和河流等名稱，越詳細越好；而他只用了一天的時間就完成，以此換得一簍子的蕃薯給全家配飯菜吃。〔註33〕七等生的小學畢業成績是全校第二名，僅次於校長的兒子。但一干人馬（二十多個）浩浩蕩蕩地前去投考新竹中學時，竟然全軍覆沒。他記得那天清晨要坐火車去新竹應考的時候，帶隊的老師看到他就說：「你怎麼沒有穿鞋子！」他回答不出其實他是沒有鞋子穿，老師就說：「你不穿鞋子怎麼行！你到新竹我給你買鞋子。」結果到了新竹以後，他一直惦記著老師要給他買鞋子這件事，但沒想到老師竟然忘了這個約定，而他又不敢跟老師提起。於是那天晚上，

〔註30〕筆者「七等生專訪五」（2007 年 4 月 24 日）整理稿。
〔註31〕筆者「七等生專訪四」（2007 年 3 月 6 日）整理稿。
〔註32〕筆者「七等生專訪五」（2007 年 4 月 24 日）整理稿。
〔註33〕這段往事以「小邁叟」的童年記憶呈現在〈散步去黑橋〉，頁 301～303；另〈大榕樹〉：「在我十歲的時候，我能畫出全張大的中國地圖，並加以分省彩色，而獲得與我家有來往的農夫的讚賞。」頁 146。

他獨自躲在新竹旅社的門邊哭泣。所以那兩天考試,他其實是無心應考的。那時候他深刻體會到由貧窮帶來的羞辱感。儘管以前在學校時就很窮苦,但貧窮和有錢還沒有那麼明顯的感覺。只有一出去的時候,同學們都有新衣、新襪、新鞋穿,就是自己什麼都沒有時,「在老師的眼中或許就像乞丐一般」〔註34〕,那種滋味和心情成為他生命中又一次深刻的銘記。〔註35〕

四、校園裡的脫軌情事

　　新竹考試全校失利後,原班人馬再度轉戰大甲中學,幾乎全部上榜。但進入初中的第一年他父親病世,全家經濟更是陷入困境。有一段期間,因為通勤的緣故,幾乎沒什麼朋友,每個星期日在家用四開紙編寫一張週報,取名為《太平週刊》,有天路過一家私人醫院,看到牆上一張畫簽著「七等兵」,回家後便在自己的週報上簽上「七等生」之名,之後也一直延用這個筆名。他表示:「這些刊物一共延續了有一年,我後來離家時把它們存放在櫃子裡,但六年後的一次大水災,房屋倒了,它們也流失了。」〔註36〕這些在初中留下來的書和筆記本,甚至他自己畫的那些漫畫和刊物,的確因民國四十八年的一場「八七水災」而蕩然無存。〔註37〕讀完初一,因為拿不到獎學金,讓他更無心向學。原因是他成績雖然都是甲等,但卻因操行乙等沒領到獎學金,這是由於競選模範生被同學聯合起來誣告他做假所致,讓他心裡十分憤恨不平,他認為獎學金不僅是一項榮譽也是用來註冊的學費,既然沒了學費他就自行決定休學。母親諒解他的決定,安排他到台北朋友兒子的工廠去當學徒。〔註38〕開學後,被高高瘦瘦一向看好他的王立中老師發現,特地從大甲趕到通霄去做家庭訪問,告訴他母親說他是個人才,不讀書太可惜了,趕緊把他找回來補註冊,他願意提供協助;母親深受感動,連夜趕到台北去把他帶回來繼續中斷了的學業。他回顧那時的心境,大概因為正值青少年階段,遭受這樣的經歷和打擊,在精神上難免感到茫然,「或許那時正在尋找自己生存的意義,自己將來的出路,當時只覺得一切

〔註34〕筆者「七等生專訪五」(2007年4月24日)整理稿。
〔註35〕〈譚郎的書信〉,收於《譚郎的書信》全集【9】,頁54～55;又參見〈離城記〉,收於《離城記》,七等生全集【4】,頁59。
〔註36〕〈給安若尼‧典可的三封信之二〉,收於《重回沙河》,七等生全集【8】,頁358～359。
〔註37〕筆者「七等生專訪五」(2007年4月24日)整理稿。
〔註38〕七等生,〈夏日故事〉,收於《銀波翅膀》,七等生全集【7】,頁275。

都是這麼不快樂；人活著不就是在尋求快樂，也在尋求一個出路嗎？」〔註39〕
他思索著那段期間，復學回來時心思已經沒有之前的專注用功，成績也開始下滑。〔註40〕三年級畢業時，也只報考台北師範一所公費的學校，但天無絕人之路，他竟然一考就中，而且還是名列前茅。他考取的是藝術科，榜單是三個名字一排，貼在學校的走廊上，他的名字列在第二排的第一個，也就是第四名。當時錄取五十幾個名額，另有備取兩名。備取之一是他通霄的另一個同學，全通霄鎮就只他們兩個去考。〔註41〕

　　風光地考入台北師範藝術科的七等生（1955年，17歲），一個鄉下的貧窮孩子終於可以擠進大城市去讀書求學了，這是多麼令人興奮的事。沒想到第一次畫素描，因不想跟同學們爭先恐後地搶坐教授認為最佳作畫的受光位置，因此獨自坐在背光的角落而畫出一個黑黑的瓷瓶子，教授把他的畫作釘在黑板上評論時，被嚴厲地責罵，令他羞悲異常。〔註42〕因為很多科目是分在不同的教室上，他都會選擇旁邊靠窗的位置坐，等到老師背對著他們寫黑板的時候，他就從窗戶跳出去。〔註43〕有時去聽音樂會和看電影，要不就是到人街上去寫生，以我行我素和靜默的態度在塑造個人的品好。〔註44〕這個逃學的毛病，從他小學開始一直延燒到師範學校，原因是隨著年齡的增長，他也看清楚一些事實，那時之所以會逃學不去上課，原因就在於這些課對他毫無吸引力。因為如此，他不是老師眼中的好學生，也不受同學們的歡迎。當時學校伙食不好，蘊釀已久的不滿情緒在一次田徑項目的競賽得獎後瞬間爆發，他半開玩笑似地在學校餐廳用餐時用筷子敲碗抗議，並得意忘形地跳上餐桌大跳踢踏舞，〔註45〕遭前來查巡的主任教

〔註39〕筆者「七等生專訪五」（2007年4月24日）整理稿。
〔註40〕七等生回憶初中一年級時自己是王老師鍾愛的兩個學生之一，數學很好，國文次之，幾乎還被視為數學天才，當時的成績僅次於另一位老師的愛徒，但休學回來後成績就從原先的數一數二掉到十幾名以外。此段回憶於筆者所做的七等生專訪時透露，2007年1月7日。
〔註41〕筆者「七等生專訪五」（2007年4月24日）整理稿。
〔註42〕七等生，〈畫鋪子自述〉，收於《一紙相思》，頁203，七等生全集【10】，遠景出版社，2003年。
〔註43〕筆者「七等生專訪五」（2007年4月24日）整理稿。
〔註44〕〈當代文學面對社會〉，收於《一紙相思》，七等生全集【10】，頁194。
〔註45〕以上這些經歷，被寫進七等生〈放生鼠〉羅武格的某些經歷（頁89～90）與〈削瘦的靈魂〉劉武雄的遭遇（頁202）中。但前者比較像是七等生青少年時期的速寫（草圖），而後者則接近是一幅他青年時期的畫像。

官大聲喝止，並以鼓譟滋事者之名義予以勒令退學。這段荒謬絕倫的校園事件是七等生心頭永遠的痛：「當時飯不夠，菜又很爛，大家就敲碗鼓譟，我索性就跳上了餐桌，指揮大家這樣敲。結果教官一進來就把我抓走。那已是三年級的最後一個學期了，然後他一查，知道我媽媽住在通霄，他說你要不要去把你的家人叫來啊？我說我的家人不方便，他說不方便的話那你就走！後來他還是把姊姊給叫來，但姊姊才十九歲，也只大他大兩歲，說起來也不太通人情世故，教官一看他們家裡根本沒有體面的人來，什麼話都沒講，就對她說：「把你弟弟帶回去！」在教官的眼裡，這個學生是有史以來最惡劣的學生，是學校的一個盲腸，必須要割掉，於是他就以『製造學潮』的罪名，將他退學了。

退學後的兩個禮拜，七等生就像他初中輟學一樣，已經到博愛路去找到一個設計家具公司的臨時工作。兩個禮拜後的某一天，他的同班同學拿了一個條子來說：「我爸爸要見你！」這位同學的爸爸是學校的老師，得知他被退學了，特別請他來表達關切之意。因為有洪文彬老師的支持，於是他得以重新復學，但回來已經接近畢業考了，有幾項作業他都得補上，就是『教材教法』這一科因為有實習作業和筆記，他沒辦法立刻補來，而且也錯過了期末考，緊接著就是畢業考試了。該科老師當面問他是不是要補考，他可以馬上出個題，七等生當然得把握住機會，於是老師馬上出了五個題目要他當場作答。他已經有兩個禮拜沒來上課了，而且在沒有任何心理準備下，五個題目中他只答對了兩題半，獲得五十分，結果這一科當然是不及格了；因為「教材教法」是師範學校的必修，於是他就喪失了參加畢業考的資格。七等生心裡明白這是老師的故意刁難，雖然他不太上課，但是要應付學科其實並不困難，原因就出在這位老師帶他們出去旅行實習的時候，他是一路搗蛋到底的，所以惹得他氣在心裡，逮住這個機會要回整他。惡劣的事蹟除了畢業旅行之外，還有半年的時間在龍安國小實習，協助帶班，某一次中午時間大家都已經在上課了，他還在操場睡午覺，這種行徑當然令老師十分不滿，氣得追出教室外大罵：「我不承認你是我的學生！」他們班上四十幾位同學，週記裡也都在記錄他的劣跡。例如不上課，或即使在上課的時候，也在看別的書。七等生知道這些惡行惡狀被同學密密麻麻地寫在週記上，因此「壞學生」的形象就更加如影隨形地跟隨他。其實他的〈削瘦的靈魂——跳出學園的圍牆〉就是在記錄這些校園的荒謬事件，用反諷的筆法，也用

嘻皮笑臉的方式，以一種口語化的、好像年輕男生的俏皮語調，來記錄年輕歲月一顆自由不羈的心靈無法被傳統師範的教育體制所規範束縛的種種脫軌情事。〔註46〕

　　透過書寫，七等生把這些年少輕狂的校園糗事銘刻在生命史的一頁，在事過境遷的臨老歲月裡，記憶越來越清晰，也成為自己自我解嘲的話題。記得他還去參加過一次師範時期的同學會，那已經二十幾年以後的事了，雖然有些事情他是永遠難以忘懷的，但因為他們也是念在同學一場，有來邀請他，他也不便拒絕，但也僅參加過這一次而已。這也令他回想起師範留級的那一年，畢業典禮前夕，他無心去參加班上的同樂會，他獨自就上街去看電影，回來後竟碰到剛散會的同學，這些人看到他，就紛紛把他圍住，然後就大哭起來對他說：「對不起！」意思是說他們三年來都是在週記裡寫他的壞話，所以導師才會對他的成見那麼深。他認為這些奇特的經歷，就是造成他今天之所以如此的一條生命之路，他到底要怎麼走，那時候已經現出端倪，他以為今天他還能夠活下來，沒有製造社會新聞，已經很不了不起了。〔註47〕他認為，從小學開始，初中，直到師範階段，家庭環境與學校教育整個合起來，事實上已經把他彤塑成一個怎樣的人格型態了。

　　進入師範學校的七等生，猶如劉姥姥進入大觀園，開始跟音樂班、體育科的學生做朋友，也開始對音樂產生極大的興趣。〔註48〕所以他在師範學校的好友，不是班上的同學，而是體育科和音樂科的。體育科的體格雖然都很好，但碰到瘦巴巴的他，有時候打架的事還得靠他出主意：「這就好比一個小孩子在教一隻金剛怎麼打架！」〔註49〕而他的音樂素養也是靠著與音樂科學生的接觸慢慢累積而來，學校一年一度的音樂合唱比賽都是由他當班上的指揮，竟也得過五次的冠軍。因為三年級的「退學事件」讓他鬱鬱寡歡，於是他想藉一年一度的合唱比賽來將功贖罪，他心裡想著這一次一定要有更好的表現，所以就刻意選了一首高難度的曲子。〔註50〕也就是修曼的「天鵝」，很難的二部合唱〔註51〕。但他故意弄一個三部合唱，為什麼用三部合

〔註46〕筆者「七等生專訪三」（2007年1月7日）整理稿。
〔註47〕筆者「七等生專訪三」（2007年1月7日）整理稿。
〔註48〕筆者「七等生專訪四」（2007年3月6日）整理稿。
〔註49〕筆者「七等生專訪五」（2007年4月24日）整理稿。
〔註50〕筆者「七等生專訪四」（2007年3月6日）整理稿。
〔註51〕七等生在〈削瘦的靈魂──跳出學園的圍牆〉中曾提到這段往事，見頁242。

唱呢？調皮的他是著眼於班上男女比例的「陽盛陰衰」，所以費盡心思花了兩個禮拜的時間教會他們如何唱三部合唱，以及學會看五線譜〔註52〕。比賽當天他可說是志得意滿，從掌聲中得知自己已盡了全力。但比賽的結果卻出人意外，所有評分者都給了他最高的分數，只有一位老師故意打「零」分，重重地摔碎了他的願望。有人跑去問老師為什麼唱得那麼好還要打零分，老師回說「那個指揮的學生簡直是在開玩笑，屁股扭動得太厲害了！」三年來五次冠軍，最末一次卻是致命的打擊，讓他感到無限的滑稽和傷感。七等生回憶當時的心境：「我失意而痛苦地在黑暗的走廊走過，走進一間無人的教室，那時許多人都為慶祝和其他的事走開了，我看到黑板上寫著表示為我抱不平的語句，還寫著『你是天才』，我強抑的淚水潰決了，我真正的傷心了；我本來就很倔強和驕傲，我不想要接納任何人的安慰，我決心要走我孤獨和寂寞的路。」〔註53〕

而當年的毛衣失竊事件，也在七等生的書寫中也佔了不小的篇幅，成為他的「記憶陰影」，潛意識裡他選擇了與「陰影」和平共處的方式。榮格說：

> 陰影並不一定是敵對者。事實上，陰影跟我們必得與之共處任何人一樣，有時需要退讓，有時需要抵抗，有時則要給予愛，一切視情況而定。只有當陰影被忽視或被誤解時，它才會變得有敵意。〔註54〕

為什麼有人毛衣失竊了，會聯想到他身上？因為到了三年級時要開始畫油畫，他當時沒有錢買顏料，只好寫信給他初中一位要好同學甘子龍告急。初中時代，是他發現了他的便當都是清白一色的，曾邀他到大甲的廟口的攤販，替他買了一碗湯，他們的友誼就是這樣開始建立的。他當時收到的第一封掛號信就是他寄來的，恰巧變成導師和同學們質疑的對象；而他三年之間也只接到過這一封，就惹來這場不小的風波。這件事後來因為查無實證，只好不了了之，但被懷疑與被調查的恥辱，已積累成極大的「陰影」。他認為，他所承受的這些冤情對他而言反而增加了抗壓性，心裡早已釋懷〔註55〕，而且也理解到生命就是因為有這些創傷和苦難，才能像蚌殼吐沙一樣吐出美麗的珍珠。

〔註52〕筆者「七等生專訪四」（2007年3月6日）整理稿。
〔註53〕這段話出自於〈耶穌的藝術〉，收於《銀波翅膀》，七等生全集【7】，頁30～31；又此段經歷也被寫進〈削瘦的靈魂──跳出學園的圍牆〉，收於《離城記》，頁267，七等生全集【4】。
〔註54〕榮格，《人及其象徵》，頁206～207，台北：立緒，2000年。
〔註55〕筆者「七等生專訪三」（2007年1月7日）整理稿。

第二節　追逐生活的浪子（1959～1969）

一、文學的起點──九份

　　重修師範課程的那年冬天（1959 年），二十一歲的他曾因一股衝動，像一個流浪漢一般騎著舊單車去做環島旅行，〔註 56〕個人私密的理由是為除去心中的不快樂，以及能在各地寄卡片給當時心儀的女孩；〔註 57〕那個寫在〈初見曙光〉裡著素衣長裙，會彈琴，有著特有的少婦驕傲的模樣的薩姬，是他學生時代的初戀情人。〔註 58〕但這趟旅程返回後戀情卻未有結果，在離開師範校園後，他懷著孤獨且受創的心前往瑞芳鎮的九份國小任職。生活的困境與挫折並沒有澆熄七等生對藝術與文學的狂熱追求，反而他在《諸神復活》、《雷翁那圖、達文西傳記》等西方的文學名著，和惠特曼的《草葉集》、胡品清譯的《法蘭西詩選》中找到人格的典型和文藝之美，正如榮格所說的：「當潛意識被感動時，魅力便誕生了。」〔註 59〕。這段期間他更沉浸在西方現代文學世界中，特別鍾愛海明威的作品，如《戰地鐘聲》、《戰地春夢》、《旭日東昇》及 D.H 勞倫斯的《查泰萊夫人的情人》等。而文學前輩鍾肇政也說：

> 每到假日，他便上台北來看電影，而且一看就是兩場三場，以致他
> 不得不節衣縮食，有時甚且有三餐不濟的情況發生，他看電影並不
> 是為了娛樂消遣，他的心情幾乎是虔誠的，純粹是為了一種藝術的
> 鑑賞。另外，當時聯合報電影版經常有關法國新潮派電影的分析與
> 報導文字，這也成了他努力研讀吸收的對象。這些也就是促使他有
> 了一種前衛的覺醒因素，造成他日後風格的轉變。〔註 60〕

或許就是受到西方文藝思潮的啟蒙，讓他特別關注到小說的敘述技巧和語言的表達，而且朝向內省與自覺，以及表現「自我」存在的處境。正如蔡源煌所言：

> 存在主義思想、浪漫的自我追求和心靈探索成了五〇年代年輕人關
> 切的主要問題。就國內的情況而言，這是在尋求某思潮，來替代以

〔註 56〕〈當代文學面對社會〉，收於《一紙相思》，七等生全集【10】，頁 194。
〔註 57〕〈在霧社〉，收於《離城記》，七等生全集【4】，頁 102。
〔註 58〕〈初見曙光〉，收於《初見曙光》，七等生全集【1】，頁 292 及頁 337。
〔註 59〕榮格，《人及其象徵》，頁 316。
〔註 60〕鍾肇政，〈文學使徒七等生〉，頁 3，七等生《白馬》序，遠行出版社，1977 年 9 月出版。

往以意識為主導的任務文學；就外來文化的湧入來看，則以美國的
影響最顯著——即使是存在主義的譯介，也間接從美國引進（反越
戰的美國民歌手如 Joan Boez 和 Bob Dylan，對國內的年輕人來說也
不陌生）。〔註61〕

西方五、六〇年代的年輕人文化，大體就籠罩在存在主義的氛圍裡，他的第
一篇小說《初見曙光‧失業、撲克、炸魷魚》也就在描述幾個年輕人無所事事
的聚集和對話，來呈現生命灰澀沉鬱的存在狀態。

　　當時九份的街道及附近水壺山等風情曾被他寫入〈黑眼珠與我〉的散文
中。〔註 62〕他的小說題材也經常以九份的經歷作為書寫的對象。譬如一個深
刻的記憶是在瑞濱的沙灘，一個夏日的黃昏，一個簡陋的海浴場，有一個少
女的美好的身體靜靜無聲息地仰躺在沙灘上，當眾人只是圍觀都束手無策時，
他堅持要幫她做急救，他當時還不會急救的知識，只看過影片裡急救的場景。
他說：「在這個過程中，我不知道我做得對不對，可是我卻不能停下來，也沒
有人想要來替換我或指導我。直到經過多時，醫生和救護車終於到達，我讓
開給醫生。醫生檢查她，說她已經死了，叫救護車把她載走。我立在沙灘上
悵然地望著車子和人群離去，我突然感到無比的孤獨和寂寞。當我離開沙灘
時，夜晚就像黑紗一樣在我四周向我包圍過來。這是三十年前的事，如今印
象猶然歷歷在目，觸覺那少女冰冷而鬆軟的嘴唇的記憶依然存在，但是她沒
有活過來使我感到悲憫。」〔註 63〕另外如〈會議〉、〈復職〉等，更記錄著一
個初出茅廬的小教員，如何從九份礦區小學校輾轉被調至萬里海邊小學校的
心路歷程。

　　他就在這個礦區小學校，生命經歷了一次很奇妙的啟悟。有一天他路經
一個礦工休息處，注意到一群礦工中有一位特別矮胖的長者，躺在地上，眼
睛望著樹葉間隙透出的陽光，他用手擺出觀窺的姿態，然後發表他的觀察心
得。「我坐在附近石頭上，疑問著那單純平常的現象於他有何深動的感觸，為
何以一種平易的語言向周圍的人講述喻象；他是誰？為何能處在寂聊的處所
而怡然自得，他說的與旁邊的人有什麼關係作用，為何他能津津道出，顯然

〔註 61〕蔡源煌，《從浪漫主義到後現代主義》，頁 98，台北：雅典，1998 年。
〔註 62〕〈黑眼珠與我〉，收於《初見曙光》，七等生全集【1】。
〔註 63〕〈兩種文體——阿平之死〉，收於《一紙相思》，頁 148，七等生全集【10】；
　　　　又此回憶也寫入〈黃昏，再見〉，收於《初見曙光》，七等生全集【1】，頁 71
　　　　～75。

有點荒唐和奇怪。後來我隱避的探詢他人，才知道他是先輩有名的畫家洪瑞林，一個經常與礦工為伍的人。」（《銀波翅膀・我年輕的時候》，頁 161～162）此「洪瑞林」，應該指的就是台灣礦工畫家「洪瑞麟」，他在日據時期開始畫畫，戰後為生活到礦工挖煤礦，從此就在礦坑作畫，在礦場生活。根據廖淑芳研究所得，《雄獅美術》101 期曾推出洪瑞麟專輯，專輯訪談問到何以他要在礦坑作畫，得到的答案是：「留日期間日本普羅文藝，以及實際礦場生活的體驗，使他徹底拋開文雅、端莊、經過過濾昇華的藝術型態，而去描寫礦工的勞動和粗率。」〔註64〕對七等生而言，這是一次難能可貴的美感經驗，瞬間的印象，讓他領悟生命的樣態，是可以如此獨特而美麗，於是後來迸發寫作的衝動，以及日後在創作路上的踽踽獨行，這次瞬間的感動，可以說是他文學的起點。

二、當兵的意外收穫

　　他在萬里國小任教期間（1962～1965），算是七等生創作生涯的開端，不僅結識文壇前輩東方白，並首次在聯合報副刊發表短篇小說，受當時主編林海音女士的鼓勵和肯定，半年內刊登〈失業、撲克、炸魷魚〉（1962 年）等十一篇短篇小說，以及〈黑眼珠與我〉、〈囂浮〉、〈狄克、平凡的女人、漁夫〉等作品的發表。初任教職的第二年，七等生（1962 年，24 歲）因牽涉學校人事鬥爭（揮拳記過）被改調基隆萬里國小，〔註65〕同年十月在新竹入伍服役（陸軍士兵）。一進入這個訓練中心，連長、輔導長和班長們一看到他的專長，就要他去做壁報，但他偏不領情，就遭恐嚇說：「你假如不去做壁報的話，那就要去挖水溝！」他就回說：「好，我要去挖水溝！」〔註66〕七等生寧可要一些出操的訓練，也不要只窩在辦公室做壁報，雖然這是他擅長的事。因此這兩年的兵役，他不僅能夠開車，還可以開平路機。他得意地說：「你看看，這個訓練值不值得！這就是等於好像你的訓練執照、合格執照。你看那個大機械，你要會開這個東西的話，起先你要先學開車，八個禮拜，然後下面兩個禮拜，就是操作那個槓桿。」七等生堅定地表示：「雖然我一生之中，可以說從來不

〔註64〕廖淑芳，《國家想像、現代主義與文學現代性——以七等生文學現象為核心》，頁 256，清華中文所博論，2005 年。
〔註65〕〈復職〉，收於《沙河悲歌》，七等生全集【5】，頁 273 及〈會議〉，收於《初見曙光》，七等生全集【1】，頁 35。
〔註66〕以上引自筆者「七等生專訪五」（2007 年 4 月 24 日）整理稿。

會用到這些東西去謀生，但是爆破、架橋變成是我的專長，我覺得這是真正的好東西。」他以為有很多怪事情會出現在他身上，原因就在於他的想法跟人家不一樣，他寧可去吃苦，比如說他去做工兵的時候，他們的工兵營常常到屏東的山地門去撿石頭。

在工兵營訓練完畢後，他被分配到一個非常特殊的機構，就是在嘉義第一軍指揮所裡輕裝備連的一個機械部隊。全國軍隊只有這一個連，一連才四十幾位，是陸軍範疇裡一個很特殊的支援部隊。「這個部隊所有的一切都是機械，他們把我編派到那邊以後，我等於去做玩機械的這些軍官、士官的一個助手，就好像我是他們的徒弟一樣，要幫他們提工具，等於說師父要有一個徒弟跟著，我們是那種做小工的。」正因為連長發覺到他比較特殊，因此就給他機會去受訓。七等生認為他當兵期間能學習到這些東西，是陰錯陽差，也是因禍得福。他當時的自我的期許是：「我覺得當兵兩年，不要因為你害怕混過去就算了，在你的人生裡面，你一定要學一些什麼東西，不管你將來有用沒用，你一定要學。」話中充滿了堅定與自信。

三、辭去教職，投入創作

二十六歲的七等生，在當兵的期間曾投稿給《現代文學》雜誌。〔註 67〕退伍後，他繼續回萬里國小任職，這一兩年之中，他像著了魔似的貪婪地吸取文學的養份，竟一口氣讀了將近半百的專門書籍，心中編織了許多的夢想。〔註 68〕一九六五年，二十七歲的他與在服兵役期間認識的同鄉女友許玉燕（1941～）完成終身大事，〔註 69〕當時他的太太在台北幫她兄弟看店，也做過皮鞋店、特產店等店員。〔註 70〕於是他在年底做了一項重大的決定，亦即辭去教職，全心投入文藝創作。七等生說：「事實上我在九份就開始在寫作了，在當兵時也在念書，退伍回來時就已經開始有些東西在發表，之所以想到辭去老師的職位，主要好像覺得教職的生涯對我來講不太適應，因為它太綁你，就好像我以前在做學生的時候，課堂上綁我一樣，只是那時候是學生，你不能離開，頂多只能偶爾逃學一下，紓解一下。」或許了解到自己已是個成年

〔註 67〕〈中國文學討論會講辭〉，收於《重回沙河》，七等生全集【8】，頁 346。
〔註 68〕〈復職〉，收於《沙河悲歌》，七等生全集【5】，頁 278。
〔註 69〕〈復職〉，收於《沙河悲歌》，七等生全集【5】，頁 279 及參考七等生自訂年表。
〔註 70〕筆者「七等生專訪三」（2007 年 1 月 7 日）整理稿。

人，可以有自己的決定，對於現實的問題也沒有想得那麼深遠。

　　另外，從他對於這段海邊小學校的經歷期間所作的描述也可以看出一些
跡象來：

> 其實自己在那個海邊小學校，時間是從五十一年九月至五十四年
> 十二月，可是真正生活在那裡合算起來也不過一年有餘，中間足
> 足的兩年是生活在軍營裡，因此也就沒有像在礦區的小學校那樣
> 深入地將感情投入在那裡的風土。那些自然的美景一天一式，至
> 今回憶起來也沒有特別深重的，這一定是身在那裡而心不在那裡。
> 自己往後的運途在那個海邊小學校生活的期間蘊釀的，大概是沒
> 有錯。〔註71〕

正因如此，再加上對教育界虛敗現象的失望，以及對教育體制的變動所產生
的無奈和不滿，又在身體虛弱的狀態下（當時得了急性盲腸炎住院開刀），他
就抗拒再回校任職而加速離職的決定。深層的動機是來自當時他對文藝的熱
愛和夢想：

> 在那海邊的小學校最後生活的一年中，做夢的日子比清醒的日子居
> 多。居然愛上了歌妓，只好拋棄了原配夫人罷，是這般情緒下定了
> 決心，飽經風霜的校長也嚇了一跳，好端端地在這裡服務的人，突
> 然說不幹了。〔註72〕

這段對生命選擇比譬的話語雖出自七等生的小說，但看起來都像是他人生經
歷活生生的寫照。因為那時他已經開始陸續在報刊投稿了，所以毅然決然地
來到台北接受文化的洗禮。

四、與文壇人士交遊

　　辭去教職的七等生，透過鍾肇政的介紹，在一九六五年（27歲）聖誕節
前夕，到台中楊逵先生墾植的東海花園當一名園丁，為期僅數星期，〔註73〕
顯然有文學朝聖的意味；但他與楊逵所抱持的文學理念不同，也在此看出端
倪。〔註74〕隔年（1966年，28歲）與尉天聰、陳映真（永善）、施叔青等相
識於台北鐵路餐廳，並受邀加入《文學季刊》的創辦及編務工作。積極地與

〔註71〕〈復職〉，收於《沙河悲歌》，七等生全集【5】，頁276。
〔註72〕〈復職〉，收於《沙河悲歌》，七等生全集【5】，頁278。
〔註73〕〈冬來花園〉之前的引言，收於《我愛黑眼珠》，七等生全集【2】，頁295。
〔註74〕《譚郎的書信》，七等生全集【9】，頁66～67。

尉天驄、陳映真（永善）等人交遊，此時他對文學創作充滿熱情，暫時寄居在木柵二姊（夫劉亮）的台電宿舍，方便一肩扛起選稿、邀稿、編輯、設計版面、校稿和跑印刷廠等實際的編務，從第一期到第五期。〔註75〕當時六、七○年代的台北天空瀰漫一股文藝風潮，「明星咖啡屋」是一個據點，也是七等生參加《文學季刊》時的一個聚會所在：「明星咖啡屋那時候是零零落落，不如現在講起來好像很有名，」而出入其中的大部分是台大、政大的學生和一些寫小說的文藝青年。「我們只是其中的少數客人而已，那時候因為《文學季刊》的人住得比較分散，所以都會約好晚上幾點鐘在那裡碰面。」當時陳映真是「大頭」，尉天驄被稱為「二頭」，兩人負責編務，但因為陳映真在關渡的輝瑞藥廠上班，平常只有聚會時才會到，有很多事情都交代尉天驄去處理。七等生那時住在木柵，與讀政大的尉天驄比較接近，所以第一期到第五期都是由他負責催稿。因為他們走得近，所以尉天驄偶而就說：「老七啊，你中午假如過來，我們一起喝點小酒。」或者有時是七等生叫他過來一起吃飯，主要是工作對他來說很有意思，彼此也很投契，然後他們也把黃春明拉進來寫稿。他很感念他們的識人之才，認為他會被文藝界的人發現，也是因為陳映真。「當年開始在《聯合報》寫作的時候，他就注意到我了，那時他們都已經是作家了，也都在《筆匯》那裡寫作了。我是比較慢的。他們十幾歲就能寫作，而我是到二十三歲才開始。那時我常常會接到一些文筆並茂，來源不明的信，其實原來都是陳映真寫給我的（署名當然不是陳映真，他都用假名）。等到我們一起編《文學季刊》後，他給我寫的信才都簽永善本名。」〔註76〕

五、台北居，大不易

　　居台北期間是他人生一段漂泊不定期，他經歷過不少工作，但都為期不長。如曾在台電公司當臨時職員，也曾參加一家電影公司招考被錄取，僅上班一天就不幹了；〔註77〕後考進廣告公司當企劃，但上班三日就離職，原因是因為他

〔註75〕〈五年集自序〉，收於《僵局》，七等生全集【3】，頁265；又參見〈中國文學討論會講辭〉，收於《重回沙河》，七等生全集【8】，頁346。

〔註76〕七等生說：「這些信件我都有保留，這些東西將來都是歷史的資料。」見筆者「七等生專訪四」（2007年3月6日）整理稿。另，廖淑芳的博論透露陳映真坦承曾寫一封署名「魏仲智」的讀者投書給七等生。見《國家想像、現代主義與文學的現代性——以七等生文學現象為核心》頁9。

〔註77〕鍾肇政，〈文學使徒七等生〉，七等生《白馬》序，頁4，台北：遠行，初版，1977年。

認為這些工作會剝奪他的整個思想。他無法順應現實既定的工作，因此內心會有一種很強烈的不適應感。內心總覺得這不是他要做的工作，而似乎還有更重要的事情等著去做：「人常常自己會有這樣的一種靈思，也許當時你的理由不見得說得出來，但在茫茫之中，似乎有一條指引的方向。」〔註78〕這位被鍾肇政喻為天才藝術家，同時也有「文學使徒」及「徬徨一代的靈魂」之稱的七等生，血液裡即流動著對原始自然生活方式的嚮往，也是他骨子裡追求浪漫無為的性格所在。〔註79〕因此在他的作品中就反映了他早期投入文藝創作的執著：「我純然為我掌握的理念寫作，我開始就踏入於純粹的文學，雖然歷經十七年的艱辛的否定生活的折磨，我從未改變這條路。」（《銀波翅膀·我年輕的時候》，頁163）

他曾經與妻子在皮鞋店工作一小段時間，住過臨沂街，後遷通化街，再搬到士林蘭雅，賃居在一個農家小屋內，當時與陳映真、雷驤、胡幸雄等新銳作家時有往來；後來在經濟日報社當過會議速寫，住家由蘭雅又搬回市區延平北路，之後又租居承德路，住在六席塌塌米的小房間內，那時是在懷生國小代課。之後再搬天母，生活極不穩定。〔註80〕在蘭雅士東國小代課期間，有同事對他的印象是「很怪的一個人，編一手好壁報，常常一個人自得其樂地彈奏吉他。」〔註81〕一九六七年（29歲），長子懷拙出世，正是七等生婚後初為人父，肩挑起人生責任負擔的開始；妻外出工作時，便將老大懷拙寄台大托兒所，他曾進台大旁聽幾次哲學和戲劇課程，但發現不是自己所要的而未再繼續。一九六九年（31歲），當長女小書誕生後，已興起他謀求一份穩定教職的強烈意願，於是積極爭取復職的機會。但前後四年的奔走申請，遭到人事單位以各種制式的理由刁難，體驗到世態的炎涼。〔註82〕如他在士東國

〔註78〕筆者「七等生專訪四」（2007年3月6日）整理稿。

〔註79〕在這段期間內兩人經常有書信往返。鍾肇政，〈文學使徒七等生〉，頁2～3，收於《白馬》，遠景出版社，1980年7月，頁1～7。

〔註80〕在〈五年集序〉中提到：「失業多年了，生活依然無處歸依，窘困之狀使我悔不當初貿然離職。考進廣告公司企劃，上班三日就作罷。到經濟日報當會議速寫，好景卻不常。為咖啡室的僕役一月，領薪九百，是經歷上的一個嚴肅笑料。」收於《僵局》，七等全集【3】，頁267。

〔註81〕曹永洋，〈永不回返的時光──憶七等生〉頁151；《台灣文藝》55期，1977年6月，頁150～152。

〔註82〕〈五年集序〉：「為申請教職，被有關機關搬弄四處奔走。又有藉某名譽前來索價八千者，是一位戴眼鏡牧師自稱和另位黑膚漢子，說先付半數，事成再付半數，眼可見到已是赤貧，何來大錢八仟，貪饞混蛋之極致，使我不勝怒吼，揮動正在作畫的彩筆下逐客令。」收於《僵局》，七等全集【3】，頁267。

小（1968 年 30 歲）代課時，原以為有機會就地復職，校長也口頭答應他在新學期一開始就遞補職缺，但沒想到後來卻遞補了別人。他一氣之下，隔一年（1969 年 32 歲）獲知霧社地區國小（萬大發電廠分校）有短暫的代課職缺，即毫不猶豫地前往就任。

　　當他任職文藝沙龍（作家咖啡屋）一個月期間，曾莫名其妙遭人唾液辱罵是「羊雜碎」〔註83〕。他回想其中的原由：「那時候的文藝界，多多少少隱伏著這個統獨之爭，因為我在那裡已經開始有寫一點東西了，大家已經知道我的一些事情，我在那裡上班，幾乎每天有人要來找麻煩。就是一些所謂的御用文人，現在大部分都已經過世了。他們罵我是羊雜碎，意思就是說你這頹廢的人，你是我們民族的敗類！」當七等生在回溯這段往事時，語氣趨於平和客觀而毫無怨怒。〔註84〕因為如此，台北原是他有心想闖蕩的地方，但一顆心卻漂浮不定，他敏銳地感受到，整個環境跟他之間的一種節拍上的不合。〔註85〕而他卻因為堅持自己的理念，不願意與現實妥協，以致節節後退，最後只得退守到他出生時的家鄉與最初的選擇——小學教職。這段從他入伍到他展現文藝上的狂熱與結交文壇同好，到他攜眷回鄉定居復職前的早期創作歷程，張恆豪稱之為「居城時期」（1963～1969 年）；他《五年集》詩作的出版，就是對這段離開教職後的黯淡生涯的回顧與總結。〔註86〕他在書序裡寫下：「寫作使我離開了原有的教書工作，成為追逐生活的浪子；但我在寫作上的主觀表現，想依靠這種個自的風格去獲得較多讀者的購買，在我們生活的現實社會裡是萬難的事；事後的了解，已經使我在生活上流離顛沛，幾年的窮困和潦倒，迫使我必須回返小學教師的工作，幾經人事的磨難，像我如此難以妥協一般人情世故者，其中的苦頭，雖非親身經歷者，只要生活在同

〔註83〕七等生，〈五年集序〉：「當時有一位詩人，知我名七君，不明何故，每夜均前來挑言侮辱，不可理喻之極。」收於《僵局》，七等全集【3】，頁268；這段經歷也於筆者訪談中經七等生親口證實，因當時文藝界隱伏了統獨之爭，對當時七等生的小說風格不以為然的人，曾當面指斥他是「民族的敗類」。2007年3月6日，地點：台北中正文化中心福華劇院軒。
〔註84〕筆者「七等生專訪四」（2007 年 3 月 6 日）整理稿。
〔註85〕筆者「七等生專訪五」（2007 年 4 月 24 日）整理稿。
〔註86〕七等生在一九七二年自費印《五年集序》（詩集）但已絕版，後由沈登恩編小全集時收於《情與思》（七等生作品集【12】），遠景出版社，1977 年初版，1986 年再版。現此詩集及兩篇前後序收於《僵局》，七等生全集【3】，頁265～327，2003 年版。

一時空中，亦將同感其中折磨的況味。」〔註87〕這是讓他對生活感到心灰意冷和憂悶不快樂的原因，〔註88〕他就是發覺到要在台北居住，實在大為不易，才懷著黯淡與失落的心情回家鄉定居。

第三節　沙河的獨行者（1970～1979）

一、故鄉小屋的召喚

　　經過台北四、五年間的生活歷練，隨性自我的七等生終於想通了：「我只有去教書才比較適合，因為它是固定的工作。教書工作對我來講也比較為輕鬆，雖然時間佔得很多，可是畢竟我還有時間可以去做自己喜歡的事。但我要在台北復職卻不太可能。……」嘗試了各種管道都碰壁之後，終於讓他想到了自己家鄉的一間小屋子，至少還有一處父親留下來的小屋可以屈身，它似乎在向他招手，於是他緩緩地踏上歸途，在一九七〇年（32歲）的三月二十九日攜家帶眷地回到出生地，看到闊別已久的家門內心百感交集，畢竟自己並不是衣錦榮歸，敏感的他更可以接收到從鄉里鄰人投射過來的異樣眼光。而等待復職的過程並不順利，其中的曲折，讓他倍感人情的冷暖。〔註89〕起先他在自己的母校通霄國小代課一個月，之後在苗栗縣打工，遲至九月才正式回當地的城中國小復職。這條艱辛的復職之路，至今回想起來仍有滿腹的心酸和委曲。〔註90〕他不否認回通霄是一個現實的考量，因為在台北浪蕩多年，一事無成，回通霄去，主要是履行對他太太賺錢養家的承諾。七等生說這部分他做到了，他不至於中途落跑，棄家庭於不顧，因為「很可能像我這種個性的人，有的人早就中途落跑了！」這無疑是一段肺腑之言，然而他卻選擇了書寫，默默地成就了他對家庭與土地的關懷與認同。

　　當七等生返回小時候成長的地方——通霄沙河時，那是他最愛玩水的地方，也是大哥玉明教他學會游泳和跳水的所在。〔註91〕這個大哥就是寫在

〔註87〕〈散步去黑橋〉自序，《一紙相思》，七等生全集【10】，頁285～286。
〔註88〕〈中國文學討論會講辭〉，收於《重回沙河》，七等生全集【8】，頁346。
〔註89〕筆者「七等生專訪三」（2007年1月7日）整理稿。
〔註90〕最初在鎮上的城中小任職，九月調五福國小。這段艱辛的復職之路，在他〈復職〉及〈五年集序〉皆有所描述。
〔註91〕七等生提到跳水谷是河床中且深且大的水潭，參見〈沙河悲歌〉，頁49；〈隱遁者〉頁162；〈余索式怪談〉頁121。

〈沙河悲歌〉裡的「李文龍」，因為熱愛吹奏遠離家鄉，卻因身染肺癆而返鄉療養，其中的困頓足以寫就一部時代的悲歌。他後來練成了一身游泳的本事，無不感念這個三十幾歲就過世的大哥。「我的運動的長項是兩個：一是跑中距離的選手（1500 公尺），另一項就是游泳。」提起游泳七等生眼睛閃閃發亮，他到了小學五、六年級時，就可以跟一群同伴去附近的海邊（海尾仔）游泳了，常常讓他們流連忘返。因為他從小就是在河裡海邊長大的，當他中年返鄉時，居然還可以跟那些已經成為救生員的童年玩伴去游海，讓他感到特別地慶幸。

　　「沙河」是七等生小說中的一條河：它是〈沙河悲歌〉主角李文龍的出生地，也是七等生攝影、生活札記〈重回沙河〉中散文書寫的心象寓意所在。七等生曾表示，沙河本來就存在於台灣的每個鄉村，在他的書寫裡之所以屢次提到，那是因為通霄正好有一條貫穿鎮內的河川「通霄河」，台語唸成「沙河」，其實只是取「台灣的河淤積泥沙很多，河道常常改變」的一個象徵意義。他以為台灣的河，在通霄跟其他的環境都差不多，只不過沙河是他童年玩耍的河，也是家鄉通霄鎮婦女洗衣兼聚會聊天的所在；因為早期的河流都很清澈，而且家裡面沒有洗衣機，所以大家都會在河邊洗衣服。「後來因為它積沙很多，所以就叫它『沙仔溪』，這是台灣特有的特色。」〔註92〕台灣早期河流是涵蘊生命的母體，單純地提供休憩與簡單的生活所需，但在人口的愈趨密集和人為的過度開發下，河床不堪承載，每遇大雨就釀成災情，苗栗縣通霄鎮也不例外，尤以民國四十八年的「八七水災」最為嚴重，災情遍及全鎮。〔註93〕但這並不是通霄鎮的特殊現象，台灣的河流沒有得到應有的重視和對待，以致在天災人禍的欺凌下遭受嚴重的摧殘，有時變成吃人的虎豹豺狼，有時竟成氣若游絲的病貓，這是台灣早期河川的普遍處境，就連台灣的第一大河──濁水溪，〔註94〕與流經整個台北盆地的基隆河，何嘗不也是如此。因此雖然在書中，七等生確實意有所指的以「沙河」作為他家鄉主要河川的代稱，但他不希望「沙河」被誤解局限成特定意義的某一條河，因為超越他的書寫，甚至在他的整個生命史裡，其實都已經與這條河流的命運混融為一了。

〔註92〕見筆者「七等生專訪三」（2007 年 1 月 7 日）整理稿。
〔註93〕見《通霄鎮志》頁 10，中華綜合發展研究院應用史學研究所總編纂，苗栗縣　　　　通霄鎮公所編印。
〔註94〕見吳晟，《筆記濁水溪》自序，頁 16；聯合文叢，2002 年。

二、創作的高峰

回到通霄定居的七等生，雖然過著半隱居的生活狀態，但文學創作讓他不再默默無聞，文學透顯的力量就像一條潛伏的沙河一樣，雖然表面氣若游絲，卻在地層裡流淌著汨汨的生命氣息。各地慕名而來的「粉絲」，諸如台南成功大學中文系陳昌明教授師生的系刊專訪，也有作家心岱及婦女雜誌、張老師月刊等等的訪問行程，讓他的文名遠播。（1977年39歲）〔註95〕另外，他在一九七二年發表的〈期待白馬而顯現唐倩〉，此篇是針對陳映真〈唐倩的喜劇〉（發表在《文學季刊》第二期，1967年1月）的改寫，同樣是對文化圈中知識份子著迷於理性與存在主義哲學氛圍的行徑加以揭示與嘲諷，然而七等生更添加了幾許幽默與詼諧，並寄託了沙河的現實與理想的白馬的寓意在其中；其《離城記》（1973年晨鐘版）寫出一個城市的漫遊者，遍尋自己存在的價值不著，也摸索不到自己的責任和義務，更不願隨波逐流地去順從城市既有的制度與風尚，終而棄城離去，頗有自身遭遇的寫照；而《削瘦的靈魂》則被學者呂正惠視為是七等生最成功的代表作，其實是因為七等生用寫實的筆法，以自己為原型，清楚地揭露學院裡的制式教育，與為人師表表裡不一的醜陋嘴臉。

一九七六年（38歲），他的〈大榕樹〉獲聯合報文學獎佳作；遠景出版社出版了《我愛黑眼珠》、《僵局》、《沙河悲歌》、《隱遁者》、《削瘦的靈魂》等五部小說集。《沙河悲歌》序言提及小說中的人物和場景都是他自小熟悉的真人真事，僅在名稱上稍有變更。〔註96〕雖然書寫的對象是以他大哥玉明（已於1962年死於肺病，享年32）為原型，但「沙河」不僅是小說中追求技藝者李文龍（一郎）的出生地，也象徵他自我追尋的生命歷程，更可視為七等生書寫的原鄉。而《隱遁者》中的魯道夫，從群魔群鬼聚居的城鎮自我放逐，涉過沙河，來到與人類的城鎮對立的彼岸森林，〔註97〕拿著望遠鏡在窺視舊城鎮的一切，其實是內心鏡象的反射。

由於有這幾部作品的集結，隔年（1977年，39歲）遠行出版社更把七等生過去的作品，做了第一次總整理，共出版了《七等生小說全集》十冊，簡稱

〔註95〕見心岱，〈七等生記──我確信天使是啞默者〉，《小說新潮》1期「七等生專輯」，頁219～240，1977年6月（後收於謝冰瑩，《作家印象記》，眾文圖書公司，1984年5月）；胡為美，〈七等生要追求心靈創作的自由〉，《婦女雜誌》105期，頁24～28，1977年6月。
〔註96〕見一九七六年八月遠景出版社《沙河悲歌》再版序（一九七六年七月初版）。
〔註97〕〈隱遁者〉，收於《沙河悲歌》，七等生全集【5】，頁159。

小全集，算是當時出版社的大手筆。學者彭瑞金認為，這顯示了夢幻出版家沈登恩對七等生小說獨具慧眼的關愛。〔註98〕然而七等生卻低調地表示：「我在那裡太苦悶了，白天要工作，只得晚上散步來排解生活的壓力，所以慢慢地養成了讀書和寫作的習慣，因此可以說，我的所有學習都在我回通霄的二十年（1970～1989）間建立起來的。我不是什麼了不起的天才，我是因為要生存的這個舉動，才產生這些作品。這不是空穴來風，不是說我要為這個社會負起什麼責任，而是我承諾了我的太太，也等於是承諾了這個社會。」〔註99〕始料未及地，在通霄這苦悶的二十年，的確成就了他創作的高峰，頗能印證「文學是苦悶的象徵」的說法。他同時開始閱讀威爾·杜蘭編著的《世界文明史》（共37冊）等一系列的歷史和哲學的書，這是返鄉任職的七等生，決心過起孤獨安靜生活的宣示，也是自我學習旅程的開始；因為當時他自覺讀書不多，也欠缺組織力，遂向幼獅文化預訂，花了五、六年的時間循序漸進地讀完這一整套書。或許就是拜這套書的系統知識所賜，他感覺到自己的組織及判別力都在增長之中，也滿足了他對史學與哲學的興趣和認識。〔註100〕雖然返鄉後有一小段時期（1972～）因家計未能立即得到改善，妻子曾攜女兒小書北上工作，讓他心情跌到谷底，但隔年（1973年）妻女返家後，次子保羅出生，做為三個小孩的父親的七等生（35歲），更願意承擔起現實的責任，此時的創作量反而有增無減，因為教書工作逐漸讓他生活安定無憂，當家庭的經濟獲得改善後，與妻兒的相處也漸趨平和穩定。這部書之後未處理到的近代歷史，他則以閱讀《史元：十九世紀歐洲的歷史意象》等書來補足。〔註101〕

三、與學者梁景峰對談

　　一九七七年，三十九歲的七等生接受《台灣文藝》雜誌安排，與學者梁景峰對談──沙河的夢境和真實，當時梁景峰表示，這是出版商和一些讀者

〔註98〕彭瑞金，〈離城小說家與夢幻出版家的邂逅〉，頁61，《台灣文學館通訊》2，2003年12月；關於七等生與沈登恩的相識與交情，於本章第四節後半段會有補述。

〔註99〕以上引自筆者「七等生專訪三」（2007年1月7日）整理稿。

〔註100〕在筆者的訪談中，七等生表示自己的求知若渴的心情。見「七等生專訪四」（2007年3月6日）整理稿。

〔註101〕七等生在受訪中向筆者推薦這部書。《史元：十九世紀歐洲的歷史意象》（上、下）是由 Hayden White（海登·懷特）撰寫，台北：麥田出版，1999年12月1日初版。見「七等生專訪四」（2007年3月6日）整理稿。

對七等生的作品產生興趣的開始。〔註102〕那時梁景峰剛從德國回來不久，在淡江大學任教，本身非常關懷台灣文學，也以台灣文學為研究的對象。透過這次的對談，使原來被貼上「現代主義」標籤的七等生，諸如「七等生啊，你寫放生鼠或者是精神病患還可以，你寫到〈我愛黑眼珠〉時就不可以了，你怎麼突然從這個土地跑出去了」的質疑，頓時讓人產生，其作品是否已與台灣的土地相結合的聯想？但七等生認為，自己雖然寫的是鄉土的題材，卻不想被任何陣營和路線所歸類，他以為「對，我是屬於台灣的，但是我不是你們那種範疇的東西。」但他也並不否認自己約略地找到了一個方向。而這次訪談影響最大的反而是對國外的學者，因為後來有位澳洲的學者就據此寫出〈七等生早期短篇小說中的哲學、神學與文學理論〉的論文，並親自從澳洲拿到台灣來給七等生過目，讓他相當感動，認為這種有心人實在太少了，因為「他看得出七等生在茫茫之中，是有他的一條路要走的，只是還不夠成熟，但是這條路已經很明顯了！」〔註103〕

　　就如《城之迷》（1977年遠行版）中的作家柯克廉，在隱居鄉間五年後，為了版權的問題重返城市，但因受到出版社昔日友人的惡意耍弄與欺騙，灰心失望之餘，起意前往一間畫廊會晤舊日的女性友人。斐梅是畫廊的負責人，她在見到柯克廉後極力勸說他留在城市發展，對他選擇留在鄉間的孤獨生活表示遺憾與惋惜。柯克廉在盛情難卻下的確接受短暫的安排，在郊區的一所小學擔任臨時的代課教員。在這一年中，他再度思索著自己的未來，終因對城市人際的互動頻繁，關係越趨複雜，使得身心不堪負荷而選擇退居鄉野；這位猶如七等生分身的城市漫遊者柯克廉，心中因為一直堅持追尋理想戀人以及白馬蹤跡的理念，〔註104〕以致於無法在偽善的城市裡找到安身立命的所在。

四、在生命的轉彎處遇見耶穌

　　一九七八年（40歲），七等生撰寫《耶穌的藝術》，這部被作家楊牧稱為

〔註102〕收在鍾肇政主編的《不滅的詩魂──對談評論集》頁117～137，台灣文藝出版社，1981年1月。
〔註103〕以上引自筆者「七等生專訪四」（2007年3月6日）整理稿。
〔註104〕見〈城之迷〉，收於《城之迷》，頁96，七等生全集【6】。七等生早期有〈白馬〉一篇，白馬傳說是神的使者，在日落前從虎頭山頂奔逐而下，所到之處土地異常的肥沃，所以被稱為田中園。因此白馬在七等生後來的作品中象徵為理想的神話追尋。見〈白馬〉，收於《初見曙光》，七等生全集【1】，頁47。

「文類錯綜帶著神學意趣的大著作」﹝註105﹞，原是一本讀書筆記，牽涉到對《聖經》馬太福音的解釋，以想像與透視的創作手法切入耶穌的一生，並以直覺的方式抒發自己的感受和看法。由於這部經典的觸發，讓正處於創作瓶頸的他，生命境界豁然開朗，而創發出另一波生命美學的高潮；﹝註106﹞雖然在七等生的文學研究者之中，顯少注意或給予評論，但「以生命影響生命」的福音信仰，不就在生命的轉彎處被如此傳揚開來嗎？若說後來國內外的研究者會對七等生小說中的哲學、神學或宗教關懷產生興趣，《耶穌的藝術》無疑是一部很關鍵性的作品。

而宗教界究竟如何來看待這部作品呢？屏東林邊教會的蔡松柏牧師認為，七等生的撰作意圖是想把它從宗教世界抽離出來，因為他知道所謂宗教世界其實是蠻複雜的，所以沒有去碰觸及處理鬼神的問題，而是看到耶穌的影響、耶穌的表現到底給他怎麼樣的一個啟發、一個怎麼樣的感動，比較是人格的典範，但還沒有到達真正信仰的層次；他以〈馬太福音〉為綱領，一章章的寫下筆記和心得，雖然呈現的是隨筆，或是筆記感想之類的方式，但也已經涉及解經的工作了，因此這也凸顯出一個蠻明顯的局限。蔡牧師表示：「先不論好壞或對錯，他的局限就在於，其實福音書還有三本，而且整個新約都是以耶穌為中心，在談論關於耶穌所啟示的內容和意涵時，保羅還寫了那麼多篇的書信文章，基本上通通離不開耶穌這個主題，而馬太福音卻只是四根柱子中的其中一根而已！」﹝註107﹞以信仰的觀點而言，牧師看到了他前置作業的不足，而七等生是站在個人的立場，以想當然耳的方式去書寫耶穌的典型及其人格特質，「雖然文學的成份相當高，也事先做過交代和迴避，但其實在面對一個全世界最大的一部信仰經典作品時，他的預備工作是相當不足的。」﹝註108﹞蔡牧師明白指陳這部作品的缺失，是所以不被歸入解經書籍之列的原由；然而就信仰啟迪人心和單純的信靠而言，這不啻是上帝得人的開始；若干讀者或被耶穌的行徑所吸引，或被《耶穌的藝術》所感動，這都是

﹝註105﹞ 楊牧，〈七等生小說的幻與真〉，初登載於《聯合報》12版，1979年4月23、24日，後收於《重回沙河》，頁364，七等生全集【8】，遠景出版社，2003年。
﹝註106﹞ 見〈耶穌的藝術〉，收於《銀波翅膀》，七等生全集【7】，頁4。
﹝註107﹞ 筆者為了《耶穌的藝術》與宗教界有一對話的空間，特受台中忠孝長老教會林旻凱牧師推薦前往屏東「林邊教會」與這方面頗有心得的蔡松柏牧師（東海歷史系畢業，台南神學院道學碩士）見上一面，展開對談與專訪；見筆者「蔡松柏牧師專訪」（2006年7月22日）整理稿。
﹝註108﹞ 筆者「蔡松柏牧師專訪」（2006年7月22日）整理稿。

「萬事互相效力,為教愛神的人得益處」的明證,其意義不容小覷。

後來他的〈小林阿達〉、〈回鄉印象〉及〈迷失的蝶〉三篇分別刊載在同一年（1978年）的《臺灣日報》（一月）、《聯合報》（四月）和《中國時報》的副刊上,他以為這三篇作品的產生,是他近一年多來,特別關注人內在心靈的內轉而產生的作品,而筆者以為,之前他對耶穌人格典範的關注,與寫作《耶穌的藝術》所下的功夫,對其生命美學的提昇無不產生正面積極的影響。而七等生個人對內在生命的闡述,本來就是他寫作一直延展不變的主題,他自己更認為,生命個體到了某一個時期（有如生長的成熟階段）,常有轉向的趨勢;一個人如果能夠省思過去種種事象,他必定能夠重創一股新的生命力量。〔註109〕如〈散步去黑橋〉,發表於同年六月出版的《現代文學》第四期,七等生自言這篇文章的意義在於:「試圖給予在同一空間環境中,現在和往昔兩種不同時間的價值比較,屬於現實哲學的討論。」〔註110〕

五、不太能適應職場的工作

在通霄復職後的七等生,為了生活的需要,只是盡本份去完成小學的教書工作:「那裡面沒有什麼好說的,在職場上我是得過且過,主要就是說,在教學上,我跟一般的老師很不同,比如說老師會反映到潮流上,而我是我行我素;尤其是在小學裡面,更可以清楚地看得出來。」但小學畢竟是一個教養觀念的奠基階段,老師的身教與言教也會清楚地反映在小學生的舉止言行上。他不在學業上給學生太多的要求,也絕不灌輸學生太多的知識和觀念,而是要適可而止。「所以有很多學生非常喜歡我,就會問:老師,今天我們要做啥?今天我們要去哪裡『七桃』（台語,指玩耍）?」但顯然地他不太能適應這樣一個職場的工作,所以年限一到他就退休了,原因就在於「我不會計較我的薪水有多少,我幹嘛要去計較我的薪水有多少!」〔註111〕他率性地強調他對金錢的態度,也正因為如此,所以光一個通霄鎮他就調過五、六間學校。〔註112〕

〔註109〕《散步去黑橋》序,頁2,遠景出版社,1979年再版。
〔註110〕《散步去黑橋》序,頁5,遠景出版社,1979年再版。
〔註111〕筆者「七等生專訪五」（2007年4月24日）整理稿。
〔註112〕根據通霄鎮公所縣有的網站資料,通霄鎮位於苗栗縣西南部,南北長約十六公里,東西寬約有十一公里,總面積約一百零七餘平方公里,約佔全縣面積十七分之一。鎮內約有通霄、烏眉、啟明、城中、新埔、坪頂、福興、圳頭、楓樹、五福、南和等十一所國民小學。

　　說到七等生復職與調職的學校，大概都離不開整個通霄鎮。一九七○年三月初，他先在在通霄國小代課一個月，跟學校有了接觸後再去申請復職。原本十分單純的復職申請，卻因現任校長的私心和健忘，以至遲延了一學期，直至九月初開學後才又重新提出，因此派令下來時已近九月下旬了，這些經過被他寫入〈復職〉一文中。〔註113〕他先被派往城中國小，在那裡待了一年，再申請調往五福國小；在五福國小待了有十年之久，因新屋座落在坪頂，於是就近申請調往坪頂國小，大約待了五、六年，又調至福興國小。他笑笑說：「你看我這二十年間，總共待了通霄、城中、五福、坪頂與福興等五所學校，幾乎通霄鎮內所有的學校我大概都服務過了。」他認為頻繁地調校與他不適應這個職場的工作有關。他進一步解釋道：「我會調，主要是因為我認為我的生活反映在工作上，是一件非常無奈的事，因為要我去完全服從這個標準和要求，我只能夠說盡力而已，有我容身之處，我就已經很感激了。」〔註114〕所以一到符合退休的年齡，他就迫不及待地辦理。當年苗栗縣的縣長就曾對他說過：「你這樣七少年八少年（台語「年輕」之意）就要退休，怎麼可以？人家有的教到五、六十歲，都沒機會退休呢！」七等生回說：「我就不思念（意指眷戀）嘛！」縣長又說：「我沒錢好讓你退休啦！」他則說：「我不要錢，五十元、一百元都沒關係，隨便你給我，你說合多少就算多少，我走了就算數！」〔註115〕從兩人的對話中，看得出來七等生對這份教書工作實在已經忍耐到了極限。

第四節　游走文類的「寫作藝術家」（1980～1993）

一、暫停小說、嘗試攝影

　　一九八○年，四十二歲的七等生決定暫時停筆撰寫小說，並開始研習攝影和暗房工作。不再執著於小說創作，讓他重新用不一樣的眼光來審視周遭的一切。這期間他不僅對從小生長的沙河有新的看法，也排除了本性不喜旅遊的習慣，主動拿起相機到南部墾丁去尋找拍攝的題材，且有意將台灣的風景拍成可觀的創作，以呈現內在的心象，或許也有為下一部小說尋

〔註113〕見七等生〈復職〉，收於《沙河悲歌》（全集（5）），頁257～281。
〔註114〕筆者「七等生專訪五」（2007年4月24日）整理稿。
〔註115〕筆者「七等生專訪五」（2007年4月24日）整理稿。

找靈感材料做準備。〔註 116〕儘管後來他這一年來的攝影創作有過一次展出的機會（1986 年，台北環亞畫廊），但也僅止於這一次，因為他隨即發現攝影對他創作理念的限制，以及個人基礎工作之不足，所以在此期間他還是藉由書寫生活札記方式來表達內心的感受，包括攝影筆記、私秘情感以及信仰的告白三大部分，並以坪頂山畔新屋的起建與落成為軸線，成為延續他之前所寫〈耶穌的藝術〉與〈譚郎的書信〉，著力在個人信仰與感情私秘空間的呈顯，也是他不再以小說書寫包裝掩飾自我，而以真面目示人的散文抒情之作。

　　一九八五年（47 歲），七等生發表《重回沙河》生活札記（聯合文學）、《譚郎的書信》（中國時報副刊，後由圓神出版社出版）等作品。這年似乎又是七等生的文學豐收年，不僅小說〈結婚〉拍成電影，且榮獲中國時報文學獎（推薦獎）及吳三連先生文藝獎。隔年（一九八六年，48 歲），《重回沙河》出版（遠景出版事業有限公司），書中附了五十六幀的攝影照片，都是七等生自己初嘗攝影在克難的沖洗室裡沖洗出來的作品，也同時在台北環亞畫廊展出（「重回沙河札記攝影」），這也是他畢生唯一舉行過的一次攝影展。同一年，遠景又將七等生的作品做了一次整編，出版了「七等生作品集」一套十二冊。除了收入一九七七年之後的新作《銀波翅膀》、《散步去黑橋》之外，內容、書題也做了一些調整。看得出來，遠景在逐步蒐集七等生散佈其他出社出版的作品，朝全集的編製邁進。〔註 117〕一九八七年（49 歲），發表小說〈目孔赤〉，代表他數十年來對人世思考的核心，已獲得某種結論；而他將生命體現象界的思索落實於芸芸眾生，目的是要藉有形的物體回應內心的追尋。〔註 118〕一九八八年（50 歲）發表《我愛黑眼珠續記》（漢藝色研文化事業有限公司），形式及內容延續一九七六年的〈我愛黑眼珠〉，但可以視為獨立的篇章。自一九七七年（39 歲）「小全集」出版後，七等生仍有若干新作，如《老婦人》（洪範）、《譚郎的書信》（圓神）、《我愛黑眼珠續記》（漢藝色研）、《兩種文體——阿平之死》（圓神），在其他出版社出版，但似乎都未影響夢幻出版家沈登恩

〔註 116〕七等生，《重回沙河》，七等生全集【8】，頁 165～166。

〔註 117〕彭瑞金，〈離城小說家與夢幻出版家的邂逅〉，頁 64，《台灣文學館通訊》2，2003 年 12 月。

〔註 118〕《中國時報》藝術人文版，2003 年 10 月 2 日；又 2005 年元旦，七等生接受筆者訪問時提到。（見筆者附錄四：「七等生專訪一」：〈我父親像羅馬人〉）。

每隔一段時間就想整理一次七等生作品的決心。〔註119〕

二、新屋的起建

　　通霄時期的七等生，其實對生活沒有很高的索求，也沒有想過要賺什麼大錢，有的話也只是想做個什麼事而已，譬如說看一本書，或者說追求一個什麼東西為滿足。因為他的行事風格低調，所以在地人很少知道他是一個會寫作的人。但在一九八一年年初（43歲），《時報副刊》以大標題刊出他在小說創作上萌生退意的消息後，讓他倍感來自四面八方的關注和壓力。此時剛好新屋落成，讓他從任職滿九年的五福國小調至坪頂國小，但因為還要處理許多瑣碎的事情，所以由他先行搬入。在新屋的起建上，七等生幾乎耗費了他所有的金錢和心力，期盼在進駐之後有新的氣象。其《重回沙河》最後一篇〈一切大致完成〉中說：「所有的憂慮和不安應該從今天開始消失，在這個新屋裡我必須重建我的信念，並且在生活上有獨立和自由的感覺；雖然我的家人還住在市鎮，我們沒有脫離關係，基本的生活還是互相照應，但我住在山區裡希望能重拾我的寫作，能夠不致紛擾地讀書；我時常感覺我的時間已不多，而想做的事卻不斷地湧起，因此我期盼能在這屋子裡完成一些我過去未曾達成的事。」〔註120〕

　　脫離家庭的束縛搬進了新屋，讓他感覺自己就像一條溪水的魚，將獨自游向生命的大海，內心雖有不安和恐懼，但伴隨而來的卻是精神的獨立與自由。英國小說家維吉尼亞‧吳爾芙在二十世紀初的一個演講指出：「一個女性假如要想寫小說，她一定得有點錢，並有屬於她自己的房間。」〔註121〕如此看來，八〇年代的台灣作家七等生，因為未得經濟上的奧援，其男性的身分和處境並未帶給他任何的優待，比起同時期的男性作家，其生命的遭遇，使其在性格與書寫上多了一些陰性的特質。四十出頭的七等生，正值生命的中壯年，夢想擁有自己獨立的房間，獨自在此研習攝影和設置暗房沖洗底片，

〔註119〕彭瑞金，〈離城小說家與夢幻出版家的邂逅〉，頁64，《台灣文學館通訊》2，2003年12月。

〔註120〕《重回沙河》，七等生全集【8】，頁207。這一本攝影生活札記，於一九八〇年下半年開始撰寫，於八一年完成，後以《重回沙河》為題在一九八六年出版。

〔註121〕Virginia Woolf（維金尼亞‧吳爾芙）著／張秀亞譯，《自己的房間》，頁19，台北：天培文化，2000年。

儼然想在小說創作之外再開展另一種創作形式，而這大概也是七等生一生之中對現實最感驕傲和成就的事；後來家人一起遷入了新屋〔註122〕，代表一生現實任務的完成，但對一個念茲在茲的藝術追求者而言，其精神世界的高度卻始終難以企及。

三、美國「國際作家工作坊」之行

　　一九八三年八月，四十五歲的七等生接受美國愛荷華大學國際作家工作坊之邀赴美，同行者還有作家陳映真。這個一年一度的國際作家研習會，依照慣例，一國家只有一個受邀名額，有的國家甚至沒有。至於當年為何安排七等生與陳映真同行，這一方面可能是陳映真早在一九六八年該工作坊甫成立之際他就是台灣第一位受邀的作家，卻因政治因素在赴美前夕被政府當局逮捕而延誤行程，〔註123〕此時也正是七等生退出《文學季刊》的同一年；另一方面，負責安排這趟行程的旅美作家聶華苓當然也別有用心，那是因為她對國內的文學資訊的敏感度，她刻意安排這兩位當年因理念不合而分道揚鑣的台灣重量級小說家在多年後異地同遊，看是否能擦撞出什麼不一樣的火花。所以聶華苓在他們去的時候開玩笑地說：「我就是故意把你們兩個搞在一起的！」七等生笑著轉述：「因為聶華苓的先生以前是這個工作坊的創辦人，那時候因為已經八十歲了，交棒給她，所以她才會安排我們兩個一起去。平常都是中國人，最多一個，有時候甚至沒有。」〔註124〕

　　結果並未如預期的掀起什麼樣的波瀾，因為陳映真等於是他的大哥，很多活動他們都是一同出席，他總是以大哥的身分在照顧他。在七等生的心目中，陳映真是一個外表非常和善，內心非常清楚的人，具有領袖的氣質和風範。縱有一兩件彼此心照不宣的事，也無傷大雅。譬如他記得在一次由聶華苓做東的私人餐會中，大家聊到一些國內外文學上的事情，大家就問陳映真對台灣學術界批判現代主義的感想。他侃侃而談之後，坐在一旁的小老弟七等生就知道他意有所指了，因為那時候的台灣學術界或者說現代主義的頹廢，

〔註122〕筆者「七等生專訪五」（2007年4月24日）整理稿：「到了一九八三年，我去美國的時候，我們全家都已經在坪頂住了，在新屋住了。」
〔註123〕此事件原委在廖淑芳的博論中有詳細的探討。見《國家想像、現代主義文學與文學現代性──以七等生文學現象為核心》，清華大學中文所，2005年7月，頁123～124。
〔註124〕筆者「七等生專訪四」（2007年3月6日）整理稿。

就好像是以七等生為代表，頹廢的意思就是一個好像不敢面對現實的人一樣，然後假這個藝術之名，說自己是一個藝術家。輪到七等生發言時，他只得笑笑地對陳映真說：「我說陳映真啊，我哪裡得罪了你，我說我哪裡得罪你了！」這句話別人也許聽不懂，聶華苓聽得懂，聶華苓本來都是笑臉相陪的，聽他這麼一講，以為事態嚴重，整個臉都鐵青了。但聰明的陳映真聽到他這麼講，語氣倒很和緩，以一種大將之風的態度拍拍七等生的肩膀說：「哎呀，小老弟，開玩笑，開玩笑的！」意思就是，沒事沒事，話只是講講罷了。

另有一次就是在芝加哥的一個大學的一個座談會，兩人連袂出席，這次是兩人各坐一頭。陳映真首先發言，他提出一個語言的問題，譬如說文學要寫什麼？怎麼寫？跟魯迅以來，中國作家遵循的現實路線一樣，他說到語言要先要有一種自己的素養，什麼樣的語言會有它什麼樣的魅力，符合哪一種情況下出現。當輪到七等生時，他就提出不同的看法：「我說我從來不知道語言是什麼！」大家一聽都覺得很奇怪，只見他不疾不徐地說道：「的確，我不知道語言是什麼，我在寫作之前，還沒有靈感之前，我不知道語言存在的重要，語言常常是從我的心裡面流出來，至於它怎麼樣組成一個句子，這就看我當時的心境。它一定有個 tempo，有個節拍在運行，作家只能夠根據這個東西去記錄他心靈上出現的這些所謂的意象、所謂的情節，這些東西在事先都不是安排好的。」〔註 125〕由此可見兩人文學觀點的對立。

四、找回起初的愛

一九八九年，正值人生壯年的七等生（51 歲），迫不及待地自小學的工作崗位退休，原因之一是極端地不能適應教書制式化的生活，另一理由是要重握畫筆，想一圓年輕時未完成的畫家夢想，於是設工作室於通霄新屋。如他在《散步去黑橋》的自序中說：「我對繪畫像對初戀的愛人的告別，迫使我長年對她的想念和惋惜；後來曾有一度再握畫筆，已沒有當年傾洩感的滿足，我知道對她已不可為了，不能夠重返到她的懷抱，即使偶有碰頭見面，兩相的成見，隨時日愈來愈深，相見憶昔，徒空感嘆而已。」〔註 126〕於是此時的七等生，文學創作逐漸減少，乃至完全停筆的狀態。〔註 127〕他說：「我退休以

〔註 125〕筆者「七等生專訪四」（2007 年 3 月 6 日）整理稿。
〔註 126〕《散步去黑橋》序，頁 1，遠景出版社，1979 年再版。
〔註 127〕彭瑞金，〈離城小說家與夢幻出版家的邂逅〉，頁 65，《台灣文學館通訊》2，2003 年 12 月。

後兩三年，就開始畫畫。那是因為我自北師藝術科畢業後，三十年都沒有作畫，我生活的苦悶，是藉著讀書和寫作有所抒發的，現在退休了，可以喘一口氣了，也已經自由了，我幹麼要再寫作？我現在要去哪裡就去哪裡，所以我就開始畫畫。」他從身邊最熟悉的題材畫起，也從黑白素描的構圖開始，慢慢地進入彩色繽紛的世界，這對當時的他根本就不是難事：「本來我就是一個畫畫的人，倒是文字才是我原不熟悉的。所以我認為以前的人批評我說『話都講不清楚的人也在寫作』，對我來講都無所謂，他們要怎麼罵都隨便，他認為正因為有一個壓力，所以才會有一個出口。

第五節　城市的隱遁者（1994～）

一、從通霄到花蓮，再返回台北

重拾畫筆後的七等生，以通霄附近的風景為他寫生的素材，此時他的書寫減少，全心投入繪畫的天地，然而這卻不能完全滿足一個創作者的胸臆，在住滿通霄二十年後，他靜極思動，居然想到花蓮的好山好水去。他的理由是：「就因為我在那裡居住二十年了，通霄是一個怎麼樣的地方，方圓五米內的風景我已經很熟悉了，也已經畫膩了，所以我才會到花蓮去。」〔註128〕於是他自己租房子，住在花蓮吉安鄉，接近慈濟醫院那一帶，而開始了全新的繪畫生活。然而他在花蓮住了一年多（1993 年，55 歲），卻因為要就近照顧年邁的老母而不得不返回台北；一幅富有交響詩的「秋日午後」，就是他在花蓮的最後一張畫，此時心中已打算離開這個美麗之鄉：「像那隻鳥要飛出樹林，心中充滿著徬徨、掙扎，以及探尋未來的愛情的願望；在那張畫裡的那隻鳥發出哀鳴的叫聲，突破了自然的交響聲音，彷彿一種告別的音符來自我流浪漂泊的心，向自然和美麗說再見。」〔註129〕

由此可知，這段倉促的旅程起因於他想改變繪畫的題材，從熟悉的通霄風土民情中跳脫出來，去到一個全然陌生的生存空間，從自然山水中去擷取新的題材和靈感。「沒有臉的人」油畫即在此地完成，墨子刻後來出的書就是以這幅畫為封面。〔註130〕在他近期的作品中，曾出現他對這段花蓮之旅的印

〔註128〕筆者「七等生專訪三」（2007 年 1 月 7 日）整理稿。
〔註129〕〈思慕微微〉，收於《一紙相思》，七等生全集【10】，頁 35。
〔註130〕本論文後《附錄七》所附之照片。

象和記憶:「日落前我們來到七星潭海濱,我坐在佈滿奇石的海灘注視捲動的浪潮,這我離開花蓮前幾個月每日黃昏必來散步和沉思的地方。我那時已經結束了創作,已經沒有靈感,一個喪失愛慾和心靈的人,一個憔悴和悲傷的人,有如醜惡和卑鄙的靈魂在辜負秀麗壯大的自然,我感到羞恥,所以我必須走,走往一個骯髒污穢的大城去,只有那裡能再一次的試煉我的心志,只有那裡才能凝聚破碎的心,再度尋回青春,才能完成使命,……」〔註131〕另一個現實的因素,是因為催促的聲音再度響起,緣於年邁的母親體弱多病,為人子的必須經常奔波於台北花蓮兩地,造成體力的透支和不便,終於迅速打包行李,返回台北就近照顧。

母親在七等生心目中是一位非常了不起的女性:第一她不拜神拜佛,第二她不道人家是非,她只是做她該做的事情,譬如住在女兒家,替女兒操持家務等。早在他回通霄教書的時候,就請過母親回來同住,但都被母親拒絕,原因就在於她覺得兒子的生活比較不穩定,不願成為他的負擔;另一方面,丈夫過世的打擊,也是令她不願再回首的原因。母親的年事已高,因為要常去探望她,七等生不得不告別花蓮來到台北,先棲身在台北市阿波羅大廈一段時間,後來才移居到木柵落腳。這是他姊夫名下的房子,原本是台電宿舍,現已成為私人住宅,也是早期母親與他們一同住過的地方。等母親衰老到三餐皆需要有人餵食時,就不得不依從女兒們的安排搬來與兒子同住,七等生很能同理姊妹們的心情,事實上是情非得已。依台灣習俗,為人子的還是不能推卸照顧父母的職責,姊妹們也認為身為唯一兒子的他有義務要撫養母親。於是在一棟空間不大卻十分雅潔的台電舊宿舍裡,七等生把賣掉坪頂新屋後的部分餘額拿來充當房租,與母親相伴渡過一段辭世前短暫而寶貴的時光,與他這後半生孤獨的城市隱居生活。

二、畫鋪子對決展

一九九四年(56歲),七等生移居台北市,在阿波羅大廈畫廊區設畫鋪子,也以「七等生」為名,開畫鋪展出自己的畫,並推出二十場與台灣畫家的對決展,用意是要向前輩畫家討教,也同時讓愛好藝術者做為一種有趣的觀摩,形式上與雙人展無異。對他個人而言,認為這是想回到城市重新做一個人必經的磨鍊之路,他說:「它會消除我心中的自大,我平時氣息的浮躁,也

〔註131〕〈思慕微微〉,收於《一紙相思》,七等生全集【10】,頁35~36。

沖淡可能唯利是圖的經營。」〔註132〕而這個構想是起因於他對台灣的畫廊買賣風氣的觀察，他不想助長繪畫界透過買畫、賣畫，想從中致富，或是靠關係、宣傳得到知名度的風氣；他會進駐畫廊，主要也是他到台北後，在妻子不願與跟他同住下，他得要找一個地方暫時棲身，因為他帶了一批畫來，所以他就想到要開一個畫廊，順便住在那裡。「畫廊平時都是門可羅雀的，幾乎沒有人來看畫，除非說是誰開單，然後邀請誰來看才會去看。因此我就有一個構想，我們這些藝術家，大家來開這個對決展，意思就是說我跟你來對決，讓人家來看看我們兩個的優點在哪裡，互相之間有沒有可以比較的，就是比較文學嘛。因為有比較，你就懂得選擇了。」從他的口中，他認為對決展本身就是一種教育作用，並不是要彼此廝殺得你死我活，而是要真正在繪畫上切磋：「學術界也是一樣，人家當年找牛頓出來辯論，他雖然不願意，不過那個時候歐洲的學術已經開始有這種風氣了；同質性的東西同時出現，透過辯論，之間的不同就會區別出來了。」當然這個活動最後只有少數幾個前輩畫家出來響應。

　　一年後（1995年57歲），他結束「畫鋪子」，退居木柵溝子口，與傑出的小說家阮慶岳相識。阮慶岳在大三時初讀七等生，立刻著魔般迷戀上七等生的文學，而今已成為獨樹一幟的建築師小說家，著作等身。〔註133〕同年義大利威尼斯大學Elena Roggi女士的碩士論文及長篇小說《跳出學園的圍牆》（原名：削瘦的靈魂，後又改為：削瘦的靈魂）義文翻譯完成。一九九一年（53歲），圓神出版《兩種文體──阿平之死》，並於台北東之畫廊舉行鄉居隨筆粉彩畫個展，展出粉彩畫作約四十多幅。一九九二年（54歲）接受《新新聞》記者謝金蓉女士採訪，談近年心境，即〈我不想讓人覺得我有做大事的使命感〉一文。當年十二月，又接受台北欣賞家藝術中心邀請，舉辦「油畫與一張鉛筆素描」個展，一共展出四十多幅的油畫作品。

三、與家庭的互動

　　在回通霄的二十年期間，他完成了養兒育女的階段性任務，三個小孩分別接受完初中、小的九年義務教育後，就陸續北上求學。他並不干涉他們讀

〔註132〕〈畫鋪子自述〉，收於《一紙相思》，七等生全集【10】，頁205。
〔註133〕阮慶岳，〈聖通霄──白馬以及屏息的遠方〉，《聯合副刊》，2003年11月17日。

什麼書，或讀那一系，因此他的小孩都可以很自豪的說：「全世界只有我們這幾個小孩最沒有家庭壓力」。除了社會壓力以外，也沒有所謂的倫理的壓力，因為他們從小要做什麼就做什麼，他從不打罵。「好在他們書都讀得很好是沒問題的，因此我也樂得輕鬆，其實話也不能這麼說啦，因為我本身就是一個痛苦的體，我是不希望我的這個痛苦的體去沾染到別人，讓別人也痛苦，我的孤獨的意味事實上是在這裡。」七等生如是說道，因此他把所有領到的每一筆稿費和賣畫的錢都用在家庭的開銷上，包括請妻子代他出席去領吳三連的文學獎：「為什麼吳三連的文學獎（1985 年 47 歲）我叫我太太去領，我不去領？那是這個錢是我們的經濟來源，因為我們必須做很多事情，小孩要開學要去上課，我的薪水不太夠，這些錢都可以存起來，可以用來當做生活所需，我們的確是需要這一筆錢。」那次他妻子大概感受有一種前所未有的榮譽感，回來之後就跟他講了一句話：「我再也不會對你有任何要求了！」〔註 134〕其實她對他本來就無所求了，有的也只是能把三個小孩撫養到大學畢業而已的卑微心願罷了。而他認為，不管婚姻完不完美，一種承諾就是一種承諾，因為承諾本身自有它獨立存在的意義。

「其實在我退休之前，我太太跟小孩都住在台北，因為小孩上來讀高中，她就同去照顧。所以那個時候我們就分開居住了，他們只有逢年過節才會回來。我跟太太曾經約法三章，我們生的三個小孩我要培養到他們大學畢業為止，其他的她不再跟我計較。所以我能夠忍耐在通霄過二十年，老實講，我的耐心已經付出了。」七等生說出他的肺腑之言，因為妻子曾經跟他表示過兩人相處的痛苦，彼此之間才會有這樣一個口頭約定，他認為是自己在那段年輕日子的苦悶和憂愁，不自覺地感染了枕邊人，所以才會彼此不合，然而他確信：「她一生愛我，就好像我一生都愛她一樣，並不是說兩人相愛就一定要黏在一起，而是說這種愛是一種內心的肯定。」〔註 135〕喜歡獨行的七等生，在離開通霄北上之後並沒有因此與妻兒有更多的互動，理由是因為妻子自從帶小孩北上之後，就開始接近佛教，也開始茹素，生活習慣上已大異其趣，因此他就另外賃屋而住。〔註 136〕之後妻子因有意遁入空門，所以向他提出離婚的要求，七等生認為這是她的自由和選擇，不便反對，但也不必要離婚，

〔註 134〕筆者「七等生專訪四」（2007 年 3 月 6 日）整理稿。
〔註 135〕筆者「七等生專訪三」（2007 年 1 月 7 日）整理稿。
〔註 136〕筆者「七等生專訪三」（2007 年 1 月 7 日）整理稿。

當然在手續上她可能需要一份同意書來表明彼此生活的獨立和自主，但他認為兩人從貧賤夫妻一路走來，即使今天生活各據一方，這種神聖結合的諾言是不能夠輕易毀掉的。雖然七等生很刻意地維繫這份名存實亡的婚約，但很遺憾的是，因為現實的隔離，讓他們的婚約還是在提早在 2007 年年底，劃下了句點。〔註 137〕

他回想他們的相識經過：「她跟我的姊姊是朋友，當兵的時候，有一次我去找我姊姊，那是我們第一次見面。後來嫁給我以後她才說『我第一次看到你就已經認定你就是我要的男人了。』」她對他一見鍾情，但婚後才發現，他這個人是這麼難以相處。據七等生的話說：「所謂難以相處是說我有一些孤僻的事情，其實我的本性也是這樣，你看我不跟小孩住在一起，不跟我太太住在一起，我喜歡一個人住，即使我有愛人的話，……」七等生坦承自己的真實面，這也是與妻子漸行漸遠的開始。所謂「貧賤夫妻百世哀」，早期的貧窮固然是兩人相處不睦的因素之一，然而未能真正去面對與及時去化解自己性格上的孤僻與妻子的沉鬱寡歡，才是兩人相處的危機所在。〔註 138〕他確信妻子之所以會剃度出家，源自於他們中年的時候，她對他的了解已經十分透徹：「因為她可以全心全意來觀察我，而我幾乎是從來不觀察她，因為我就像是一個盲人一樣，我也不知道我的關注點在哪裡，我好像非常的敏感靈敏，可是絕對不是對這麼一個具體有形的東西，我的敏感是在於一種不具體的東西！」〔註 139〕雖然他並未刻意傷害或忽略她，可是忽略本身就是一種傷害，以致影響到婚姻的本質和形式的維持。

因此七等生曾自我反省：「我這個人最好是不要結婚吧，對我來講，這種人世的錯誤，一步錯則步步都是錯的，你只要涉進去就是錯的，幾乎沒有辯白的餘地。」因此為什麼他在歷史人物中會那麼在意某一些人的原因就在此：「起碼他們的 story 裡面沒有這個成份在，譬如達文西、蘇格拉底、聖芳濟或者耶穌這些人物。尤其是文藝復興時的達文西，他是一個科學家，也是個全才，文學繪畫科學無一不精，幾乎也是一個完人。」他說他最早的啟蒙是由

〔註 137〕七等生來電表示（2007 年 12 月 13 日 11：00～Am），他們的婚約已在 2007 年 10 月 1 日，在兒女的見證下劃下了句點。

〔註 138〕事實上在八〇年代初他們的婚姻就已出現危機，見《譚郎的書信》（全集【9】），頁 27：「我對她十分同情，當時結婚就是居於這種衝動。關於她的身世，她似乎受創頗深，總是默默寡言，沉鬱而毫無歡樂的表情。……」

〔註 139〕筆者「七等生專訪二」（2005 年 11 月 7 日）整理稿。

「達文西傳記」來的，大陸出版，以前在師範學校圖書館叫《諸神復活》:「一個完美的人大概就是像他那樣子，我那時當然還沒看過西方文明史，可是當我看到那本書時我就知道，這個人就是我的模範；雖然我的才華不及他，起碼他就是我要的一個存在的模式。」原來在那樣年輕的時代，他已把他存在的樣態，寄託在西方這樣一位如此傑出的全才之上了。

　　一九九六年（58 歲）因為認識了〈思慕微微〉的女主角「菱仙子」，受她的教導，七等生愛烏及屋地開始學習彈唱南管，雖然如今佳人的倩影已經不在了，至今他的住處仍然保留一支形姿優美的琵琶樂器，〔註 140〕這也是七等生唯一承認的女朋友，交往幾年後，她還是選擇離去。「因為女孩子嘛，我又不能給她解答。她跟我在一起一陣子，到最後總會想到一個比較根本的問題，其實我跟她在一起的時候我就跟她講，第一個我不能夠跟妳結婚，妳跟我在一起做朋友可以，妳要怎麼樣都可以，妳隨時要走也可以。」這話女孩子聽起來當然不是滋味:「但是事實上就是如此，你說我能怎麼辦？我能給她什麼承諾嗎？因為我跟我太太的情形我也跟她說明白。我太太要跟我離婚，是我不要跟她離婚的，我不能自己毀約，我現在為了她去跟我太太離婚，那我如何說得過去？我太太也許會體諒我，畢竟她離開了，問題是我自己會看不起我自己，我認為，別人看不起我是另外一回事，我自己看不起我自己，那我如何存在這天地之間？」

　　七等生認為妻子有出家的決心，是表示她有心要斷絕人間的男女之事，但倆人從貧賤夫妻一路走來，有了小孩之後更能體會到婚姻的神聖性:「幹麼連這一點情份都沒有，起碼我的子女也都知道說，老爸即使有其他的女人，並沒有跟我媽媽在一個法理上是分開的，我們還是一家人，只是生活在不同地方而已。」〔註 141〕因此他必須讓女孩子清楚他的背景，免得讓人家覺得有被欺騙的感覺。雖說現實中的七等生似乎理性多於感性，甚至女朋友還對他說過:「七等生啊，你這個人一點都不了解女性喔！」但他自認為對「菱仙」的態度可說是相敬如賓，而且幾乎是把她捧在手心像仙子般的在服侍她；〔註 142〕一封封寫在〈思慕微微〉裡無比熾熱的愛戀與深情的話語，就像互

〔註 140〕在筆者的訪談中，七等生曾表示，在妻子看破紅塵決心剃度出家後，他與吳小姐曾有一段親密的交往，但現在這段戀情已經隨風而逝了。見筆者「七等生專訪四」（2007 年 3 月 6 日）。
〔註 141〕筆者「七等生專訪四」（2007 年 3 月 6 日）整理稿。
〔註 142〕筆者「七等生專訪五」（2007 年 4 月 24 日）整理稿。

古永恆的愛情神話，低聲迴盪在讀者的心坎裡，也代表了一個男人對一個女子最真實的愛意，只是兩位女性在這場情愛關係中最後選擇雙雙退出，其心理感受恐怕不足為外人道吧！

四、知遇之恩

　　他曾與美國漢學家墨子刻相會於通霄，此後兩人成為莫逆之交，互相通信和造訪。其中一件最令七等生感念的事，就是當時墨子刻十分欣賞七等生的畫作，除了高價收藏以外，也曾寫信向當時的新聞局長胡志強推薦這位他心目中相當了不起的台灣畫家，但得到的回應卻相當冷淡。不過當墨子刻寫信告訴七等生有這一回事時，七等生非常感動，對這樣的結果也不感意外：「當他把這封信的副本影印一份給我，我才知道他做了這件傻事。」〔註143〕墨子刻本身是哈佛大學的哲學博士，目前在史丹福講學，也是 HOOVR INSTUTION（ON WAR，REVOLUTION AND PEACE）的一個成員（美國一個介於官方與民間機構間的學術組織），雖然如此，他也相當注意世界藝術的發展，也有收藏藝術品的嗜好。他在給七等生的信裡有一些感性推崇的話語，例如：「自從我看到七等生，這個世界上的很多東西已經不太引起我的興趣了。」（意指曾經滄海難為水）又說：「沒想到七等生給我一個清楚的東西出來。」（意指心靈相通）。對這樣的知遇之恩，七等生倍感受寵若驚，認為：「當一個人在推崇另一個人，再也沒有比這話更貼切窩心的了。」〔註144〕

　　二〇〇三年（65歲）遠景出版社負責人沈登恩邀請學者張恆豪將七等生的作品再作一次總整理，七等生全集（共十冊）〔註145〕的出版，已是他個人創作生涯中的第三次集結，呈現了總體面貌，為他個人的創作生涯畫上休止符，同時也宣告個人的退休狀態。在全集出版前夕，七等生在接受記者的訪談中表示：「一個人就像一隻蠶在吐絲，能量是有限的，其他東西應該由他人來思考了」。〔註146〕二〇〇四年（66歲），七等生在重回沙河時期所拍攝的黑白照片，被收入由文建會策劃的《台灣現代美術大系‧攝影類：現代意識攝影》中，撰稿人王雅倫以〈夢迴沙河，黑白孤獨的吟唱者〉來詮釋七等生此時期的攝影作品，

〔註143〕在筆者的訪談中，七等生曾出示這兩封書信的影印。2007年3月6日，地點：台北中正文化中心福華劇院軒。見《附錄七》：圖片資料。
〔註144〕筆者「七等生專訪四」整理稿。
〔註145〕詳見本章下節，七等生創作的分期與出版。
〔註146〕《中國時報》藝術人文版，2003年10月2日。

他與柯錫杰、黃明川二人被編排為同屬「說故事的人——影像意識流中的孤獨身影」系列的代表人物。以班雅明看「閒逛者」的觀點來看七等生「獨白」式的創作形式，毋寧是現代思潮下，年輕一代對於宣洩情感表達人生體驗及社會理想的一種方法，賦予一種對藝術形式及烏托邦的想望。〔註147〕

　　二○○五年（67歲），七等生曾為文悼念與他的書出版相當密切的夢幻出版家沈登恩（1949～2004年），文中流露虔敬的感念和哀思之意。〔註148〕七等生十分慶幸他的太太葉麗卿肯為他出這樣的一本紀念文集，〔註149〕足以代表一個時代的見證。這本紀念文集是由學者應鳳凰負責接下編輯工作，商請凡與沈登恩有過深交的人，都各寫一篇追悼的文章。她在序言寫道：「感謝本書所有來稿的作者。這書終於能面世，幕後最大的功臣是總策劃人張恆豪，以及任勞任怨接下所有繁瑣編印工作的沈太太葉麗卿，沒有他們兩人的全力奉獻，根本不會有這本外觀精美內容豐富之紀念集的誕生。」〔註150〕以沈登恩出了不少七等生的書，甚至接下全集的編印工作，很多人會以為他們的交情匪淺，然而七等生侃侃道出彼此相識的因緣：「我二十幾歲就寫東西了，他大概少我幾歲而已，在他讀高中的時候，就聲稱以後要出版我的書。」當七等生談到這位號稱「出版界的小巨人」時，不禁露出慨嘆的神情，他說沈登恩在他出版的行業一、二十年來，他們並沒有親密的往來，彼此也不稱兄道弟：「因為個性上的關係，以及他生意上的往來，他要好的朋友不是我。後來因為我退休以後，我回到這個城市來，也正是他的事業走下坡的時候，非常辛苦。有一次我碰到他，他就說你的全集我無論如何要出，就叫我一定要留給他。」雖然他的經濟狀況已大不如前，但還是不改初衷地要七等生把全集整理給他，然後他說要請張恆豪來編，七等生心想「那很好啊，反正其他的出版社也不會印，我乾脆就答應他好了。」可是一拖三、四年過去，直到他過世的前一年（2003年），有天心血來潮，他跟太太開著車子來到七等生的家，

〔註147〕 王雅倫、李文吉著，《現代意識攝影》，頁53；《台灣現代美術大系》之23，2004年12月。

〔註148〕 七等生以〈無題〉一文哀悼沈登恩，登載於《中國時報》人間副刊版，2005年6月1日。

〔註149〕 應鳳凰主編，《嗨！再來一杯天國的咖啡——沈登恩紀念文集》，遠景出版社，2005年，9月20日。由於沈登恩生前出版事業一度出現危機，負債累累，以至於死後備感哀悽，功過評價，自可在這些悼念的文章裡窺見一二。

〔註150〕 應鳳凰，〈天國的咖啡喝不完——編輯前言〉，《嗨！再來一杯天國的咖啡——沈登恩紀念文集》，頁8。

對他說：「七等生啊，你的全集明天要上架了！」說完人就離開了。兩個月以後書出來了，才來跟七等生說對不起，因為他沒有錢了，所以沒有慶祝也沒有登廣告；而他印這書的錢，據說也是跟人家借的，因此彼此談好不給版稅，七等生只拿印刷套數的十分之一。〔註151〕然而在2006年（68歲）底，沈太太已將合約上十分之一的版稅扣除後，尾款的部分用現金的方式付清。對七等生而言，沈登恩是個有情有義的人，雖然在他過世後，文壇曾傳來他因為印七等生的全集才被拖垮的傳言，一度讓七等生百口莫辯，但七等生選擇默默承受，對他的知遇之恩也感激在心頭。

五、整理文物，準備移交子女

「現在只剩下一點點的退休金，我只要還有飯吃就夠了，雖然我的孩子們也都已經長大自立了，但我不會向他們要錢，就是他們要給我我也不要，因為他們都還在創業中；我一生中沒有養我父母，幹麼要他們來養我！」他率性地看淡世俗的一切，認為「世俗這個東西是個束縛，這個束縛也是我的文學裡面所要傳遞和解脫的東西，幹麼我自己本身還要用這種東西去要求我的家庭，沒道理嘛。小孩問我將來過世時要怎麼處理，我就跟他們講，簡單就好，第一個不做儀式，第二個火葬以後要把它灑海灑山都可以，不需要墓地了。」所以談到他的現狀就是：「現在我大部分時間都在整理我退休以後的一些畫作。」他認為他的全集已經出來了，不想要再寫了，有關台灣的一切，該寫的都已經寫了。「你讀了我全部的作品就會知道，我的那種刺針，幾乎都刺到台灣的某一些生態和命脈上。我自己的工作，要在我自己的手上完成。我不會留給我的子女什麼財富，我也根本沒有什麼財富，有的也只是這些文物，我活著的一個痕跡、紀錄和畫；這些畫我都要自己整理，一張一張的釘上我自己喜歡的框，然後交給我的子女，那我就沒有事了，我就隨時可以走人啦！」〔註152〕他洒脫的口吻正如威爾·杜蘭所言：

> 如果一個人有幸，在死前得以儘可能把自己的文化遺產全數傳給子女，在嚥下最後一口起氣之時，為這取之不盡的遺產，將滿懷感激，深知那是滋養心靈的母親，也是人類永恆的生命。〔註153〕

〔註151〕筆者「七等生專訪四」（2007年3月6日）整理稿。
〔註152〕筆者「七等生專訪三」（2007年1月7日）整理稿。
〔註153〕威爾·杜蘭著／廖月娟譯，《人類之最》主編所引，2007年2月初版一刷。

相信七等生亦是作如是觀。於是他現在隱居在台北城鎮的一個小角落，過著讀書和製作簡易木工的恬淡生活，為的是要好好地整理他的文物和畫作，好把文化遺產留給他的兒女，然後雲、遊、四、海。

第六節　七等生的筆／怪名之謎

　　早期與七等生在《文學季刊》有過一段交誼的學者尉天驄，曾經如此速寫七等生：

> 七等生不僅名字給人以怪異的感覺，他的生活更給人不穩定的印象。他幾乎沒有辦法在某一點上固定下來，即使生活把他放逐到深山裡去（他曾經生活在高山裡），他仍然是那付（副）任性的樣子，好像他沒有想過他身邊還有別的人，還有等因奉此，還有鞠躬作揖、禮尚往來；就連文字，他似乎也沒有想過有什麼章法存在。對他來說，墓碑只是石頭，鐘鼎只是破銅爛鐵，文字只是符號。他就是那樣七等生地生活著，即使別人不讓他滾蛋，他也會自己叫自己滾蛋。〔註154〕

話中的含義，「七等生」三個字已經產生「延異」，名字本身不只是單一的「意符」，其「意旨」也逸離了本尊給人的想像，泛指他的行為、思維和人格型態等。而且它幾乎等同於「怪異」和「任性」的代名詞，在台灣作家當中，特立獨行。這樣貼近的視角，與海峽對岸，肯定未與他謀面的大陸學者朱立立的說法，不謀而合：

> 這個在小說中製造出無數個奇怪姓名、狂人形象以及荒誕場景的作家，從起初就立意要與眾不同。僅從他的筆名也許就能了解，青年時期的七等生就很在意個體的特殊存在，他原名劉武雄是個容易與他人混同的名字，所以改為七等生。〔註155〕

由小說人物形象的荒誕與作家筆名的特異，聯想到作家本身的性格，這就是「七等生」之所以被不斷論述和想像的開始。因此不管是本地與七等生共事過的學者專家，或是海峽對岸透過作品認知他的研究者，對七等生的普遍印

〔註154〕尉天驄，〈隱遁者的剖斷面──給七等生做的速寫〉（《放生鼠》序，頁1，大林書店，1970年12月）。

〔註155〕朱立立，《知識人的精神私史──台灣現代派小說的一種解讀》頁 142，上海三聯書店。

象都是「怪異」二字，但這卻又是七等生本人最不以為然的地方，「何怪之有呢？」這也是他投入創作以來最不能忍受本地同胞對他曲解和誤解的地方：「何以外國人都能接受我的東西了，而我們自己的同胞就是不能夠欣賞呢？」發出這種不平之鳴的七等生，在我們的本土究竟受到如何的對待？而在地的同胞又是如何地去看待這位與自己同生息，筆耕於本土之上的作家七等生呢？歷年來對七等生早期作品的研究多以「小說怪傑」（郭楓語）、「小兒麻痺體」（劉紹銘語）、「社會的棄兒」（葉石濤語）等形容詞來概括他。郭楓在〈橫行的異鄉人〉指出：「他的創作手法，並不是依照傳統的道路直來直往，而是另闢蹊徑，切開現實的斷面朝人生的橫處探尋。他的作品內容，也不是重在一般人物的雕刻或故事情節的敘述，而是寫他所思的一些問題所感的一些光影，在精神上，相對於平庸的世界，他是位異鄉的來客。」〔註156〕意味著他的創作，走的並不是一般循規蹈矩的路線，而是跟隨自己內在的聲音，用筆觸去挖掘和描摹深層的情感，用另一種形式跟世界溝通，期待自己被認識和了解。然而幾乎把大半生（將近四十年的歲月）花在創作上的七等生，仍然不是一位讓人一目了然的作家，作品中仍有太多的突兀與隙縫，留待後人研究與玩索。

縱然早期那些令他忍不住加以維護與駁斥的批評言論已經漸次消弭，取而代之的是台灣文壇美學品味的多元，且近年來他也被公認為台灣文壇的奇景之一，其作品價值已備受肯定，然而他的筆名還是不免令人產生聯想和論述，或許七等生個人也不勝其擾吧，他有時並不喜歡人家老愛繞著他的筆名來質問他。所以除了他曾為文加以「夫子自道」外，不少評論者是以望文生義的方式加以闡釋，其人之神秘與讀者對他之好奇，可見一斑。以下筆者就依據七等生的自述或評論者的意見，作一綜合性的歸納論述：

（一）作者自述筆名是由「七等兵」而來，是對童年和學生生涯的一種紀念。七等生在〈給安若尼‧典可的三封信之二〉中說：

　　我進入中學後，幾乎沒有朋友，我每個星期日在家用四開紙編寫
　　一張週報，取名為《太平週刊》。有一天我路過一家私人醫院，看
　　到牆上一張畫簽著「七等兵」的名，於是我回到家在自己的週報
　　上署上「七等生」的名。這些刊物一共延續了有一年，我後來離

〔註156〕郭楓，〈橫行的異鄉人——序《巨蟹集》並談新小說〉，收於張恆豪編，《火獄的自焚》，頁 23，台北：遠行，1977 年。

家時把它們存放在櫃子裡，但六年後的一次大水災，房屋倒了，它們也流失了。當我再到台北讀師範藝術科時，我不知為什麼原因，那裡的教官和教師對於有自己的意思而不按他們的意思去做的人非常的不高興，這也許與他們爭取成績有關係。那時我的繪畫作品就簽上這個筆名，我要開畫展，他們命令我把畫從牆上拿下來。我在這個學校受盡了永生難以忘懷的欺辱和痛苦。後來我發表第一篇小說，我想用這個筆名是為對我的童年和學生生涯的一種紀念。〔註157〕

大約初二的年紀，孤獨的七等生自己創立週報，把內心的感受用筆寫下來，像正式報紙一樣，編排版面並插畫，〔註158〕並無意間借用了「七等兵」的靈感，將「兵」字改為「生」，做為自己的筆名，而延用至今。「生」或許是指「書生」，當然也泛指「芸芸眾生」，然一旦前面加上「七等」，則有世俗評判等第的意味存在，「七等」生當然不能與「優等」相提並論，在此有刻意違反俗世價值潮流的傾向。這種思想也反映在他對三個小孩的命名上：「長子就叫懷拙，老子書有言：『寧拙勿巧』。女兒叫小書，那時正出版短篇小說集『僵局』（林白出版社，絕版，現由遠景出版，是七等生第一本書）我認為我的作品，只是小書而已。次子叫保羅，這名字初看粗裡粗氣，事實意義，羅是四維。」〔註159〕意味著他在人格上以退為進、沈靜內斂的心理特徵。

（二）是為配稱於寫作發表之用，並與通俗的本名有所區別。曾說過「每個生命都有它的表現形式」的七等生，自己說「以七等生為名，當然真名（父賜的）不是這樣，是為了配稱於寫作發表之用。」因為他們住的那條街開五金店的孩子也叫劉武雄，全台灣有許多劉武雄，所以他便另取一個永不會重複的名字叫七等生。可見他從有自覺開始，他就在樹立自我的殊異性，也在抗拒俗世與他本性不合的一切，包括父母所賜的「劉武雄」也在內：

確切地說，我表現出來的形式是我的思想的整個內容。包括我的題

〔註157〕〈給安若尼・典可的三封信之二〉，《重回沙河》；七等生全集【8】，頁358～359。
〔註158〕鍾淑貞的訪問稿〈孜孜不倦的七等生〉，《幼獅文藝》，64卷6期，1986年12月，頁45。
〔註159〕鍾淑貞的訪問稿〈孜孜不倦的七等生〉，《幼獅文藝》，64卷6期，1986年12月，頁46。

目、行文的句法、故事的人物和情節，甚至於我的筆名。不用說，
這一切與絕大多數機械的寫作法是大異其趣。〔註160〕

七等生有意要在他的創作中表現其獨特性，而怪異的筆名就是他表現的形式
之一；在創作的初期不以長短作為考量重點的七等生表示：「我大部分的時間
都在考量形式的問題，如何取捨材料把它創作出一個合理的形式。」〔註161〕
這也是他的思考與想法不同流俗之處。

　　（三）自述筆名雖不怎麼好聽，也很奇怪，但由筆名進一步去思索，倒
蠻貼切自己的個性和命運。因為「七等生」三個字顧名思義，有自己「什麼都
不是那麼好」的意涵；〔註162〕或許七等生對自我認知是在筆名定下時逐步的
展開的，因為經常被問到關於筆名的事，他也只好由此去思索聯想自己取名
的動機，試圖給予自己和讀者一合理的解釋：

　　當每一次有人問及我的筆名時，我便會對這個筆名無由地去做無
　　盡的思考。後來我過的暗淡和飄泊落魄的日子，也使我一次又一
　　次地去追認這個筆名的存在和意義。只要我從閱讀和生活多增加
　　一些知識而深覺自己的渺小時，我就愈覺得這個不怎麼好聽的筆
　　名對我的合適，而現在我的思想、行為，一切的一切無不都是這
　　個筆名了。〔註163〕

可見筆名雖然只是個代稱，但對一個「寫作藝術家」而言，與自己的人生經
歷有相互定調的意味，而且居然一用就是三、四十年；在九○年代重拾畫筆
開起畫鋪時，他說他微不足道的筆名就是鋪子的名字，雖給人奇怪的聯想，
卻代表他的個性和命運；人與名相互成全，不離不棄。〔註164〕

　　（四）是有歷史可尋，十分中國化的名字。論者黃浩濃曾在〈隱遁者的
心態──論七等生──〉中對七等生的筆名加以「說文解字」：「七竹寺生，
暗喻竹林七賢。如阮籍，有狂名、放誕任性，是現實的隱遁者。」〔註165〕使
一向被視為十分西化與現代的七等生，居然可以由其筆名上溯到魏晉的名士

〔註160〕七等生，〈離城記後記〉，《離城記》頁67，晨鐘出版社，1973年。
〔註161〕〈世界性的文學觀──七等生答客問〉。
〔註162〕《通霄鎮志》，第九篇文化篇第二節新文學，頁610。
〔註163〕七等生，〈給安若尼‧典可的三封信之二〉，《重回沙河》，七等生全集【8】，
　　　　頁358～359。
〔註164〕七等生，〈畫鋪子自述〉，收於《一紙相思》，七等生全集【10】，頁204。
〔註165〕黃浩濃，〈隱遁者的心態──論七等生──〉，收於《沙河悲歌》，七等生全
　　　　集，【5】，頁334。

風範，而具有古典主義的風格。平心而論，「七竹」二字確可暗喻「竹林七賢」追求老、莊、易三玄的精神義理，與七等生追求自由、嚮往自然的心態接近，但「寺生」二字，卻更似佛教和尚在寺中的修行，與竹林七賢狂放不羈、放浪形骸的形象相去甚遠。然而七等生也不避言自己性格中孤獨自閉的傾向，如其小說主角隱遁者魯道夫的「巨蟹」性格：「當我出去工作時，就像出洞尋食的巨蟹，然後又回來守住那個石縫。」（〈隱遁者〉頁 199）就某一層面而言，與佛門人士「閉關自守」、「枕石漱流」的性格有接近之處。

（五）在一個人人幻想當優等生、高等生的社會裡，他放過一、二、三……等，以七等生自居，兼具現代意識和寫實的諷世意味。作家施叔青曾說：「劉武雄有一很怪的筆名，叫七等生。有一次他喝醉酒，他說：『叫我八等生、九等生都無所謂。』」〔註 166〕可見話中有自我嘲諷的意味。七等生自己也清楚表明：

> 首先寫作是為要保全自我的記憶且一併對世界的記錄，把我與本來是混在一起的世界試圖分開來，所以筆名對於我，是我對生活中普遍的一切要加以抗辯，尤其在我生活的環境裏，他們幾乎是集體地朝向某種虛假的價值的時候。〔註167〕

可見七等生的書寫完全是由自我的經驗出發，試圖要在混沌不明的世界潮流中找尋自我的價值，這樣的筆名有自我宣示的意味，企圖向集體虛假的價值觀挑戰，因此充滿不言自明的抗辯性。馬森說：「七等生總算是一個值得叫人佩服的忠於一己感受的作家。特別是在他所描寫的人物的心理過程和不顧習俗壓迫地追求一己信念的骨鯁作風，更顯示出一個磊落不羈的人格。他的人物常常在人群中落落寡合，為了保持自我的信念，或者更明確地說，為了保持自由的抉擇，而甘於貧窮淡泊，有時候且不惜與群體與社會相頡頏。」〔註 168〕由此可以印證七等生「忠於一己」的創作態度，也反映在他對筆名的堅持信仰上。從七等生中學時代受「七等兵」筆名的觸發開始，靈感被轉為自製週報上「七等生」的簽名，剛開始或許只是好玩和遊戲性質，但沒想到師範時期的繪畫個展，也簽上了「七等生」，此時就有自我嘲諷的意味在，

〔註166〕七等生等人合著的《男與女》，頁 1，拓荒者出版社，1976 年。
〔註167〕五年集後記《情與思》頁 126，收於《僵局》頁 325～326；七等生全集【3】。
〔註168〕馬森，〈三論七等生之三：七等生的情與思〉收於氏著《燦爛的星空——現當代小說的主潮》頁 175，台北：聯合文學，1997 年。

尤其當他第一篇小說的發表，也以這個筆名做為對童年和學生生涯的紀念時，他是牢牢地抓住一份孤獨之感作為他前進的精神力量。在往後三十幾年的創作，包括畫畫上的簽名，他都堅守這個筆名，表示他對這筆名已有親人般的感情，彷如他對妻子的承諾般，〔註169〕。「七等生」這個筆名已從一個代稱，進而變為一個符碼，指涉多重的隱喻與象徵，頗耐人尋味。

（六）「七」在基督信仰中代表圓滿完成，「七等生」的筆名應有自我提昇、自我超越，更指向宇宙至高的神性探索與崇敬之意。由此可以理解為何七等生的作品中有不少是探觸或質疑不可測知的神性或超自然力量者，如〈虔誠之日〉、〈爭執〉、〈聖月芬〉、〈放生鼠〉、〈銀波翅膀〉、〈目孔赤〉、〈環虛〉、〈耶穌的藝術〉等，其中有以人神對話的角度來表達對神性的尊崇、好奇與疑惑，有以悲憫的心態來反諷成人世界的自私與殘酷，有藉教會的異端以諷刺神職人員的偽善，也有用尋道的歷程來反映內心對生死的超越，或是用現實面的角度去理解耶穌這位歷史人物者。雖然楊照告誡我們：「不能去計較七等生所呈現的耶穌或柏拉圖，到底能有多少神學、哲學與歷史上的正確性。我們也必須小心，不能把七等生心靈之鏡所折射返照出來的耶穌、柏拉圖或禪學或任何他引用的名人名言，接受為客觀的知識。」〔註170〕然而其在若干篇小說中透顯出對非理性世界的探索則是不爭的事實。如馬森對七等生作品的觀感是：「在讀過了七等生幾乎已出版的作品之後，我深深地感到七等生的心靈隱隱中與二千年前的那個偉大的心靈有互通聲息之處。我和七等生一樣，都不是基督徒，也都不把耶穌看作是上帝的兒子，但是都感覺到天國的意象是人類超越野蠻狀態的一次『德行』的昇華。耶穌的行止毋寧是此一『德行』的具體表現。」〔註171〕而令陳麗芬吃驚的是，七等生竟把這個超越時代的神話與他自己生活裡的平凡瑣事並置一處。各式各樣的聖經故事使敘事者想起自己過去的點點滴滴。「顯然一方面這些類比顯示作者企圖拉近聖經的崇高神啟世界與我們尋常世界之間的距離，……這種類比給普通人相對平凡的生活，賦予了一份模仿英雄式（mock-heroic）的重量，同時亦沖淡了神話古籍

〔註169〕七等生對妻子的承諾，參看附錄一：【專訪1】，筆者〈我爸爸是羅馬人──七等生專訪側寫〉，2005年元旦。

〔註170〕楊照，〈「自戀書寫」中完成的自我──重讀七等生的小說《思慕微微》〉，收於氏著《在閱讀的密林中》，頁122，台北：印刻，2003年。

〔註171〕馬森，〈三論七等生之三：七等生的情與思〉收於氏著《燦爛的星空──現當代小說的主潮》頁188，台北：聯合文學，1997。

的神秘氛圍。在這層意義上，七等生的訊息是頗為清楚的：人類苦難無邊，耶穌作為受苦與冀盼的縮影，故能深得人心。」〔註172〕對七等生而言，他無意間觸及的國度，雖是一個超越者的世界，但不如說這些穿梭在文本中的大量細節，乃是他對自己淒涼身世返身自照的現身說法。

小結

　　一個出生於通霄的孩子，在軟軟的棉被店裡誕生的時候，因為與生俱來的柔順氣質，備受鄰人長輩的疼愛；也似乎遺傳自父親的耿直聰明與祖母的藝術天分，在小學時代逐漸嶄露繪畫與數學的天份。但因父親早逝，家境窮困，在初中的求學生涯裡逐漸籠罩著悲傷的色調。以為考上台北師範藝術科可以發揮所長，卻在僵化的師範體制裡遭受到一次次信心的打擊。初嘗教鞭後發現教學的環境與自己認同的信念悖離太遠，慢慢地從書寫中找到抒發的管道，甚至一度天真地以為可以轉換跑道專心地從事寫作的事業。但在台北經歷了漂泊不定的生活後，才知光靠才氣不足以在這個現代文明的城市裡立足，他高傲的性格也無法安於某一項工作而與整個社會對立起來。但已步入婚姻的他，不容許他任隨己意而行，「貧賤夫妻」有太多現實的考驗必須面對，尤其在第一個小孩（懷拙）誕生後，他幾乎只能重選復職的一途，以改善生活的困境。但復職之路卻出奇的不順，他再次體驗到社會人心的自私與狡詐。無奈之下，想到故鄉小屋的召喚，回通霄復職成為他人生黃金時期的重大轉折，讓他再次去面對陪伴他童年時光的沙河，成為一位所謂的在地作家。居鄉時期的七等生，也重新去省視及面對自我，教書工作雖非他的最愛，但卻是經濟的主要來源，改善了家計，也等於是改善了家庭的關係，內心的穩定感也隨之而來。在白天教學之餘，常常獨自漫步於海濱和相思樹林間，幻想他的理想與愛情，寫下一首首愛的詩篇，成為他的文學聖地；而他所有書寫的主題，也都可以說是為了完成自我。到了退休的年齡，他毫不戀棧地離開職場，投入他最初的摯愛——繪畫。

　　從本章對作家生命史的回顧及探索中，發現七等生的創作與其生命的軌跡是緊密相連的，在空間與地方的固著與移動中，呈現出介入與隱遁的矛盾

〔註172〕陳麗芬，〈台灣現代文學的另類想像——以七等生為例〉，收於氏著《現代文學與文化想像——從台灣到香港》，頁97～98，台北：書林，2000年。

特質。這期間除了零星的幾個地方是因他生存的需要必須遷移外，他把中壯年的時間投注在出生地通霄，完成大部分的創作，看起來作家的在地性是很值得大書特書的，然而很弔詭的是，他在退休後不到兩、三年的時間，就快快逃離家鄉，往一個陌生的他鄉去尋找繪畫的題材，之後竟轉往他早年曾經逃離的台北城去，幾乎過著退隱的生活。這種對城鄉欲拒還迎（一說欲迎還拒）的姿態，〔註173〕反映在他書寫的題材、敘述與主題中，其中「生存與欲望」的主軸已為張雅惠在論文點出。〔註174〕換言之，他對出生地的通霄（鄉土）與受教育的台北（或說代表資本主義產物下的城市），在迎拒之間所產生的拉扯，外顯於他與台灣城鄉土地的生存歷程，而內化為素樸卻又曲折的文字創作，讓人不可忽視。然而不管將他定位於現代主義美學或超現實、寫實主義風格的評論，其實都是對他一生創作的看重，以及嘗試對他創作美學的解讀。

　　他曾經努力想掙脫通霄幼年以來貧困生活的壓迫，進入台北接受知識的洗禮和打造自己理想的夢土，沒想到他在受教育的台北師範遭到體制內最大的束縛和羞辱，在離校後幾個好同學無奈地陪他尋覓一份工作來謀生，工作兩個星期後，這件事才被同學的父親洪文彬教授發現，他從他的畫作中認定他是個可造之才，沒有理由被剝奪受教權。於是派人去把他找回來並挺身向校方交涉，出面作保讓他復學。但之後卻又因另一老師的刁難，不得不重修「教材教法」而延遲一年畢業，畢業前夕，因繪畫的才華在學校舉行有始以來學生的第一次個人畫展，開幕當天卻被教官與老師命令他必須把畫從牆上取下來，讓他受盡畢生難忘的欺辱和痛苦。〔註175〕這些經歷和陰影被他反覆地書寫，其中〈削瘦的靈魂〉（跳出學園的圍牆）幾乎等同於自傳書寫的方式，寫盡校園文化中人事的專斷與不堪，並道出人性的自私與懦弱，藉以嘲諷和戲謔這些羞恥又傷痛的畫面和回憶。〔註176〕

〔註173〕「欲拒還迎」所衍生的另一面相是：「欲迎還拒」（互文見義），筆者認為二者皆是七等生面對生存現實所採取的姿態。

〔註174〕張雅惠，《存在與欲望——七等生小說主題研究》，政大中文所碩論，2004年。

〔註175〕〈給安若尼·典可的三封信之二〉，收於《重回沙河》，七等生全集【8】，頁358～359。

〔註176〕在〈當代文學面對社會〉中，七等生坦誠雖事隔三十年，回憶起來仍不免感到羞恥與傷痛；收於《一紙相思》，七等生全集【10】，頁193。又，〈削瘦的靈魂——跳出學園的圍牆〉，收於《離城記》，七等生全集【4】，頁196；〈分道〉《僵局》，七等生全集【3】，頁139，都有這些經歷的書寫。

個性率真、不喜約束的七等生，從瑞芳的九份到基隆的萬里，短短幾年的教書經驗讓他直覺與生俱來的個性中對周遭環境的弊病與沉痾難以忍受的不滿與挫折感，並察覺自己內在有一股無法與虛偽不實的教育體制與社會僵化的集體思維相應合的存在感，他遂遁入文學閱讀的天地中，以書寫為出口，尋找自己內在的聲音，並暗自決定要跳離這個校園的圍牆。他辭去小學教職積極投入編務，想藉以開展自由的創作天地，沒想到在偌大的台北城裡，他更經歷到居無定所、辛酸苦楚的漂泊生活，面臨自我的存在危機與虛無感，在其自費出版的《五年集》〔註177〕詩作中，曾把這段台北經驗的落魄與不堪細細地銘刻；但也恰似〈離城記〉裡的詹生，一個時間的幻影，遍尋不到留在城裡（台北）的職責與意義。

於是他也曾如〈城之迷〉中的柯克廉，一個隱居鄉間的作家進城來向出版社友人要回當初談好的版稅，卻遭逢友人惡意的擺佈，近乎一場欺詐的行為；讓他在失望之餘，轉念想到跟一位久疏連繫卻十分欣賞自己的女性友人（斐梅）會面。情節的發展後來不僅擴大了作家（主角）的眼界，也撫慰了一顆受創的心靈，進而渴盼與歷經時間的沉澱和醞釀所創發出來的一個形象美（理想女人）做連結，但也更加確定了作家離城的決心與返回鄉土的信念。這是一個由現實事件出發，導引進入另一個想像時空的描寫，看起來似乎很符合七等生的創作手法，標準的七等生式書寫，由一個私人經驗入手，在讀者逐漸習慣與接受之後，陡然轉入一虛擬的情境中，混融虛實的份際，而增加作品的感染力。

〈譚郎的書信——獻給黛安娜女神〉是他創作中近期嘗試文體解放的開始，以書信日記體的形式來抒發生活的苦悶和闡釋心中的理念，一方面寄託愛情的想像於一個遙不可及的古典神話，一方面釋放不創作的內疚感於童年以來就任他閒游探覓的海濱聖地，並將真實與幻想之間交混的敘述手法發展到極致。而稍後的〈重回沙河〉、〈兩種文體——阿平之死〉，以及晚近的〈思慕微微〉、〈一紙相思〉，都是自剖性很強的散文書寫，但卻有意依附於書信體小說的架構之下。或把中年的沉思凝視於在地的沙河，或把孤獨的心靈分享於文壇的知音，或將戀慕的衷曲傾訴於一彈奏南管的青春女子，都是直抒性靈、毫無鑿痕的真情告白，縱使發表過後有不苟同的聲

〔註177〕在〈五年集自序〉中，七等生表露了這段台北經驗的漂泊經歷，相當落魄不堪。初收於《情與思》，後收於《僵局》七等生全集【3】，頁267～268。

音，〔註178〕他也不多做辯駁。是否他已把對理想女人的追求實踐在文中菱仙子的身上，以致該書成其為封筆之作？他淡然表示，對一女子之愛其實也是一人格的表現，更是對存在本身的體悟，他已有自己小小的看法，從此多說無益；而且透過多年的創作，他也感覺對人生的了悟與思考已經足夠，猶如一條小河，已匯聚各方的支流，最後終成其為大河。

　　自認為〈目孔赤〉是他思考核心的七等生，將生命體現象界的思索落實於芸芸眾生，由此可以看出他書寫的脈絡及思考的痕跡，其實是想藉（癲狂人物）形體的塑造回返內心的追尋。而他小說中的宗教性關懷，早在多年前輔大神父就已開始關注，而有〈聖月芬〉這一系列文本的介紹。另外，德國的學者更在課堂上講授他社會性較強的諸篇小說，如〈我愛黑眼珠續記〉、〈老婦人〉、〈灰夏〉等等，與國內多半把焦點集中在他超現實和現代主義書寫風格的作品顯然取徑有別。

　　〈耶穌的藝術〉是他無意間接觸《聖經》後的閱讀筆記，以非信徒的身份去解讀其中對耶穌生平的陳述，不從神學的觀點，而從現實的角度去重新詮釋耶穌在歷史上的形象，以為他並非高不可擊的上帝之子，而是一位被賦予重任的猶太復國運動的政治領袖，卻因仁愛之心而流露出潛在的宗教情懷。因為此說完全由一己的感受出發，並無理論根據，所以並未引起眾多討論。〔註179〕他說自己其實非常關注世界文明的發展，從史賓諾沙被逐出教會，發憤書寫《倫理學》，對西方哲學的建構產生偉大貢獻開始，到中世紀文明史上的另一位橋樑人物湯瑪斯・阿逵那，都是他十分激賞欽佩的歷史人物。他曾謙遜表示自己雖非博覽群書，甚至可說是有點懶散，尤其他的閱讀其實是回到通霄教書寫作後才陸續展開；但在多年的自修中卻恰可印證到自己的某些思考，尤其是形諸創作中的文字，讓他深刻體驗到：「我的著作恰如我在其他知識中找到的註腳」，不過他也確知，這是「與我語碼不同的人所不能理解的。」〔註180〕

〔註178〕如東年寫過〈迷失的人無法找尋迷失的他人〉；《聯合報》，1997 年 10 月 13 日 47 版。

〔註179〕歷年來的討論，除香港牧師陳濟民（因年代久遠，筆者未找到此篇章），及文涓的感受性評論外，就只有楊牧在〈七等生小說中的幻與真〉注意到這篇作品的價值，但只是略為帶過，未深入的討論；林慶文的博論，在第七章的第四節曾提及七等生「這本類似談論基督教的筆記」，顯示其對宗教的趣味與態度；見《當代台灣小說的宗教性關懷》，頁 106～107。

〔註180〕此為七等生第一次接受筆者專訪所言，2005 年元旦當天下午二時許於台北景美 2 號捷運站出口左側的「3C 咖啡館」。

　　這樣一個秉性特殊的創作者，在家人的眼中到底是怎樣的一個人物呢？七等生曾轉述妻子對他說過的話：「你是不可親近的人，接近你會感覺到你的痛苦」；「我對你已沒有任何現實的期望，一般人們要追求的與你無緣，只要你把三個孩子撫養到大學畢業就算完成了⋯⋯。」〔註181〕完成什麼？一份人間契約？這是一生追求自我完成的七等生與妻子所約定的現世契約：三個孩子分別從大學畢業後，也總算沒有辜負妻子在今世的抉擇——「我第一眼看到你就知道你是我要找的男人，」他的妻子曾如此感性地對他說過。七等生認為婚姻是神聖的，所以不願毀掉它所建立起來的關係與連繫，雖然在通霄的中後期兩人的婚姻曾一度瀕臨危機，在追求精神的自由與維持家庭的完整之間產生掙扎與拉鉅〔註182〕；但老來他卻不肯輕易簽下妻子因想出家而提出的離婚要求，寧願給她一份同意書，〔註183〕讓她放心地去選擇自己後半生想過的生活，於是他對妻子說：「我念你一份情，彼此不負所託。」這是他在妻子選擇獨居中部過著自給自足的儉樸生活，甚至剃度出家前的最後話別，語中頗多對貧賤妻的感念，感念她的功成身退：「這也是大家分開後心安理得的基礎！」〔註184〕聽起來這似乎與他後半生在文學中熱烈追求浪漫愛情的形象不合，〔註185〕且其大兒子懷拙也曾表示，他和父親都是不在乎形式的人，〔註186〕然而七等生臨老卻願意持守這份俗世的婚姻契約，除了從本位主義來看其男性的自尊外，或許可以解釋他已從在地的書寫中，完成了自我的認同與救贖，對於俗世的規條，他已出乎其中而超乎其外了。

　　他也曾提及好友阮慶岳轉述他在孩子們心目中的形象：「我父親像羅馬

〔註181〕此亦為七等生第一次接受筆者專訪所言。另外在《譚郎的書信》全集【9】：「我徹底寫了一封長信，將保全家庭的一切條件清楚地列出來，希望她能以養育子女為重，讓我有一點隱私權來從事志趣上的事，而我也保證對她和家庭都要進一步的關懷。」（頁32），也可看出端倪。
〔註182〕《譚郎的書信》全集【9】，頁34。
〔註183〕七等生說他願意寫一份「同意書」，讓妻子前去修行沒有後顧之憂。然而七等生刻意維繫的這份婚姻契約卻在時空的隔絕下，於96年的10月1日正式畫上句點。
〔註184〕以上引自筆者「七等生專訪一」（2005年元旦）整理稿。
〔註185〕如七等生在〈譚郎的書信〉、〈思慕微微〉、〈一紙相思〉中，形塑了一位不惜掙脫婚姻捆綁，勇於追求浪漫愛情的中（老）年男子的形象。
〔註186〕七等生的長子在電話中表明不想接受採訪的意願，2007年4月27日晚上10時。

人⋯⋯。」〔註187〕這是七等生的小兒子保羅對父親的行為與自己熟悉的其他人都不一樣所生的感覺，所以在背後偷偷的這麼稱呼他。〔註188〕他笑說或許他在孩子們的眼中就像是個外國人吧！緣於早年（十四歲）一個人隻身北上求學所養成的獨立性格，也著眼於台灣父母對孩子的管教過於嚴格，他反而願意放開他們，讓他們有獨立自主的空間。所以從他們高中北上求學到完成大學學業，三個孩子分居三地，各有各的事業，而互不干涉。

其一生追求心靈自由，嚮往古希臘羅馬文明，以蘇格拉底、柏拉圖所開啟的哲學為一生思索的根源的生活思想家；並以「理想女人」（意象美）的追尋成為他一生創作源泉的文藝創作者，七等生的終極關懷還是普世的，且是超越國族的，並非具體落實在某一有形的意識形態當中。當他在通霄沙河完成大半生的在地書寫與謀生的需求之後，選擇離開熟悉的鄉土，奔向一個全然陌生的花蓮，尋求異質的空間經驗以豐富其繪畫題材，又再度啟動了他變動不居的遷移性格，然而又因必須照顧老母的現實因素，不得不重返年輕時一度令他十分失望的台北，而終於隱居在曾經落腳過的木柵溝子口。檢視這一路的漂流行跡，在空間與地方的固著與移動中，內心所產生的衝撞與爆發力，確已轉化為他一生創作的能量，即使目前自我謙稱已不再創作，卻以孤獨的膜拜者的形象貫徹其一生所服膺的創作（生命）美學，實有志於文學工作者的關注與玩索。

一個曾經是沙河的獨行者，大半生在自我的土地上漂流的七等生，雖然在通霄的出生地完成了他大部分的作品，但其後半生卻並不想依附在這片他最熟悉的土地上，像鳥兒一樣，吃飽了就飛離開，毫無眷戀。因此逃離成為他生命的姿態，形塑他一生隱遁的性格。即使是最自由奔放的書信體，楊照也看出「他書寫（思慕微微）的內在，包裹著一種強烈潔癖，以及潔癖帶來的逃避。不願意讓現實真實有喜有淚有苦有樂的『動作發生』（happenings），破壞了他苦心經營的完整氣氛。而逃避真實，進而可以保護作者維持著自憐的姿態，同時維持著那個不公平的說教關係。」〔註189〕或許用人文地理學大師

〔註187〕根據「七等生專訪（一）」所言。

〔註188〕據事後筆者打電話詢問當代知名作家阮慶岳，他回憶說，這是七等生小兒子保羅小學時對父親的印象，可能是某次看了類似「羅馬假期」這類異國情調的電影，感覺與父親的形象十分相似⋯⋯。他的理解是，由於七等生有規律固定的生活方式，穿著也相當有自己的風格和品味，可能因此給孩子們留下特殊的印象。

〔註189〕楊照，〈「自戀書寫」中完成的自我——重讀七等生的小說《思慕微微》，頁123，收於氏著《在閱讀的密林中》，台北：印刻，2003年。

段義孚的說法：「據我所知，在所有的生靈中，只有人類在殘酷的現實面前選擇了退卻。」「文化是想像的產物，無論我們要超出本能或常規做些什麼，總是會在頭腦中先想一下。想像是我們逃避的唯一方式。逃到哪裡去？逃到所謂的『美好』當中去——也許是一種更好的生活，或是一處更好的地方。」〔註190〕較能給予其一生因在地與遷移所完成的書寫有同情的理解，並能予以公平的論述；而他用一生／自我完成的文學，或者說用文學完成的一生／自我，都可以看做是他個人生命史的寫照。

從七等生筆名的探索中得知，他由中學時代接觸到「七等兵」的筆名之後，就自封為「七等生」，成為自製週報上的簽名，剛開始或許只是自嘲和遊戲的性質，沒想到一路走來，這個筆名竟也躍上他師範時期繪畫個展的簽名，雖不免予人玩世不恭的印象，但卻也顯得別出心裁。尤其當他第一篇小說的發表，也以這個筆名做為對童年和學生生涯的紀念時，他是牢牢地抓住一份孤獨之感作為他前進的精神力量。在往後三十幾年的創作，包括畫畫上的簽名，他都堅守這個筆名不離不棄，表示他對這筆名已有親人般的感情，彷如他對妻子的承諾，〔註191〕到老都不離棄。「七等生」這個筆名已從一個代稱，進而變為一個符碼，指涉多重的隱喻與象徵，頗耐人尋味。

雖然《七等生全集》的出版（2003年，遠景版），省卻了不少讀者與研究者蒐羅尋覓的功夫，然而七等生的研究還不算完成，曾說過「不完整就是我的本質」的七等生，雖然自喻如蠶絲吐盡，但並非封筆退役，以他對畫筆始終如一的執著，誰難保他不會再度重揮彩筆以「冷眼看繽紛世界」？而他一度對攝影有如曇花一現般的熱情，必慧眼獨具地堅持以「熱心度灰色人生」？且七等生的自傳或傳記都尚未問世，而真正完整的研究才剛要開始。

〔註190〕見段義孚，《逃避主義》，頁3，台北：立緒，2006年。
〔註191〕七等生對妻子的承諾，參看附錄一：【專訪1】，筆者〈我爸爸是羅馬人——七等生專訪側寫〉，2005年元旦。

第三章 「黑眼珠」的隱喻空間——
七等生文體的再檢視

　　回顧活躍於台灣六〇年代，以文體特異著稱的作家七等生，他怪誕、荒謬、扭曲的文字，多數論者都以「現代主義」的美學視之。〔註1〕如受到關注與議論最多的短篇小說〈我愛黑眼珠〉，不論其形式技巧的開發和主題內容的表現上都極具實驗性，且在作品中也不乏電影蒙太奇、繪畫超現實筆法的運用，「甚至有類似後現代主義文類混雜、文字遊戲的特色在其中。」〔註2〕以現今「文體越界」的觀點看來，七等生致力於文體實驗的創作風格，其成績是相當可觀的。然而不管將他定位於現代主義美學或超現實、寫實主義風格的評論，其實都是對他一生創作的看重，以及嘗試對他創作美學的解讀。

　　七等生曾說過：「我的生活方式很平凡，但我的心裡卻極為複雜，這是使我不的不藉創作來抒發的緣故。我幾乎將我心中孕釀的一切（在現實中不能實現的）透過藝術形式化為另一種生命。」（《譚郎的書信》，頁44）由此可知，生活、創作與藝術，構成了七等生的全部，要探討七等生的創作美學，其中的關鍵就在於「藝術形式轉化為生命的過程」。從前一章對他生活史的探討，為我們提供了他創作的軌跡和生命的圖像，本章進一步以「『黑眼珠』的隱喻空間」為題，即是要從空間意象的角度入手，掌握七等生藝術形式轉化的關

〔註1〕陳芳明，〈六〇年代現代小說的藝術成就〉（收於《聯合文學》第208期，2002年2月號）、陳麗芬，〈台灣現代主義文學的另類想像——以七等生為例〉，（收入《現代文學與文化想像》，台北：書林，2000年。）等學者都作如是觀。

〔註2〕陳季嫻的碩論，《「惡」的書寫——七等生小說研究》，頁67，彰師大國文所，2003年。

鍵和契機，並重新檢視他的文體特色。因此除了重探七等生早期文體形成之因外，用人文地理學的觀點透視早期七等生最為人熟知的〈我愛黑眼珠〉，掌握隱喻其中的場景意象，並期待從「黑眼珠」系列作品的文體特徵和文本互涉中去追索七等生的形式美學，更希望以入乎其內出乎其外的方式，分從散文、小說及詩來重新檢視他的文體風格，以便與他中、近期文學中意象最突出的城鎮與沙河象徵順利地連結。

第一節　七等生文體初探

一、七等生的創作類型與文體分類

　　七等生投身創作的理由，不外乎去實踐存在的自我價值，以確信時間對他的意義；或許他要以有限的身軀投入茫茫的字海中，去尋找個人在宇宙時空中的座標和定位。如其所言：「事實上我無需太過描述我是怎樣的一個人，我的作品已完全表露出我的人格的樣相，它不若一般雄才大略的人在果斷和勇氣上受到人們的讚揚，我只是個小角色，只是個注重存在感覺，而深懷情感的人；我曾說過，我對於人世的一切有我私自的看法，對生命、宗教、社會、政治和文化藝術，有自我的解釋，不便隨意附和別人，但也不任意反對別人……我的意志便是能有自我的創發，其成就如何不是我的目的，卻希望能從其存在中肯定自我的價值罷了。」〔註3〕因此總結他前後大約三十五年的創作歷程，出版過的文集計有《僵局》（林白，遠行 1976，遠景 1986，小說）〔註4〕等二十三

〔註3〕〈困窘與屈辱——書簡之二〉，收入《銀波翅膀》，七等生全集【7】，頁 169。
〔註4〕其二十三部尚包括《五年集》（林白 1972，詩）、《離城記》（晨鐘 1973，小說）、《我愛黑眼珠》（遠行 1976，小說）、《巨蟹集》（新風，小說）《來到小鎮的亞茲別》（遠行 1976，小說）、《放生鼠》（遠行 1977，小說）、《白馬》（遠行 1977，小說）、《情與思》（遠景 1977，散文、詩、論文）、《隱遁者》（遠行 1976，小說）、《削廋的靈魂》（遠行 1976，小說）、《跳出學園的圍牆》（遠景 1986 三版，小說）、《精神病患》（遠景 1986，小說）、《沙河悲歌》（遠行 1976、商務 1998，小說）、《城之迷》（遠行 1977，小說）、《散步去黑橋》（遠景 1978，小說）、《銀波翅膀》（遠景 1980，小說）、《老婦人》（洪範 1984，小說）、《耶穌的藝術》（洪範 1979，散文）、《譚郎的書信——獻給黛安娜女神》（圓神 1985，小說）、《重回沙河》（遠景 1986，札記、攝影）、《我愛黑眼珠續記》（漢藝色研 1988，小說）、《兩種文體——阿平之死》（圓神，1991，小說）、《思慕微微》（聯合文學、商務，1997，小說）等。

部，〔註5〕但絕大部分都已絕版。其中有三次重要的集結，以及一本得獎作品集。〔註6〕

　　從他的作品的三次集結所寫的三篇序中，可以概括七等生創作的大半生涯，也是他漂流之旅的縮影。當遠行第一次集結七等生的作品集時，序言標示「寫於通霄舊屋」（1977年），歷經十年後，遠景於1986年第二次整編七等生的作品，當時七等生已住進山畔新屋，意味一個獨立自主的創作空間的開始，而後又歷經十幾個寒暑，當遠景完成七等生全集的出版時，時序已跨入二十一世紀（2003年），想必當時的序文是作於台北木柵。這就是七等生一個循環的創作歷程，以瑞芳九份為起點，環繞在以家鄉苗栗通霄為核心的北部人文空間中，而延伸到台北木柵。（以上可參閱附錄一、二、三：七等生年表、七等生漂流之旅圖、七等生通霄文學現場之旅地圖）

　　七等生大部分作品都是以小說的形式來表現，因為他習慣從現實（真實）出發，然後慢慢轉入虛構（想像），這一方面是他極易藉由遁入文學（幻想的世界）來逃避現實的個性使然，另一方面他也從文學的規律中，掌握到西方

〔註5〕其中《削瘦的靈魂》與《跳出學園的圍牆》為同一本。
〔註6〕1.1977年，遠行出版社出版「七等生小說全集」（簡稱小全集）十冊。計有：《來到小鎮的亞茲別》、《我愛黑眼珠》、《僵局》、《沙河悲歌》、《隱遁者》、《削瘦的靈魂》、《放生鼠》、《城之迷》、《白馬》、《情與思》等。另《離城記》也應算在內，照七等生的說法，這些都是由沈登恩先生敦促而集結出版。
2.1986年，遠景出版社，又將七等生的作品做了一次整編，出版「七等生作品集」，共十二冊。分別為：《白馬》、《僵局》、《我愛黑眼珠》、《來到小鎮的亞茲別》、《城之迷》、《跳出學園的圍牆》（也就是《削瘦的靈魂》）、《隱遁者》、《沙河悲歌》、《散步去黑橋》、《銀波翅膀》、《精神病患》及《情與思》等。除了收入一九七七年之後的新作《銀波翅膀》、《散步去黑橋》之外，內容、書題也做了一些調整。可見遠景有逐步蒐集七等生散佈在其他出版社的作品，朝全集的編製邁進的意圖。
3.2003年，遠景出版社第三次整編「七等生全集」，共十冊。依照作者的意見，以寫作的年代次序排列分別為：《初見曙光》、《我愛黑眼珠》、《僵局》、《離城記》、《沙河悲歌》、《城之迷》、《銀波翅膀》、《重回沙河》、《譚郎的書信》和《一紙相思》等。全集出版後，七等生隨即也宣告自己創作的生涯劃上了休止符。
4.其他得獎紀錄：其〈回鄉的人〉、〈灰色鳥〉先後獲得第一、二屆「台灣文學獎」佳作（1966、1967年），作品後收錄在《台灣文學獎作品集——回鄉的人》一書中（台北：鴻儒堂出版社，1977年）。曾以〈大榕樹〉獲第一屆「聯合報小說獎」佳作（1976年）；而〈幻象〉、〈憧憬船〉、〈垃圾〉和〈環虛〉獲第八屆「時報文學推薦獎」（小說類）（1985年）。當時，馬森撰作〈七等生的情與思〉，強力肯定七等生多年來在小說創作上的精確性與獨創性。另獲第八屆「吳三連文藝獎」（1985年），得獎的作品為〈老婦人〉等四篇。

近現代文學演變發展的趨勢，小說形式在其中所佔有的份量及位置，扣緊小說文體「雋永且具說服人的魅力」的特質，作為他努力思考的方向及目標。他說：「我平日的心思，幾乎都在此方向做思考，從靈感的觸發到寫作的完成，精神完全集中關注在目標上，絲毫輕鬆不得，有人說會發高燒，是有點近似，因此作品寫成之後，身心都變成十分的虛空。」〔註7〕然而有時他還是不得不透過直述的散文形式，來傳達個人生活中的遭遇所生的困窘與屈辱。這類的看似孤傲憤世的形象的自剖性文字，可以在少部分的日記／札記或書信體小說和雜文作品中發現，藉著與讀者對話的書信形式來紓解情緒以及傳達個人的文學體驗，順道回應讀者的疑惑，並為自己的作品作辯解。

有極少部分是抒情的即興之作，把為生活奔波不定的尋常感覺和吉光片羽記錄下來，這些就是詩作的形成來由。然而尚有一些七等生最珍愛的粉彩及油畫作品，平常不輕易示人，像珍藏他的初戀情人一般，小心翼翼地被放置在秘密的角落，堅守和等待被訴說和發掘。當然除此以外，七等生曾一度放下文字創作的攝影集，以及更私秘的情書等等，……在在都構成一個完整的七等生珍貴檔案的生命史。觀察七等生的小說創作，由前期的短篇，到中、近期的中長篇，從文章的長短，我們感受到一位文字創作者的自我成長歷程；而此時他花更多心思在攝影及繪畫藝術媒材的經營上，是否可視為他創作理念的延伸？而媒材的轉換，是否讓他找到更大的自由與開展的空間？或許我們可以從其他媒材的藝術空間中，去探索他文字以外所展現的深度與廣度，本論文將在各別的專章中論述。現就依據 2003 年遠景編印的《七等生全集》（十冊），以及未含納入其中的藝術作品（攝影與繪畫），嘗試為他做類型與文體的分類（見附錄五、六的表格）：〔註8〕

（一）小說

1. 寓言體小說

大陸學者朱立立說：「七等生不擅長鏡像式的模仿現實，也迴避抒情感傷的浪漫書寫形式，他偏愛那種寄寓心靈幻象的寓言體敘事方式。幻象和獨語共同編織出作者的典型風格：一種帶有怪誕風格的寓言體。」〔註9〕基本上這

〔註7〕〈歲末漫談〉，收於《銀波翅膀》，七等生全集【7】，頁 188。

〔註8〕詳細目錄可參見本論文最後面的附錄三：【七等生作品分類】。

〔註9〕朱立立，〈荒謬境遇中的自我抉擇和倫理拷辨〉頁 21，《華文文學》2004.4（總第 63 期）。

樣的評論道出了七等生前期創作的美學技巧，我們可以在：〈我愛黑眼珠〉、〈僵局〉、〈跳遠選手退休了〉、〈白馬〉、〈AB 夫婦〉、〈巨蟹集〉、〈林洛甫〉、〈灰色鳥〉等篇，看到此類風格的展現。

2. 理念小說

七等生不否認自己的小說為理念小說，於是有大陸學者李立平試圖從他的各種理念入手，探討其理念世界與宗教情懷，從而解讀他的宗教情結。〔註 10〕有關七等生宗教性關懷的討論在林慶文的博論中已有觸及，強調其在小說修辭中的宗教趣味和態度，但並無他對此一超越力量的委身。〔註 11〕或許這只反映他在人生困境中對人性思索的提昇，但在旋起旋滅的宗教感悟中，卻沒有看到他在此階段的宗教態度和信仰基礎，或許只能說這是作家在文字中流露的宗教關懷、議論與獨白。這類作品，短篇有：〈我愛黑眼珠〉、〈爭執〉、〈聖月芬〉、〈離城記〉、〈目孔赤〉、〈環虛〉，以及中長篇的〈譚郎的書信〉、〈重回沙河〉和〈思慕微微〉等。

3. 札記、日記、書信體小說

如〈譚郎的書信〉、〈重回沙河〉、〈兩種文體——阿平之死〉、〈思慕微微〉、〈一紙相思〉等中近期的作品，這類以書信／日記來包裝的個人自剖性文字，嚴格說來，它更是作家的散文性書寫。〔註 12〕

（二）詩：共六十八首（1964～1991 年）

1. 收錄於《僵局》（全集【3】）中。（1964～1977）

《五年集》是七等生最早的詩集，由林白出版社印行（1972 年 9 月初版），囊括了他從 1966 到 1971 年這五年間的作品，也可說是他從離職到復職之間的心路歷程。關於這期間林林種種的生活點滴，都在他的自序中有所交代：「對於友人曾經說過寫詩是一樁豪邁抒情的事，於我不知能否做同樣的性情而言？但記生活而言詩是自古而今不變的道理罷。」〔註 13〕他以生活札記的方式記錄這五年內的浮光掠影，留下生活的軌跡。包括〈詩〉、

〔註 10〕李立平，〈七等生小說的理念世界與宗教情懷〉，頁 9，《哈爾濱學院學報》第 25 卷第 9 期，2004 年 9 月。

〔註 11〕林慶文，《當代台灣小說的宗教性關懷》，頁 106～107。

〔註 12〕《兩種文體》在七等生全集中被列為散文作品，但葉昊謹的碩論將之視為書信體小說，本人在此採葉昊謹的說法。

〔註 13〕後收入《僵局》頁 265，七等生全集【3】。

〈倒影〉、〈狹路〉及〈日暮的蝙蝠〉等二十四首；後來這部分的詩作與散文〈黑眼珠與我〉系列又由遠景集結在《情與思》（1977年）中，但多了〈紫茶〉〔註14〕、〈跡象〉、〈秋日偶感〉等十一首前所未集的新作，一共是三十六首。

2. 收錄於《銀波翅膀》（全集【7】）中。（1971～1978）

包括新加入者：〈戲謔楊牧〉、〈隱形人〉、〈無題〉、〈三月的婚禮〉等四首新作，及〈紫茶〉、〈跡象〉、〈秋日偶感〉等十一首曾收在《情與思》的舊作，共十五首。大約是一九七一到一九七八年之間的作品。

3. 收於《重回沙河》（全集【8】）中。（1983）

約寫於一九八三年冬天，乃「愛荷華行旅」系列：〈五月花公寓〉、〈秋之樹林〉、〈離去二十行〉等三首。

4. 收錄於《譚郎的書信》（全集【9】）中。（1982～1991）

又題為「散詩採拾集」，包括〈幼稚而脆弱的心嚮往山巒〉、〈海浴〉、〈夏日之落〉（1982）及〈冷默的消遣〉（1983）等十四首；蒐集一九八二到一九九一年之間的詩作。

（三）散文

1. 小品文：如〈黑眼珠與我〉、〈兩個月亮〉、〈重回沙河〉的攝影筆記／札記等。

2. 雜文：（生活雜感或評論，如〈喜歡它但並不知道它是什麼〉、〈上李登輝總統書〉、〈八又二分之一的觸探〉等。

3. 序文：書序，如〈來到小鎮的亞茲別序〉、〈僵局（論文學）代序〉等。

4. 回讀者信函：如〈書簡──致周世禮〉、〈給安若尼・典可的三封信〉、〈困簡與屈辱──書簡之二〉等。

〔註14〕〈紫茶〉曾特別備註是作於一九六四年三月三十：「民國五十三年我服役於軍旅中，連隊奉派赴關仔嶺修築道路，每日黃昏士兵三五成群到火洞沐浴和飲茶。此處有一特別的茶品曰紫茶，色紅味酸，與善談笑之女服務生閒聊共度。某女性詭奇，信佛，虔誠，常於黃昏舉香三步一拜至清雲寺。日久我與她相好，我常趁深夜官兵休憩之時，偷偷溜出營帳，奔走山嶺小徑與她單獨約會。修路完成，部一隊調回嘉義，某日我重訪火洞，其女已不在那裡供職離開，詢問亦不知她走往何地。」

（四）攝影：約五十六幀。（見附錄六之細目）

（五）繪畫：粉彩與油畫的兩次展覽，約九十二幅。（見附錄六之細目）

二、七等生早期文體風格形成之因

（一）翻譯文學的影響

初試啼聲的七等生，其文字的怪誕、荒謬、扭曲，是他備受爭議之因。七等生自己曾表示：

> 當我寫出第一句話後，當我踏向寫作的第一步後，我從不因我沒有在學園的薰陶下受到栽培而感到惶恐，也沒有因我未曾受到良師的指引而感到憂慮，更沒有因沒有志同道合的寫作友伴而裹足不前，我是為了我非要不可的欲意而寫作。（〈我年輕的時候〉，頁 163）

所以存在的欲意是他非寫不可的動力，源自於他性情的自然流露和原始的創意。學者馬森說：「橫在七等生的文體和讀者之間的最大的一個障礙，是他的聖經式的文筆。是聖經體，也是翻譯小說體。」〔註 15〕他對七等生的作品有段從誤解漠視，而終至自以為了解、激賞的過程。他認為這跟文學評論家劉紹銘曾經說過七等生的文字患上了小兒麻痺症，不過後來也修正了這種意見一樣，〔註 16〕關鍵在於是不是能「仔細耐心」地讀下去。他不否認初讀七等生的文字有彆扭和囉唆的缺失，特別是他早期的作品，但是跨越了這個階段後，會發覺他追求精確性與獨創性的長處實在遠遠超過了以上的缺陷。馬森是從七等生出生的時代背景，其語言文字習得的來源，是與五四一代的新文學作家幾乎絕緣，泰半是從西方的翻譯作品得自養份，以及一個內向性格的孩童較能保留住個人的色彩和獨創的能力的角度來理解七等生文體形成之因，而給予同情的了解，以至於更能領受他在文字之外的特色與美感。〔註 17〕

馬森認為，在七等生成長的過程中，也正是五四以來的現代文學作品遭

〔註 15〕馬森，〈三論七等生之一：隱藏在本土的一塊美玉〉收入《燦爛的星空——現當代小說的主潮》頁 167，台北：聯合文學，1997。

〔註 16〕馬森在〈三論七等生〉中表達這樣的看法。收入《燦爛的星空——現當代小說的主潮》頁 166、187。

〔註 17〕馬森〈三論七等生〉的說法。收入《燦爛的星空——現當代小說的主潮》頁 167、187。

受禁錮的時代，台灣的年輕人所能接觸到的比較嚴肅的作品泰半來自西方，因此翻譯體對在台灣長大的四十歲以下的人影響非常之大。在翻譯體中，聖經的翻譯又是特別具有代表性的一種。多數的譯文，包括聖經在內，直譯的成份都很大；為了保持原義的精確，常常犧牲掉符合中文語法程式的流利性。但對現代人的生活經驗來說，西方語句的句式，倒正可以補救語意模稜富於詩意的中國語言在表義的精確性上的缺失。〔註18〕施叔青也曾說過：「至於七等生的小說嘛，實在是很難『說』，乍讀之下很像一篇篇譯筆很差的翻譯小說，生硬而晦澀，細讀之後，才能品味出它獨特的味道。他小說的主題經常描寫現代人的荒謬感，荒謬的感覺其實是由外國移植而來，中國人絕不會把『吳剛伐桂』的神話故事，像法國的存在主義大師卡謬一樣，把希臘神話的西西佛斯推著滾動石頭的這個動作，解釋為荒謬的毫無意識的。七等生的荒謬感，究竟從何而來，這實在是個耐人尋味的問題。」〔註19〕七等生在語言文字上的獨特性，大多被歸納為與他早期嗜讀西方翻譯文體有關。

（二）現代主義美學的刺激

回顧七等生成長與創作的年代，正是台灣的知識份子處在心靈故鄉與文化認同對象受到層層阻隔的時期，從張雅惠對五、六○年代的台灣政治和文壇環境的考察得知，以美國為主導的西方文化開始在此產生了一些作用，台灣文學也受到美式意識型態的影響，因此在五○年代後期，美國現代主義漸漸佔上風。夏濟安所編的《文學雜誌》就是接受美國的援助而成立的。六○年代以後，《現代文學》所介紹的文藝理論，也是以美國為主的現代主義理論，意謂著在台灣當時相當貧瘠的文學環境，知識份子們只好積極地向西方尋求新的文化刺激。這一股向外探求的力量，在六○年代不斷地擴張，而形成一種時代的風潮。當時《文學雜誌》、《文星》、《筆匯》、《現代文學》等雜誌，積極地介紹西方現代主義理論，希望為台灣的文學開創新局。〔註20〕於是多數的研究者認定七等生的文學機緣也來自於邂逅了這批熱愛現代文學的文友，曾經共同參與文藝的創作，這就是他身處台北，自稱為追逐生活的浪子期間

〔註18〕馬森，〈三論七等生之一：隱藏在本土的一塊美玉〉收入《燦爛的星空——現當代小說的主潮》頁167，台北：聯合文學，1997年。
〔註19〕七等生等人合著的《男與女》，頁1，拓荒者出版社，1976年。
〔註20〕張雅惠，《存在與欲望——七等生小說主題研究》，頁16～17，政大中文所碩論，2004年。

所形成的時代氛圍，雖然他很快地就以「道不同不相為謀」的理由從這個圈子離開，但他在這時期的作品已烙下不少現代主義美學的風格，而也被理所當然地劃歸為現代主義的作家。

因此不僅台灣的研究者以現代主義的美學框架來探究七等生的作品風格，大陸學者也不遑多讓：「台灣著名作家鍾肇政稱七等生為天才，的確，他對世界人間的痛苦和不幸天生敏感，對於愛、自由和美有著幾近瘋狂的追求。正是這個時代和他的天才藝術家的氣質，把七等生和卡夫卡、貝克特連接在一起。七等生從他們那裡找到了共鳴，沙特的存在主義順應了七等生自我意識的解放，而弗洛伊德則為他對人內心世界非理性的一角的認識提供了理論前提。不過七等生不同於那種盲目吸取西方現代文學的膚淺作家，他只是借用西方現代主義的某些理論作為它創作的輔助，甚至很難說他著意去學習卡夫卡們，而時代與天才的共性，使他們不約而同地走在了一起。」〔註21〕他們大多從七等生早期的作品中得到印證，不管是廖淑芳的《七等生的文體研究》，還是陳季嫻的《「惡」的書寫——七等生小說研究》，都是針對七等生受現代主義浸染過的文體或創作技法加以析論。以〈木塊〉為例，其對燃燒的爐火，木塊滑落的嗚咽聲的描寫：

> 當他獨自在小鎮一所學校的教室裡，右手的拇指和食指夾住鼻梁，
> 跌坐在一張靠背椅，由有限的空間偶而注視到一架電子風琴貼靠著
> 一片藍色的牆壁，它像是一隻靜靜地等候在那裡的怪獸，渺小而孤
> 獨。在那個空間裡，事物不依真實而存在。課桌看起來比電子風琴
> 大，而他的那雙擱架在桌上的赤腳更凌越了他們。可是那片牆壁，
> 像襯著星星月亮的天空，卻在最後凌越了所有一切。因此他斷然離
> 開那小鎮，因為事物並不全都遠小近大。這種順序是感官的，全屬
> 是荒謬的構成，而感官是無神的，它肯定死亡。(《僵局》，頁158)

死亡的意象如訃聞卡燒盡、亦如木塊墜地，像是遺落了一生最珍貴的事物，一件不堪回首的往事：空間被扭曲變形，現實的順序錯亂，無法擁抱的真實等，構成一個碎裂荒誕的情節；這些超現實的場景與〈我愛黑眼珠〉所造成的爭議，都使得七等生的創作路線被歸類為本土寫實派的反動，在作品風格尚未被定位之前，都被劃入「現代主義美學」的陣營，如學者陳芳明所持的

〔註21〕白少帆等主編，《現代台灣文學史》第二十章，頁499，遼寧大學出版社，1987
　　　　年12月一印，頁503。

論點：就是因為七等生堅持書寫的態度，他晚近作品（如《沙河悲歌》、《譚郎的書信》、《思慕微微》等）的自敘性、自白性以及自傳性風格，是使得現代主義的路線得以延伸到二十世紀九〇年代的原因之一，所以堪稱是「台灣前衛藝術的後衛」。〔註22〕這話意味著七等生個人的美學堅持無意間已與世界文學潮流有一同步接軌的可能；而周芬伶則進一步以為，七等生的現代美學帶有濃厚的神秘色彩，其作品雖有「沙河」、「黑橋」等明確的空間，然屬於心象的性質較多；在時間上，雖有時也標誌明確，但卻被空間切斷，有極高的任意性。〔註23〕

（三）存在主義哲學的思考

有不少學者以為，七等生較早的作品，好像很熱衷於存在主義的討論和思考，他小說中的人物也多多少少可以與西方存在主義小說中的人物聲氣相通。如馬森認為存在主義其實就是西方社會在個人覺醒後對自我問題以及宇宙和神的關係的一次徹底的檢討與反省，從荒謬與虛無接引到自由與責任，七等生的思想似乎更接近由齊克果而來的基督教的存在主義，與薩特（沙特）的氣味不盡相同。〔註24〕七等生在作品中也常引哲學性的語言，如：「沙特認為存在主義是說：人的本身並無價值，既無靈魂，也無意義。人類只有致力一項事情，使他的良知獲得參與，才使得他和其他動物及無生命的東西有區別。唯一值得爭取的自由，即是選擇的自由。人要為本身的命運負責。回想我從事寫作以來的思想，關於人的命運問題也大致如此，我是從我的生活經驗做這種思考，並非完全了解沙特的思想為何而去附和他；我對他的印象並不深，而對史賓諾莎和十九世紀以前的文學作家的作品了解較深，大致他們的處世立身都能做為我的典範，也由這一點去延伸我的思想。」〔註25〕來確立自己思想的出處。

大陸學者也有此一說：「七等生的作品，總會給人某種聯想。〈巨蟹集一〉令人想到法國荒誕派戲劇大師貝克特的名作《等待果陀》，〈難堪〉有與卡夫

〔註22〕陳芳明，〈六〇年代現代小說的藝術成就〉，頁159，《聯合文學》第18卷第4期，（208期），2002年，2月。

〔註23〕周芬伶，《聖與魔——台灣戰後小說的心靈圖象（1945～2006）》，頁94，台北：印刻，2007年。

〔註24〕馬森，〈三論七等生之一：隱藏在本土的一塊美玉〉收入《燦爛的星空——現當代小說的主潮》頁175～176，台北：聯合文學，1997。

〔註25〕〈重回沙河〉第十四：抉擇與報償，收於《回沙河》，七等生作品集【8】，頁32。

卡的《城堡》何其相似。七等生筆下的主人公被請到一個小鎮演講，卻看不
到一個聽眾；而卡夫卡的測量員奉命前往城堡，卻永遠不能進入。七等生作
品主人公對自由選擇的渴望，對母性的嚮往，則讓人想到沙特的存在主義與
弗洛伊德的心理學。這說明，七等生與這些大師之間，有著某種聯繫，這不
僅證明了七等生可能受到他們的某些影響，更表明七等生和他們一樣具有全
人類的現代意識。」〔註 26〕發現七等生作品中有某種哲學性的思考，幾乎就
成了七等生文體的主要特徵之一，而這也就是七等生的文體之所以產生魅力
的所在。

三、七等生的創作觀與文藝觀

（一）全面而又內在的創作理念

對七等生而言，創作是他生存的一種姿態展現，不管形式或內容，都是
他要傳達自我的途徑。就七等生這樣的創作者而言，他認為一個寫作者和藝
術家的本份就是要即時地把生活轉化成創作的內涵，透過不同的藝術形式來
表達，若不如此，就不能妄想死後讓人憑空去追憶：

> 人在死後才確認自己的價值已經太晚，尤其對寫作者是一種嘲弄和
> 無意義的事。寫作者只有在此刻確認和思維。死亡可能就是代表絕
> 對的消失，因此不是思維就沒有真正的存有。寫作者和藝術家要在
> 此刻對自我加以確認，不能狂想死後為人讚揚。〔註 27〕

他以為自己之所以走上創作完全是由於年少以來的困境積壓著他，讓他不得
不找尋出口來抒發，而寫作是他突然從文字語言中領略到的一種表達方式，
可以遵循自己內在的聲音，自由地去書寫和想像，讓思維在現實與幻想之間
穿梭，並不刻意去理會文學的成規與限制，不在乎成不成名，也不去理會作
品的評價與反應，所以沒有一般作家的書寫焦慮。話雖然如此，但行事低調
的七等生，仍然寫了不少「夫子自道」的文字來為自己的創作理念辯護，以
免於自己的創作初衷被扭曲和誤解。因此總結歷年來七等生寫過的作品序文，
以及回應讀者的書信，以及各方人馬對他的專訪稿，再加上他有意無意的自

〔註 26〕白少帆等主編，《現代台灣文學史》第二十章，頁 499，遼寧大學出版社出版，
1987 年 12 月一印，頁 503。
〔註 27〕〈五年集後記〉，頁 326，最初收於《五年集—1966～1971 詩》，頁 105，林
白出版社，1972 年；現收於《僵局》，七等生全集【3】。

我辯解中，大致可以看出他的創作態度與創作理念。

七等生說過：「我現在把我的作品呈現給我的朋友們，我並不是叫他們懂得我的優美；我呈現給大家為了形式，像我每一次的呈現一樣，形式是我的內容的全部寓義。我平常遠離他們，因此我選擇這種形式來代表我。」〔註28〕又說：「你們將可以看到，在我以上所說的故事裡，它並不涉及到偉大和普遍，我的靈感的契機，碰巧涵蓋了多種生活中的事實。我探測到的人類的內在也碰巧與我生存的時代有關，人類的精神和靈魂自來恆古，我們眼中的現世現象是如此乖謬和變態，我的反應既堅硬又異常，我企圖在說明我的理念和心中的希望，且關懷到全面和整體的內在。」〔註29〕在在都可看出他的創作理念與關懷角度，是既全面又內在的。七等生曾自敘道：

> 我的語言也許並不依循一般約定俗成的規則；它是代表我的運思
> 所產生的世界形象，由形象的需要所排列成的順序，它並不含糊
> 混沌，而是解析般地清楚的陳列，就像自然所需要呈現的諸種形
> 象。因此語言是構成情景境界的工具，它的語態是為了這情景境
> 界而自然流露。因此，我的語言便容許主詞的重複，動詞或述語
> 的重疊堆砌。這並非故意造奇，而是我的胸懷的容納能量；它隨
> 著我的思想的方向紛紛跳躍出來，不是我刻意學習的結果，而是
> 我的性情的自然流露。」——（《散步去黑橋‧我年輕的時候》，
> 頁 246）

意指語言文字的變異只是他在追求精神思想徹底解放的必經過程。這一切要從他的童年的貧窮和年輕時的懦弱失意談起，或許台灣光復是一個關鍵，他的家庭悲劇就此開始，因為父親在光復後因派系鬥爭被解職，接下來是父親的死與貧窮日子的到來。而貧窮與怯弱又是相生相隨，這幾乎已成為七等生早期的創作基調，那些重疊的灰澀時光，是他早期生命中單一的色彩，像〈初見曙光〉裡的主角土給色，小時候拿著貧病父親所寫的借款字條到當地的鄉紳家去，卻因膽怯和羞恥躊躇不敢開口。〔註30〕羞辱是他當時承自父親的最大印記，後來又在培養師資教育的校園遭到類似的歧視，使寡歡和憂鬱的性格成為七等生筆下的典型人物，土給色如此，亞茲別如此，魯道夫、李龍第、

〔註28〕七等生，〈離城記後記〉，《離城記》頁73，晨鐘出版社，1973年。
〔註29〕七等生，〈離城記後記〉，《離城記》頁74，晨鐘出版社，1973年。
〔註30〕〈初見曙光〉，收於《初見曙光》，七等生全集【1】，頁299。

賴哲森、（劉）武雄更是如此。〔註31〕所以我們可從他早期書寫的人物形貌，以及他的一些「夫子自道」的雜文論述中探索到他早期文體風格形成之因，這是他個人的命運所造成的性格特徵，以至於在書寫時自然地流露出晦澀的傾向。馬森說，從七等生一再對幼年情景的描述看來，他本是一個孤獨而落落寡合的孩子。這種類型兒童的特點是內在的獨白多於外在的對話。當時七等生在內在獨白時所運用的語言，一定是他自己所熟悉的方言，而不會是五四以來通行的書寫白話；甚至於不一定是通行的方言，而是內在的獨白常常混雜了許多模糊不清的印象及個人獨有的色彩。七等生的文體正表明了他一方面曾受了極大的翻譯文體的影響，另一方面由於個性的內向，使他在學習語文的過程中更少顧及到社會上通行的語式而保留了相當重要的個人化的表意的特徵。〔註32〕

（二）追求聲律與圖象的結合

藝術科出身的七等生，除了寫作和繪畫外，平日的興趣之一，還包括彈鋼琴自娛。這實在令人好奇，一個鄉下小孩如何習得一手好琴藝？在〈喜歡它但並不知道它是什麼〉中，七等生細訴了他對音樂的喜好與認識，原來是因為父親在日據時代是一名業餘樂隊的小鼓手，且善於在家吹笛；他的長兄是位職業的吹奏家，是各種管樂器樣樣精通的吹奏者，於是他從小耳濡目染，培養了對音樂的喜好。且自從進入了台北師範後，對音樂始有新的認識。他擺脫了小孩時代對歌仔戲曲和流行歌謠的癖好，對課堂或左鄰音樂科的西洋音樂和藝術歌曲傾注了無比的熱忱，對那時期的校外音樂演奏會成為一個沉迷的聽眾，且在那三年間做了班級合唱的指揮。整個人在當時是沉浸在音樂的狂濤裡，但自認面對音樂浩瀚的世界，自己還是個徘徊門外，不得其門而入，只拾得一些經過多重折射的零碎破片的乞兒。〔註33〕如他在〈我年輕的時候〉說道：

> 我在隨手可得的音樂和繪畫的領域裡，發散我的熱情。我勤勉收集
> 和參與，對音樂的知識和對繪畫技巧的認識，這二者成為我發展文

〔註31〕〈午後的男孩〉、〈黃昏，再見〉中的男主角名字都叫武雄。收於《初見曙光》，七等生全集【1】。

〔註32〕馬森，〈三論七等生之三：七等生的情與思〉收入《燦爛的星空──現當代小說的主潮》頁187～188，台北：聯合文學，1997。

〔註33〕此篇收於《城之迷》，七等生全集【6】，頁386～387。

學的踏腳石，它們永遠賦給我在文學的世界裡具有美感的質素，永
遠具有聲音的格律和動人的形姿，產生我個人的真正風格。我的文
字是音樂的聲律和圖像兩種意義的結合，塑造出內在心靈和外在形
象俱全的完整人格。〔註34〕

這或許說明了音樂素養成為他小說創作中特別質素的原因。馬森也特別能感
受到他作品在章法組織上的音樂性與節奏感。例如〈山像隻怪獸〉、〈夜湖〉、
〈寓言〉、〈歸途〉題作四部曲，是有意識地比之於樂章；其他短篇像〈銀波翅
膀〉、〈雲雀昇起〉等都給人以強烈的音樂性與節奏感；〔註35〕而〈隱遁的小
角色〉更以德布西（杜保西）的〈月光曲〉為整篇小說的基本情調。〔註36〕

七等生自己也說：「對於自我與世界之間，我完全依照我的習性、感情和
理念記錄我在生活中經驗的事。甚至以我為主題，來探求生命哲學。我天生
對於美感事物的喜愛和佔有慾，誘發我形成寫作的技法和風格。」〔註37〕因
他自小喜愛音樂和繪畫的緣故，從事文學創作的七等生不時在其作品中表達
其對藝術的看法，更不自覺地流露出藝術的特質。如他在〈聊聊藝術〉中說：
「品賞文學和美術品並不限在它的題目之內，更珍貴的是讓我們藉此機會馳
思和隨想，不要狹限與它沒有相干；擴大創作品的品鑑範圍，更能估價作品
的功效，有些低劣的藝術家不讓我們這麼想，或愚笨者只限定某種想法，可
是老道的藝術家卻能讓我們隨便自由，也唯有自由世界，才會擁有好文學和
藝術品，容許文學藝術家的存在。」〔註38〕這雖是針對席慕蓉畫詩集的品賞
與隨想，但也很可看出他本人的藝術見解，尤其是對美的感受：「睹見藝術品，
可以省思現實人生的遺憾，所以創造『美』來補償，安慰悸動的心靈。『美』
是外形，內涵道德意識的『善』，瞧見樸實虛懷的『真』。這是一切藝術創作家

〔註34〕七等生，〈我年輕的時候〉，最初收於《散步去黑橋》，現收於《銀波翅膀》，
　　　　七等生全集【7】，頁164。
〔註35〕馬森，〈三論七等生之一：隱藏在本土的一塊美玉〉收於《燦爛的星空──現
　　　　當代小說的主潮》頁174，台北：聯合文學，1997年。
〔註36〕在七等生〈隱遁的小角色〉中，亞茲別原不懂友人拉格正在傾聽的音樂──
　　　　杜保西的〈月光曲〉，但卻受其情緒的感染，決定出外去找尋月光……；之後
　　　　他寫了一首有關月光的詩託拉格交給南國的侍女心兒，從此不見蹤跡，留下
　　　　無限的悵惘，讓她每到仲夏的夜晚，獨自聆聽那首散佈銀洩般月色的曲子。
　　　　（收於《初見曙光》，七等生全集【1】）。
〔註37〕七等生，〈《情與思》─小全集序〉，收於《一紙相思》，七等生全集【10】，頁
　　　　282。
〔註38〕《銀波翅膀》，七等生全集【7】，頁199。

心靈的本體。」〔註39〕七等生以追求藝術美的心態在從事文學創作。如他「畫鋪子」開幕時的題辭:

> 每個人都知道美,不同的美是最自然最真實的;而每個生命現象的
> 存在都是一種接受或被接受的不同的美。〔註40〕

因此擅用類似繪畫素描的作法來描摹思考。如王幼華表示:

> 他用寫生式、微觀式的技法來描述天氣、風景、河流、場景和人物。
> 這種寫法造成了豐富的、感受新穎的、多層次的、塗抹式的(水彩
> 或油畫)新的文字效果,給人們不同的閱讀體驗。〔註41〕

如其一些早期的詩:〈紫茶〉、〈戲謔楊牧〉、〈無題〉等,和類似極短篇的小說,如〈九月孩子們的帽子〉、〈希臘・希臘〉、〈來罷,爸爸給你說個故事〉、〈巨蟹集〉等,這些都有即興速寫的痕跡,更有某種音樂的律動在其中;他的〈放生鼠〉、〈精神病患〉等,則顯示了塗抹的跡象,而其〈黑眼珠與我(一)〉的「展覽會之畫」,則是一篇將音樂的聲律與圖象結合的絕佳劇作。馬森以為七等生像天賦有一種對文學的敏銳性,像有純粹音感的彈奏者,一開始就定準了弦,所以一彈下去無一不是純正優美的音符。〔註42〕又說,七等生的作品,多半採用了個人獨白的方式,那些喃喃自語總能打動人的心弦,其間的節奏就如聆聽一首纏綿的樂曲,〔註43〕其所展現的視覺感又如面對一幅繪畫般的眾彩交響。

七等生在「七等生作品集」序一開始即說:「一個文學創作者首要的職責就是呈現文學性充足的作品給讀者;不論題材如何,作品的文學性的表達方式是文學家品格的要件。什麼是文學性,當我們述諸於閱讀時就能憑知覺感覺得出來。」〔註44〕他以為作品的文學性是創作者獨一無二的責任,對讀者具有引導和啟發思維的作用。而藝術性也是如此,它是一眼就可以感受得到,是創作家作品的生命,是他的工作和品格學養的表現;它也是獨特而具有差

〔註39〕《銀波翅膀》,七等生全集【7】,頁191。

〔註40〕〈畫鋪子自述〉《一紙相思》,七等生全集【10】頁207。

〔註41〕莫渝,王幼華合著的《苗栗縣文學史》(第四篇戰後文學——第一章 第四節面向永恆的獨語:七等生,頁270,苗栗縣立文化中心,2000年。

〔註42〕馬森,〈三論七等生之一:隱藏在本土的一塊美玉〉收於《燦爛的星空——現當代小說的主潮》頁179,台北:聯合文學,1997年。

〔註43〕馬森,〈夢與真實之間——七等生的藝語〉,《自由時報》41版,1998年10月5日。

〔註44〕此文收入《一紙相思》,七等生全集【10】,頁293。

異性的，就像女人的魅力一樣。文學性使人注目，它是從內湧現出來的一種泉流，與個人個性的發揮合成為所謂的「風格」。〔註45〕而在〈論文學──僵局代序〉中，也可以看出他對純文學創作的堅持：

> 現代文學不可寫成像公告一樣的簡白是可以想像的；如果文學不像任何一門學問需要去學習才能認識，我們可以斷定它是沒有多大價值的。一句普通交談的會話被用在文學創作裡，它所產生的涵意的廣度和深度，這是文學的一項基本法則，相信文學創作家不會輕易動用現實生活中的字彙，也唯有謹慎和考慮美學觀點的創作家信守這條戒律，他的句法猶如他的呼吸，而去讀一本文學作品不憑教育的訓練幾乎是不可能的。人類的生存同樣地不容易，我們越來越需要更長的時間（生命）來學習許多的事物。如有人為現代文學的分歧和形貌的複雜而擔憂，那麼他是無法真正了解現代文學的開拓精神。〔註46〕

這種對「純文學」一往無悔的創作態度，其論點與俄國形式主義文論對「文學性」的要求幾乎不謀而合：

> 如果從作者與作品的關係看，藝術作品可看作是技巧介入的產物，因為技巧才是一切創造活動的本質，只有通過藝術程序的分析，才能找到文學的內在規律，也才能發現決定文藝作品成為藝術創作和審美對象的那種特殊性，即文學性或稱藝術性。只有這種特性才使文藝作品與其它物品嚴格地區分開來，也只有這種特性才應當成為文學科學研究的主要對象和核心。〔註47〕

因此七等生認為閱讀一本好的文學作品不憑教育的訓練幾乎是不可能的，我們必需為生存付上代價以學習新的事物，現代文學的發展方向更是如此。

七等生認為，文學固然是社會、生活的反映，但並非就一定能夠提供更美好的社會生活，或更美好的社會藍圖。他以為文學只是心象的表露，生活的呈現，這雖然不是一套理論，但卻是一種主張；在表現的技巧上，它不是一種現象的說明，而是一種具有婉約性的暗示。如他在〈文學與文評──我愛黑眼珠代序〉一文中說：「凡由心靈流出的作品常能在文字的律動中令人

〔註45〕〈「七等生作品集」序，收入《一紙相思》七等生全集【10】，頁294。
〔註46〕收於新版七等生全集【10】《一紙相思》，頁267～268。
〔註47〕方珊，《形式主義文論》，頁30，山東教育出版社，2002年。

覺察到，而絕不在於全篇的涵義上去評估。」（《一紙相思》，頁 271）馬森認為七等生小說最大的優點就在於一種自然的律動，而不在其涵義與匠心的結構。〔註 48〕他以為：「心思是辨別個別事物的探針，了解和分別時空的權衡，語言是最後呈現的代表符號，其組成和造句都必須依據心思的判斷，顯示個別事物和時空的特性和景況。」（《譚郎的書信》，頁 64）真正屬於優秀的好作品是能夠被察覺到作者心脈的跳動，才能帶有感染性，也才能傳達和不朽。〔註 49〕他雖重視文字的節奏和韻律，但認為文字表面的涵義只是次要的，因為它會受到時空的限制，不能長久，那些把文學當工具者正好是主賓倒置的作法。

（三）重視直覺的審美感受

七等生服膺的是克羅齊的美學，追求的是一種直覺的審美感受。他引用克羅齊的話說：「直覺底知道並不需要主子，也不要依賴任何人；它無需從別人借眼睛，它自己就有很好的眼睛。」〔註 50〕這種美感的直覺在創作的剎那間形成，完全是神秘不可解的。因此七等生說：「我天生對於美感事物的喜愛和佔有慾，誘發我形成寫作的技法和風格。」又說：「我相信人類是天生賦有邏輯和推理的頭腦，且有幻想和美感的才能。」〔註 51〕而他也認為，當代文學的力量甚至衝破了民族的限制和制度的禁錮，透過美感的啟示，使存在的時空更形幽遠和遼闊。〔註 52〕而他對美感的追求是源自於對「愛樂斯」的認同。愛樂斯是古希臘的「愛」神，被視為是一種求美的愛。他說：「當我們逐漸接近『愛』的極頂（奧秘），將會觀察極可驚嘆的『美』之本性。」〔註 53〕由此我們也可類推，七等生對「理想戀人」的追尋，其實是交混著對「愛」與「美感」的追求，其極致就是一種神話的召喚。如周芬伶所說：

> 七等生的書信體小說，大多是情書與手札的混合體，他以極謙卑

〔註 48〕馬森，〈三論七等生之一：隱藏在本土的一塊美玉〉收於《燦爛的星空──現當代小說的主潮》頁 177，台北：聯合文學，1997。

〔註 49〕〈文學與文評──我愛黑眼珠代序〉，頁 273。

〔註 50〕〈當代文學面對社會〉，收入《一紙相思》，頁 198。

〔註 51〕《情與思》（小全集）序，收於《一紙相思》，頁 282。

〔註 52〕〈當代文學面對社會〉，收於《一紙相思》，頁 197。

〔註 53〕這些觀念來自於柏拉圖的《饗宴》。見七等生〈愛樂斯的傳說〉，收於《一紙相思》，頁 221。此篇是七等生重讀《饗宴》的筆記。

的態度對他的女神傾訴，如一九八五年出版《譚郎的書信》副標題為「獻給黛安娜女神」，作者神化愛戀的對象，是賦予愛情至高無上的地位，愛即是他的信仰，也是人世唯一的救贖。透過個人的體驗，聯結人類廣大的共同經驗，作者從孤絕中突圍而出，由人世的隱遁者成為愛的修行者，在愛中雕塑心靈直至完美，一顆正在愛的心，最後是不在意對象的，不管是什麼樣的女神，最後都化為夢幻泡影。〔註54〕

因此他更在意的是創作的心靈與思維的活動，而愛的對象的留與不留，存不存在，已在創作的本質之外了。

　　七等生是一個獨斷性很強的作家，他覺得最好的作品是能夠具有作者的獨特個性與情感，而不認為要去服膺權威批評的理論。他相信「文學是一條解救之道，每個人在此經歷的道路上，必定能獲得個人身心的解脫，同時這信息也能洗淨人類的心靈，可是唯有一個條件：從事文學創作是由個體的生命意念做為起點，而非服從某種極端思想做為它的工具時，自是如此。當我們的個體思想能夠完全保持自由與獨立的狀態時，也才能寫出有韻律的章節，且透過這些演化的心語獲得有心人的共鳴。」（〈情與思：小全集序〉，《一紙相思》，頁280～281）他不想在文學中承載任何的思想意識，所以與他曾經仰慕過的前輩作家楊逵的路線是不同的：「我承認與他不能在精神上互通，見解不相同，我曾聽過他批評我的作品是貴族東西，不是他們要倡導的鄉土寫實，由這一點可見他不了解我，只是他意識上的固執之見罷了。」（《譚郎的書信》，頁67）這當然也是他自創作以來最堅持的所在。因此即使他晚期的思想看似接近奧修，透過性（愛）追求無自我性與無時間性，或是藉由與上帝的對話，表達聖徒般的狂熱與純淨的本質，然而他畢竟「只是具有宗教情懷的小說家，並非哲學家或宗教家，他提供的思想體系是不完整，且處處是破綻，」〔註55〕這一點他早有自知之明，曾在《離城記》中說過「不完整就是我的本質」的七等生，其實他更想保留的無非只是自己罷了。

〔註54〕周芬伶，《聖與魔──台灣戰後小說的心靈圖象（1945～2006）》，頁 86，台北：印刻，2007年。

〔註55〕周芬伶，《聖與魔──台灣戰後小說的心靈圖象（1945～2006）》，頁 92，台北：印刻，2007年。

第二節 「黑眼珠」的多重隱喻

一、〈我愛黑眼珠〉的場景意象

　　早期的七等生以〈我愛黑眼珠〉（1967）受到文壇的矚目，他虛擬的超現實異境和衝突情節的創意，挑戰了我們慣有的思維和世俗道德。但這篇小說也因為故事中李龍第「背叛」妻子的行徑激怒了不少固守倫理的衛道之士，曾在文壇及學院激起不小的波瀾與論辯；〔註56〕廖淑芳說：「在〈我愛黑眼珠〉〈灰色鳥〉等作品發表後，他的文學路線卻引起了批評，甚至被指為病態。」〔註57〕當時他參加《文學季刊》的編務工作，與尉天驄、陳映真等人交往密切，但後來因為察覺自己的理念逐漸與他們走的路線不合，也感到自己在想法上的過度天真，〔註58〕敏感的他，已隱約略嗅出當時文壇派系對峙的氣氛，以及文學路線的歧異，如他在〈給安若尼・典可的信〉中說：「還有很多他們的言行，讓我看出他們內心的跋扈，當我發表〈精神病患〉、〈放生鼠〉時，他們都表稱讚；我隨著發表〈我愛黑眼珠〉、〈灰色鳥〉等作品，他們就搖頭，以為我走的路線不對，以為我沒有理想和使命感，而且不寫實。包括很多文藝界的人，都認為我是個人主義和虛無主義者，認為我病態。」〔註59〕這便是加速他離開《文學季刊》的因素之一，〔註60〕且從此不再和其他作家熱切交

〔註56〕關於七等生作品的評論大多收進張恆豪編《火獄的自焚》，其序言：「……其中以〈我愛黑眼珠〉一作最受人爭議，這些評論包括葉石濤、劉紹銘、周寧、陳國城、高全之、陳明福、瑪瑙（唐文標）、黃克全、黃浩濃、夏志清等人的見解，他們均以作品中『李龍第』此一人物的信念，提出肯定與否定互見的觀點，且從而延伸出對七等生的人性論與人生觀的論辯，為此七等生個人曾先後三次撰文辯駁……」，頁2，1977年，遠行出版社；另外李瑞騰在〈期待晴子而出現妓女──試論七等生《我愛黑眼珠》〉《台灣文學經典研討會論文集》也認為此篇小說本身存有很大的討論空間。頁92，1999年，聯經出版社；而該文所附陳萬益的講評意見及蘇沛的【七等生特寫】都有很高的參考價值。

〔註57〕廖淑芳乃根據七等生在1982年一篇〈給安若尼・典可〉的信指出，見《國家想像現代主義文學與文學的現代性──以七等生文學現象為核心》，頁122頁；清華大學中文所博論，2005年7月。

〔註58〕廖淑芳，《國家想像、現代主義與文學的現代性──以七等生文學現象為核心》後篇第二章，她根據七等生在一九八二年一篇〈給安若尼・典可〉的信，對這段經歷的心路歷程有詳細的探討，頁121～123，清大中文所博論，2005年。

〔註59〕〈給安若尼・典可〉的信（見《重回沙河》，七等生全集【8】，頁361。

〔註60〕廖淑芳的博論對此問題有詳細的論述，頁122頁；清華大學中文所博論，2005年7月。

往，並間接造成他從城市返回鄉下任職的主要緣由。

當我們重新以空間的角度來思索〈我愛黑眼珠〉這篇小說所帶來的場所〔註61〕意義時，我們會發現，七等生為了突顯「人的存在便是現在自己與環境的關係」的理念與議題，他把人生的場景以一場災難的形式縮影在城市的屋脊之上，下面是滔滔的洪水，幾乎沒有退路，因為所有的房子都被淹沒在凶猛的洪水中，只能暫時蹲踞在此，以等待活命的機會。「李龍第」是個難得進城男人，平時是靠妻子晴子在城裡特產店工作的微薄薪水在度日，原本要進城來接妻子下班一起去看電影的，當下被一場突如其來的洪水硬生生地拆散，分立在滾滾洪水隔開的兩岸，當時，他為了保護無意中救助的虛弱女子，即便聽見妻子在對岸呼喊，也堅決否認自己是他的丈夫的事實。這個場景（屋脊）意象因為一場洪水而產生了價值，也因救助的舉動，而提昇了高度，否則它只是眾多人活命的所在，他原本就不想跟著他所看到的一群人「爭先恐後地攀上架設的梯子爬到屋頂上，以無比自私和粗野的動作排擠和踐踏著別人。他依附在一根具大的石柱喘息和流淚，他心裡感慨地想著：如此模樣求生的世人多麼可恥啊，我寧願站在這裡牢抱著這根巨柱與巨柱同亡。」（《我愛黑眼珠》，頁177）「屋頂」在此是「人往高處爬」的象徵，人口幾乎都選擇集中到城市的頂端來，在這裡彼此形成一種競爭的關係和呈現一種推擠的樣態，當時李龍第是基於人類的悲憫之心，背負一位軟弱的女子爬上階梯，此時所發揮的「大愛」已經「超越了兩性和種族的，業已昇華了的崇高情懷。」〔註62〕

當李龍第在發生災難的屋脊上否認自己是「李龍第」時，因為十分的果決與堅定，表面上看不出他心裡的煎熬與掙扎，他其實是憑著這樣的信念：「為什麼人在每一個現在中不能企求新的生活意義呢？生命像一根燃燒的木柴，那一端的灰燼雖還具有木柴的外形，可是已不堪撫觸，也不能重燃，唯有另一端是堅實和明亮的。」（《我愛黑眼珠》，頁184）而選擇重塑自我的角

〔註61〕此「場所」的意涵是轉引自顏忠賢：「『我們存在中經驗到有意義事情的焦點』，唯有在特定的場所脈絡中，事件和行動才有意義。因此以場所作為對象，場所基本上具有固定的位置及可資辨認的形式。」（Relph，1976：40-41）見顏忠賢，《影像地誌學──邁向電影空間理論的建構》，頁52，台北：萬象，1996年。

〔註62〕周寧，〈論七等生的〈我愛黑眼珠〉──李龍第的信念和本性〉，收於《我愛黑眼珠》全集【2】，頁330。

色為「亞茲別」來承擔全新的責任,「亞茲別」不是晴子的「丈夫」,他只是一個男人,一個有擔當的男人,也就是不離棄當下的救助對象,讓她倍感溫情和善意,帶著希望回鄉下去。之前憑著一股衝動買下的一朵香花就別在女子的髮稍上,意味着美好與無盡的祝禱。現實的七等生何嘗不是對城市的生活感到心灰意冷而選擇返鄉之行?即使在多年後返回洪水過後的城市,他仍然留在市郊的「眷屬區」(台電員工宿舍)中,踽踽獨行。顏忠賢說:「物理環境、活動、意義總是相互關係著,在他們所認同的物理、生命與心靈的行為要素中,他們可能形成一共同結構的系列辯證。」〔註 63〕一個有堅定信仰和理念的人,除非找到一個能彼此認同的團體,否則註定一生的孤獨。

二、創作的原型——隱密的愛情

　　其實早在〈我愛黑眼珠〉發表之前,初出茅廬的七等生就曾寫下第一篇以「黑珠」為名的系列作品——〈黑眼珠與我〉(一)(1962),他自我界定為散文文體,收在 2003 年遠景版《全集》【1】《初見曙光》中,另有一篇〈黑眼珠與我〉(二)與〈冬來花園〉,被收在全集【2】《我愛黑眼珠》的「散文」類中,看起來這兩篇七等生認定的散文書寫,時間上並不同時,但如果把它們合在一起看,這兩篇的風格內容與〈冬來花園〉幾乎可視為同一系列,而且有趣的是文章的述情對象都是「黑眼珠」。〈黑眼珠與我(一)〉所書寫的空間場景也正是七等生在九份國小與「黑眼珠」相處的經歷;「黑眼珠」是他對當時一個五年級女學生的暱稱,〔註 64〕九份的街道、風土和山色都在字裡行間與「黑眼珠」的互動交織成一篇文情並茂的小品散文。如:

> 我像她家族中的長兄從星期一到星期六,像挽著我家族中最年幼的妹妹,在朦朧的清早經過灰色的九份街道靜默地數著石階到山腰的國校去上學;……(〈黑眼珠與我(一):黑眼珠〉,頁 352)

> 當睡醒的太陽從紫色的水壺山升起,為樹,房屋,人們和道路上塗上了一層金色的時候,我和黑眼珠還有那些帶淚也帶出興趣的人們一起對著漸漸遠去的士兵搖手。……(同上:出征日,頁 353)

> 三月的氣候是如此地適暢,我們的步履多麼的輕鬆。繞過公園的背道,從七番坑的小山丘翻過,綠茵般的山坡蘇家灰色石屋後面,在

〔註63〕顏忠賢,《影像地誌學——邁向電影空間理論的建構》,頁 53。
〔註64〕附錄四之一:【七等生專訪二】,2005 年 11 月 6 日。

陽光中帶綠的二隻大白羊仰著俊嚴的頭顱注視著我們,……(同上:
神廟,頁 354)

沉重緩慢的行列從基山街經過,路旁和門前站站滿了觀看的人們。
他們紛紛討論著死者活潑健康的童年;……(同上:送葬,頁 356)
以上這些生活的片斷,已經點染了九份的地方特徵和地方感,是一篇具代表
性的地誌散文書寫。但筆者以為這篇文字炫麗優美像詩,情節敘述生動又像
小說,或可說是一篇詩性的小說體散文。這兩篇早期的抒情散文,是以短篇
的組曲方式來呈現,刻意描寫與「黑眼珠」的互動,從裡面出現「七番坑」、
「水壺山」等地景描摹,這應該就是七等生早期在九份一帶任職的生活札記。
七等生曾自述〈黑眼珠與我〉的創作動機:

我發端寫作時的年紀已經很大,有二十四歲了,但喜悅和好奇之心
卻像可塑的稚童,除了十一篇小說發表於聯合副刊外,在那短短的
半年中,也模仿希梅涅茲的普拉特羅與我,寫出〈黑眼珠與我〉的
散文,……。〔註65〕

希梅涅茲(Juan Ramon Jimenez,1881～1958)〔註66〕是一九五六年西班牙諾
貝爾文學獎的得主,號稱西班牙現代主義——前衛運動詩人。詩人早年曾經
研習繪畫,他為自己培養了一定的才能,能夠用印象派的手法畫畫之後,才
棄畫而從詩。詩風早期深受「現代主義」、「象徵主義」的影響,傾向抒情且具
音樂性。後期加入散文的書寫,形式更為自由,雖音樂性減弱,但卻有一種
更知性更抽象的傾向。〔註67〕其《普拉特羅與我》〔註68〕寫於詩人因追隨尼
加拉瓜現代派詩人魯賓‧達利奧的風采,在馬德里度過最活躍的一段時期之
後,回到家鄉莫圭爾所過的幾年生活中,他把對自己鄉土的觀察,以「普拉
特羅」這隻驢子為傾訴的對象,並以「一首安德路西亞輓歌」為副標題,完成
了一百多篇亦詩亦文的創作;他並用此書來紀念安格狄拉,一位住在陽光道
上,常常送他桑葚花與康乃馨的貧窮瘋女。其第一篇散文詩就題為「普拉特

〔註65〕《情與思》(小全集)序,現此文置於《一紙相思》,七等生全集【10】,頁282。
〔註66〕國內大多翻為希梅尼斯或希蒙轟茲。如陳映真主編,《諾貝爾文學獎全集(27)
——1956希蒙轟茲》,台北:遠景出版社。
〔註67〕英譯本序,〈希蒙轟茲與柏拉特羅〉,收入陳映真主編,《諾貝爾文學獎全集
(27)——1956希蒙轟茲》,頁6。
〔註68〕國內譯為〈柏拉特羅與我〉,收於陳映真主編,《諾貝爾文學獎全集(27)—
—1956希蒙轟茲》,頁15～155。

羅」：

> 普拉特羅是隻毛茸茸的小灰驢。因為摸起來那麼柔軟，讓人覺得牠
> 似乎一身是棉花，而不帶骨頭。只有兩顆閃亮的黑眼珠硬如兩隻黑
> 水晶的甲蟲。〔註69〕

「黑眼珠」就是普拉特羅這隻小灰驢身上最受矚目的特徵。當時七等生似乎有意模仿希梅聶茲的《普拉特羅與我》的筆風書寫亦詩亦文的組曲，也借用了「黑眼珠」的意象，成為他創作的靈感，不僅成為他的抒情對象，甚至在〈我愛黑眼珠〉中替代了「晴子」或「妓女」，成為文學中的符號或象徵意涵。

　　既是散文書寫，「黑眼珠」是否真有其人？七等生曾在受訪時表示，「黑眼珠」是他初出校門踏進九份國小教書的第一批學生，五年級的「黑眼珠」已出落得亭亭玉立，當他出外作畫寫生時，「黑眼珠」偶爾會出現在他的身旁。如〈黑眼珠與我（一）〉的第一個子標題——「黑眼珠」，第一段即開宗明義直陳：「我的妹妹，我的學生，我的朋友，也是我的知己。」（頁351）為加強「黑眼珠」纖細靈巧的形貌，作者在字裡行間細心地描繪她「細弱光滑的手臂」、「俏皮可愛的臉容」、「水汪汪的雙腿」以及「黑玉鑲的眼珠」、「純潔乾淨的額」，這個惹人愛憐的「小妮子」是「我」在公園作畫時的忠誠伴侶。她是揉合了妹妹、學生、朋友、知己等的諸多特質，滿足了一個畫家的綜合想像，忍不住對著她呼喚「小精靈」「我的小精靈」。顯然，「黑眼珠」以認知隱喻「部分代全體」的方式與「妹妹」、「學生」、「朋友」、「知己」等之間形成一組隱喻關係；在「我」的心目中，「黑眼珠」隱喻了多重的角色與身份，並成為他們之中最突出的表徵與記號。「她的皮膚愈被溫暖的陽光曬紅，她的黑玉鑲的眼珠愈加迷人可愛。她從不自賞她自己的美麗，卻從我之中懂得她自己的美麗……」（頁352）

　　「黑眼珠」最初是以美麗純真的「妹妹」形象存在的，她同時也是「小妮子」、「小精靈」的代稱。有時「儼然像個小少婦」（「出征日」），有時她又是道道地地的學生：「我像她家族的長兄從星期一到星期六，像挽著我家族中最年幼的妹妹，在朦朧的清早經過灰色的九份街道靜默地數著石階到山腰的國校去上學；晌午時分我站在三年級的教室門口看著他整理書包向老師敬禮雀躍地跑出來。」（「黑眼珠」）在此透露出「她」與自己親生妹妹的不同，他曾

〔註69〕此依據梁祥美譯，《小灰驢與我——安達路西亞輓歌》（原名：普拉特羅與我），
　　　　台北：志文出版社（新潮文庫），1999年初版。

把對自己幼年被送走的親妹妹的情份（《沙河悲歌》〈諾言〉）轉化於不同的文本中，成為他永遠的思念（如〈沙河悲歌〉中的敏子）。於是「她」被昇華為他的朋友與知己，與「她」的生命共同哀哭與快樂：「我坐在一塊圓石上，望望河水又望望那舞蹈，我細思我的生命──與黑眼珠動作的哀述相彷彿。一定是那月光把我頰上的淚痕照得閃亮，軟絨上的小生命突然神化般不可名狀的舞著……舞著……」（「春夜」）「黑眼珠是我的快樂」（「黑眼珠」）。「她」幾乎永遠活在七等生的記憶中，成為他創作與快樂的泉源。這份在作家想像裡的「隱密愛情」，就此成為他創作的原型；多年後七等生偶然在公車上與當年的「黑眼珠」巧遇，這才娓娓道出當初將之當成創作原型的私秘。〔註 70〕在他的作品中經常反覆出現的「理想戀人」，其意象莫不依此而寫定。

〈黑眼珠與我（一）〉（1962 年）寫於〈我愛黑眼珠〉（1966 年）之前，看得出來「黑眼珠」在篇名的修辭上都是女性形象的借代與象徵，但二者的文體結構卻是不同的。讀者熟知的〈我愛黑眼珠〉是一篇短篇小說，而〈黑眼珠與我〉的文章結構，則是一篇由多個子題串成，極富詩意的散文；抒寫的是「我」與「黑眼珠」相處的點點滴滴。他的兩篇〈黑眼珠與我〉，分別收在新版全集【1】（《初見曙光》‧〈黑眼珠與我（一）〉）與全集【2】（《我愛黑眼珠》‧〈黑眼珠與我（二）〉）之中。文章結構由多篇子題串連而成，每篇子題的字數多則八、九百，少則四五百字，因此合起來的總字數不會少於他同時期發表的任何短篇小說。各子題間看似各自獨立，但敘述者「我」卻圍繞著同一個抒情對象──「黑眼珠」在打轉。原本〈黑眼珠與我〉應該有機會發展成書而非只是單篇散文，但他在書寫〈黑眼珠與我（二）〉（1967 年）時，此文的時空背景已經有所轉變，「黑眼珠」的指涉意涵也較明確固定。「黑眼珠」已從幼小天真無邪的形象搖身一變為妻子、愛人，甚至情婦的角色。甚至在他描寫她與女房東吵架時，露出潑辣兇惡的面容（「畫像」、「吵架」）：

> 我把你推進房裡，拉著你站在鏡前，你看你的臉都發青了，就像一張令人譏誚的老鼠臉啊，黑眼珠。我的手貼在你的左胸下方，感覺心臟撞撞地急跳著，這是吵嘴換來的代價，喪失了尊嚴，損壞了身體。你不要辯白，或告訴我你受的冤屈，我的心中早就明瞭。像你

─────────────

〔註 70〕 在 2005 年 11 月 6 日與筆者的訪談中，七等生不諱言這的確是一份「隱密的愛情」，且透露近日曾與當年的「黑眼珠」在公車上巧遇的經過，於是娓娓道出當年一段師生互動的微妙心理，並慨嘆人生際遇的偶然與必然。

這樣的弱女人要仿效那種醜惡模樣，真是太不自愛啊。你坐在床上
哭罷，好好地反省一場，黑眼珠。〔註71〕

有時，七等生也在文本裡向她傾訴對社會現象的無奈和不滿（「學徒」）；更深
情地描繪出對她的憐惜與盟誓（「現況」）：

所以有一天，黑眼珠啊，當我們已不再忍耐得住那種剝削與侮辱，
我們明瞭我們的死期已經不遠時，我會毅然攜帶你離開這樣的大城
市，我們不再星期六住進旅店，或付出昂貴的價錢租貸一間蟹居的
小房；你要相信才好啊，愛人，有一天我們會回到草原，我們赤裸
著與偉大的自然類似，在雨中在夜中奔逐，在明媚的夏天游泳，在
冰雪的冬天相擁死亡，在春天甦醒……〔註72〕

有時，「黑眼珠」被幻化成愛人的形象（睡美人）躺在舟裡——「在家常的晚
餐之後，我是傾慕她的王子，雙手搖著輕槳，口中唱歌。啊，讓星夜像棉被覆
蓋我們罷，這時有我伴著她，這在城市中膽怯軟弱的女人變得驕傲，不怕處
在黑中，不怕撞擊岸石，不怕急流……」（週日午後）。

〈黑眼珠與我〉是七等生早期的散文創作，之後又有短篇小說〈我愛黑
眼珠〉與〈我愛黑眼珠續記〉的出現，確實可以看出七等生對「黑眼珠」情有
獨鍾。如果說「黑眼珠」是他創作的原型，也是他靈感的泉源，不斷迫使他進
入寫作的狀態，那此　意象是頗堪玩味的。七等生在初出茅蘆時以世界人師
的名作《普拉特羅與我》為模仿對象，除了個人喜愛的因素外，顯然具有國
際的視野和企圖心，並有為自我生命探求哲學的解釋與意涵。如：

在那些長短不一的篇章裡，外在的世界與內在的世界，我都兼顧到；
對於自我與世界之間，我完全依照我的習性、感情和理念記錄我在
生活中經驗的事。甚至以我為主題，來探求生命哲學。我天生對於
美感事物的喜愛和佔有慾，誘發我形成寫作的技法和風格。〔註73〕

七等生把創作上的自覺與對美感的喜好，表現在寫作技法與風格的追求上，
而其亦詩亦文的風格，或許可以文體的「出位」現象來理解：

所謂「出位」，就是不安本分，套用道學家的話叫「不守規矩」，譬
如男人要蓄長髮，穿花衣服，裝扮得像女人。詩的表現媒介是語言

〔註71〕〈黑眼珠與我（二）〉，收於新版全集（2）《我愛黑眼珠》，頁306。
〔註72〕〈黑眼珠與我（二）〉，收於新版全集（2）《我愛黑眼珠》，頁311。
〔註73〕《情與思》（小全集）序，收於《一紙相思》，七等生全集【10】，頁282。

文字，本專為抒情達意，但詩人偏不止於「言志」，而要兼及圖畫的功用，給讀者以色相，這種越軌的心理，錢鍾書喚作「出位之思」。散文與詩是同屬一國的藝術，詩可以出位，散文當然也可以出位去討小姨子，事實上，散文出位的現象比詩更早，司馬遷的散文極多便是超出散文本位而近於小說。〔註74〕

以七等生另一篇散文〈冬來花園〉為例，文字寫來極其自由奔放，其詩作前序表示：「一九六五年聖誕節前日，蒙友人鍾肇政先生之介紹，在楊逵先生墾植的東海花園為一名園丁，但為期僅數星期。」之後文章分七個章節來進行。這裡面的抒情對象還是「黑眼珠」這位美麗的女子，像是一曲曲戀歌，也似一封封的情書。「黑眼珠」看似（東海）花園中最美麗的一株嬌豔的玫瑰，但卻以「不在場」之姿引發「我」更多的遐思：

> 那朵酷似妳的女陰的赤橙色玫瑰，是一點兒氣味都沒有，它是昂貴的新種類、尖瓣，靠近心蕊的嫩瓣翻捲得有若我唯一的幻想。（《我愛黑眼珠》，頁298）

第四節是一首詩篇，描寫冬天的花園在接近中午時分的一種光影魅惑的感覺；文體的風格介乎虛實之間，很難以傳統散文來論定。林央敏以為：

> 大體說來，文學國度中，散文最容易出位，特別是向小說出位，但最難把持得好，因之，散文出位的現象一直沒被注意，直到現代，美學家肯定文學是藝術的重鎮之一，其極致就是求美，所以有些人，尤其是詩人，寫散文硬要超越傳統的觀念，而把散文改頭換面，處處向其他文體越界，因此，寫通散文就不只是寫作的基本條件，而散文也不只是文學的初級學校了。〔註75〕

這個說法對七等生而言可說是相當貼切的，如彭瑞金言：「七等生是可以把序文寫成非常小說的作家。」〔註76〕他舉出「全集」（總）序為例，但卻沒有進一步的論述；文字點到為止，看不出褒貶，但卻值得玩索。如這篇序中變換了幾種文體，有小說有散文甚至有詩嵌入，最後還用感性的口吻向夢幻出版家及資深台灣文學的文評家張恆豪致意，對陪他生兒育女走過艱苦歲月的妻

〔註74〕林央敏，〈散文出位〉，頁114～115，見鄭明娳主編，《散文批評》，正中書局，1998年。

〔註75〕林央敏，〈散文出位〉，頁114～115。

〔註76〕彭瑞金，〈離城小說家與夢幻小說家的邂逅〉頁65；《台灣文學館通訊》2，頁60～65，民92年12月。

子尤麗（百合）致敬與感謝，並對一些和他飲酒笑鬧的朋友表達由衷的祝福。

雖然七等生對語言文字並不刻意追求，完全是他心象的表露，表現在文體形式上是不受框限，但是在內容情感上卻是極其炫目，如其「展覽會之畫」（〈黑眼珠與我（一）〉組曲之一）的文字寫道：「黑眼珠，把高木倚抱前來，按穩它，可別使我跌下來。我怕我僅憑著默索爾斯基的音樂所作的假哈特曼的水彩畫要使妳因它的拙劣而發笑，但妳似乎懷著歡悅的心情等待著我對這戲劇似的遊戲的指引。當那張像大黑油餅的唱片安放在唱機裡之後，我們退到書房門口，彷彿準備進入觀賞一個久已期待的展覽畫會。」（《初見曙光》，頁362）於是接下來描寫「我」與「黑眼珠」猶如置身於充滿幻覺異國情調中，展演出一場超現實的音樂劇：

> 里芒吉斯市場爭辯還價的婦女和九份市場腰部擁腫高突厚嘴唇的婦人無異。燈影幢幢的墓窟。不必皺眉頭只要把現實稍微變形，那麼不難瞭解這張全染成陰森暗黑色的畫——棲築在鳥禽腿上的小屋，和在空中飛行尋覓人骨的女巫。基輔城門倒了，我們又回到了書房門口。音樂終止。（《初見曙光》，頁362）

七等生透過現實「變形」的方式經營他的文字世界，使散文的文體注入各種鮮活的異質元素，而呈現多元的藝術特徵。再如「暈旋」（〈黑眼珠與我（二）〉組曲之一）描述冬日中午反常的豔陽低掛就像「放射出金色的火龍」，「我」疲困得正躺在沙發休息時，一陣雞毛帚從天而降……。原來是小姨阿花的斥責聲：「顧客來了，起來啊，到外面去，你這懶惰的寄居蟹——」，文字接續寫道：「我踉蹌地奔出去，陽光刺射我的眼睛，我開始感覺頭暈和口渴，街道的房屋、汽車以及這個時候才出現追過來的黑眼珠全都旋轉起來……」（《我愛黑眼珠》，頁313），在簡短的文字看出作者善於經營意象的功力，讓陽光強烈的熱度與「我」被拍打之後的身體反應混雜，陷入一個扭曲變形的空間，像極了一則寓意深刻的極短篇。這兩篇雖被七等生歸類為散文的語言，不僅有小說的對話情節，也有書信的體式（如〈黑眼珠與我（一）〉以書信作結），更處處流露寓意深刻的詩性語言，有文體混雜的現象；一段段的文字，就像一場場藝術的展演，有高度的形象感與象徵性，這並非傳統純粹單一的散文書寫可以概括論述。

俄國形式派認為，藝術家為了自己的需要和藝術本身的要求，不僅可以對材料進行扭曲加工，而且可以使其發生根本改觀；不僅不需要忠於現實，

相反的，正是通過與現實的根本不同，才能鮮明的突出自己的特殊性與藝術性。〔註 77〕如果說七等生置身於「現代主義」的文風下，除了模仿歐化的句法外，在生活素材中極度的變形與扭曲，突出創作的藝術程序，使讀者越趨感受到變形後對傳統典型的偏離，而對新形式的不合常情產生出一種強烈的印象，也越能喚起人的藝術感受。什克洛夫斯基認為，變形固然使自然材料轉變為藝術成份，另一方面它改變了讀者對作品的感受，造成了一種級差感或差異感。〔註 78〕這或許就可以用來理解七等生的文體雖曾被喻為「小兒麻痺體」（劉紹銘語），但還是得到眾多讀者的青睞與文化界的持續關注的理由之一了。

第三節 「黑眼珠」系列作品的「互涉性」

在〈黑眼珠與我〉之後，七等生寫下了〈我愛黑眼珠〉，奠定了他在文壇的知名度，多年後，他延續〈我愛黑眼珠〉的情節續寫了小說〈我愛黑眼珠續記〉（1988），雖然各篇的文體風格不盡相同，但不免予人他對「黑眼珠」有特別偏好的聯想，或許八〇年代的政治時空也給了他不少題材上的靈感，以致讓他在文本中找到一條切入的視角，延續之前「洪水」過後的情節，把焦點擺在社會運動的議題上來探討兩性的關係和存在的處境。七等生曾說過：

> 生活中的一點一滴因此成為我寫作的素材，經過個性和思想成為特殊的意象，現實的事物遂有了形上的義涵；這些我的情懷的主題，常常由一點擴張到全面，由有限進入於無窮；我的思想常藉由細微之事物而展佈於浩瀚無疆的宇宙；我相信人類是天生賦有邏輯和推理的頭腦，且有幻想和美感的才能。〔註79〕

從他早期的散文作品與小說來互相觀照，以「黑眼珠」系列作品為例，或許可以看出端倪，也可以印證這樣的推論：不論從文體的內容或形式看來，它們彼此之間都有一定的關連性。如張恆豪所說：「其每篇小說好像各自獨立，實則它單獨存在時僅有充足與不充足、完整與非完整的差別。必須讀遍他所

〔註77〕方珊，《形式主義文論》，頁 67；大陸：山東教育出版社，2002 年二印。
〔註78〕方珊，《形式主義文論》，頁 68。
〔註79〕收於七等生，《一紙相思》，七等生全集【10】，頁 267～268。

有的小說作品，才能了解其創作意向，較確切地知悉其小說中的演化軌跡。」
〔註80〕若從「文本互涉」（Intertextuality）〔註81〕的觀點來看七等生「黑眼珠」
的系列作品，的確可以從文本的脈絡中重新檢視七等生文體的特色。〔註82〕
如他發表於1972年的小說〈期待白馬而顯現唐倩〉（收在全集【4】《離城記》，
頁75～85），他以之前寫過的〈白馬〉（收在全集【1】《初見曙光》）中的神話
傳說為起頭，改寫陳映真在六〇年代的小說〈唐倩的喜劇〉，這種表現方式，
可以略窺他在文本互涉上的嘗試；不僅有諧謔的意味，同時流露出一種七等
生之前少見的幽默。如大陸學者朱立立言，「他大段大段地將原作照搬至此，
只在其間穿插『我』在此河岸耐心等待『白馬』的若干片段，雖然只是戲仿，
卻暴露了七等生式的精神衝突。」〔註83〕同時也藉此意圖揭露自己對創作路
線一貫的堅持與追尋。再從他同時期〈綠光〉這篇電影小說，他把電影情節
寫成文本，並在文本一開始即表明自己對劇中角色性格的認同，有後設小說
的趣味，也看出他熱衷於小說形式與內容的實驗性。正如陳麗芬所說：「七等
生小說中那刻意的永遠『不完整』的狀態，我以為正是他身為作家的存在墾
據，因為七等生的所有作品都在引導我們把它們串連在一起看作是一『還未
寫完』的大部頭著作。」〔註84〕其所謂的「不完整」，在別的作家身上可能是
結構上的缺點，但對七等生的自傳性書寫而言，反而造成了他作品的獨特性。

一、形式與形式之外

〈黑眼珠與我（一）、（二）〉是七等生早期的散文作品，文體抒情浪漫，

〔註80〕張恆豪，〈七等生小說的心路歷程〉，收於《城之迷》，七等生全集【6】，頁392。

〔註81〕「文本互涉」又譯為「互文性」，此詞為克莉絲蒂娃（Julia Kristeva）最早提出。索萊爾斯（Philippe Sollers）的重新定義為：「每一篇文本都聯繫著若干篇文本，並且對這些文本起著複讀、強調、濃縮、轉移和深化的作用」。見蒂費納‧薩莫瓦約著／邵煒譯，《互文性研究》，頁5，天津人民出版社，2003年。

〔註82〕國內早在1990年即有廖淑芳《七等生文體研究》（成大歷史語言所碩論），其論文以西方索緒爾結構語言學和穆克洛夫斯基的陌生化觀點為基礎，結合中國傳統的措詞、句法、章法的結構模式進行分析，顯然於美學和哲學的立論基礎上稍嫌薄弱，因此仍大有發展的空間。

〔註83〕朱立立，《知識人的精神私史——台灣現代派小說的一種解讀》頁138，上海三聯書店。

〔註84〕陳麗芬，〈台灣現代主義文學的另類想像——以七等生為例〉，頁85，收於《現代文學與文化想像》，台北：書林，2000年。

清麗脫俗；文中以「黑眼珠」為傾訴對象，帶有情歌的風味。七等生善於注視心愛女子的眼部特徵，成為他文本中的隱喻象徵。如〈我的戀人〉：「她貼近我的臉孔的黑色的眼球在閃耀，雙唇在微笑，她原來纖白的臉頰紅潤了起來。」（《僵局》，頁 12）所以包括〈冬來花園〉的三篇散文其實可都視為一組浪漫的情歌。與希梅聶茲《普拉特羅與我》不同的是抒情對象只是人和動物的差別。《普拉特羅與我》的最後一篇「致莫圭爾天上的柏（普）拉特羅」開頭第一段道：

> 溫柔的、踏著小快步的柏拉特羅，我親愛的小毛驢，常常馱著我的
> 靈魂──只是我的靈魂！──沿著長滿霸王樹、錦葵和忍冬花的小
> 路；這本書是獻給你，講及你的，現在你可以明白它了。〔註85〕

作者一廂情願認為這本書會通過莫圭爾風景的靈魂抵達牠的靈魂，他認為它們的靈魂同在天堂上。如此浪漫的懷想，是通過對心愛寵物如摯友般的情誼，與對故鄉深厚的依戀交織而成的。透過書寫，「黑眼珠」成為七等生最親密的伴侶，彼此依傍渡過青澀困頓的歲月：「身邊有黑眼珠這路程就變成暢快有趣；她左右環顧，在雙綠中粉白的小徑跳躍前進，和柔的星期天早晨那帶食的陽光照著她的頸背。赤裸的手臂。短裙下走動的腿。紅色的尖頭平底鞋彷彿二隻競賽的跳鼠，交替地躍高俯下。她不停地轉頭回看我，深怕我距離她太遠……」（《初見曙光》，頁 358）。在七等生靈動有致的筆觸下，「黑眼珠」的整體形象變得鮮活而立體。

　　其實〈黑眼珠與我（一）〉中的「黑眼珠」，最初是以敘述者「我」的「他者」的身分存在於作者構築的現實情境中，之後〈黑眼珠與我（二）〉的「黑眼珠」卻是以第二人稱「妳」出現於敘述者「我」的獨白中。例如：

> 假如妳要和女房東口角，我便把妳畫成像她一樣有一張冰硬寬闊的
> 面孔，鉤出潑辣的後母常有的下彎的嘴角和凶狠的眼神；假如你常
> 無端對我生氣，這會使我憶起學生時代專讓我吃苦頭的那位傲慢的
> 戀人；假如妳藉故夜不歸來，黑眼珠啊，妳是個夜女郎嗎？黑眼珠，
> 我們相守的日子，妳最好是流著眼淚，或者永遠像妳現在一樣，低
> 垂著眼睛靜靜地坐在屋腳那張木椅上，讓我把妳這個早年失怙的可
> 憐女人繪在畫布上。（「畫像」，《我愛黑眼珠》，頁 305）

〔註85〕此依據梁祥美譯，《小灰驢與我──安達路西亞輓歌》（原名：普拉特羅與我），
頁 155，台北：志文（新潮文庫），1999 年初版。

這種筆法屢見不鮮，甚至在他之後的幾篇實驗性很強的短篇小說中成為敘述的主調。如最為人熟知的小說〈我愛黑眼珠〉，是在一次大雨滂沱的坐公車經驗中，看著車上的人們的面孔，以及車上的氣氛所得的靈感。〔註 86〕於是以一個三十多歲呈無業狀態的男子李龍第為主述者，寫他在洪水泛濫的城市，為了堅持自我的信念及承擔救人的責任，否認與妻子晴子的關係：

> 妳說我背叛了我們的關係，但是在這樣的境況中，我們如何再接續
> 我們的關係呢？唯一引起妳憤怒的不在我的反叛，而在妳內心的嫉
> 妒：不甘往日的權益被別人取代。至於我，我必須選擇，在現況中
> 選擇上我必需負起我做人的條件，我不是掛名來這個世上獲取利
> 的，我需負起一件使我感到存在的榮耀之責任。無論如何，這一條
> 鴻溝使我感覺不再是妳具體丈夫，除非有一刻，這個鴻溝消除了，
> 我才可能返回給妳。上帝憐憫妳，妳變得這樣狼狽襤褸的模樣⋯⋯
> （《我愛黑眼珠》，頁 182）

文本中有許多獨白與議論，乃是透過李龍第在災難中對生命存在的思索，去質疑人類堅信與依恃的價值，並以行動去實踐他在往日所建立的曖昧信念：

> 他內心這樣的自語著：我但願妳已經死了；被水衝走或被人們踐踏
> 死去，不要這個時候像這樣出現，晴子。現在，妳出現在彼岸，我
> 在這裡，中間橫著一條不能跨越的鴻溝。我承認或緘默我們所持的
> 境遇依然不變，反而我呼應妳，我勢必拋開我現在的責任。我在我
> 的信念之下，只佇立著等待環境的變遷，要是像那些悲觀而靜靜像
> 石頭坐立的人們一樣，或嘲笑時事，喜悅整個世界都處在危難中，
> 像那些無情的樂觀主義者一樣，我就喪失了我的存在。（《我愛黑眼
> 珠》，頁 179）

相對於〈黑眼珠與我〉散文書寫的低調與沉寂，此篇小說的結構和語言當時的確引起廣泛的重視與討論。由於小說的情節結構較散文複雜，因此「黑眼珠」的隱喻意涵也因情節的變化而變動。在〈我愛黑眼珠〉的文本中，「黑眼珠」看似是李龍第的妻子「晴子」的代稱；然而它也可以是李龍第在被洪水

〔註 86〕廖淑芳說：「筆者曾詢問七等生他寫作我愛黑眼珠的背景，他說那是在一次公車上，看著車上人們的面孔及車上的氣氛得來的靈感，當時窗外大雨滂沱。」見其博論《國家想像、現代主義文學與文學現代性——以七等生文學現象為核心》，（第五章註 39）頁 265，清大中文所博論，2005 年 7 月。

淹沒的城市屋脊上懷中所抱的陌生妓女的暗示：

> 他用那件綠色的雨衣包著她溼透和冰冷的身體，摟抱著她靜靜地坐
> 在屋脊上。他垂著頭注視這位在他懷裡的陌生女子的蒼白面孔，他
> 的雙唇無意識的抖動著，眼眶下陷呈著褐黑色的眼圈，頭髮潮濕結
> 黏在一起，他看出她原來在生著病。（頁 178）

正是由於這位妓女生著病，李龍第便不能坐視不顧，這與他的道德信念不符。
那塌陷的「褐黑色眼圈」深深扣住他的心思意念，使他將之抱入懷中，讓她
感覺溫暖而不急速地失溫。此時文本的衝突點隨著危難的加遽而升高：

> 李龍第疑惑地接觸到隔著像一條河對岸那屋脊上的一對十分熟識
> 的眼，突然升上來的太陽清楚地照明著她。李龍第警告自己不要驚
> 慌和喜悅。他感覺到他身上摟抱著的女人正在動顫。當隔著對岸那
> 個女人猛然站起來喜悅地喚叫李龍第時，李龍第低下他的頭，正迎
> 著一對他相似熟識的黑色眼睛。他懷中的女人想掙脫他，可是他反
> 而抱緊著她……（頁 178～179）

大凡人類的危難（如大洪水）正是考驗和判斷個人（李龍第）由平素所建立
起來的生存信念，以及如何支持一個人在怎樣的時機作出正確的抉擇和行動
的依據。七等生在這篇小說處理的是生存信念與抉擇的問題，此時「黑眼珠」
不只是一個特定的對象，卻有可能指向當人類集體陷於危難之際，那發自心
底油然而升的一種超我的集體潛意識象徵。早先此文本的確引來許多批評的
聲浪，多數以道德上的瑕疵來質疑小說人物李龍第的信念與本性，甚而質疑
作者本人的創作心態，好在時過境遷，某些負面的聲音，已隨文藝美學觀的
調整而有了較持平的看法。〔註87〕

其八〇年代的文本〈我愛黑眼珠續記〉探討的面相更為複雜深刻。主線
之一是由社會運動的遊行示威所產生的失控場面，去質疑批判執政者與改革
者對理性認知與權力運作的態度，並思索著愛存在於現實行為或本質之間的
課題。「黑眼珠」在這篇文本中不僅是晴子的代稱，也是指那些為順應時空環
境的變遷，自覺或不自覺走上街頭的女性運動者的化身，但是在李龍第的心
裡，他所愛的「黑眼珠」仍只是存在他心目中一個純然女性的理想「本質」，

〔註87〕周寧〈論七等生的我愛黑眼珠──李龍第的信念與本性〉。他是站在維護七等
生創作理念的立場去批判當時文壇對七等生的負面評價；此文收於《我愛黑
眼珠》，七等生全集【2】，頁 321～333。

或許也是當年那份「隱密愛情」的延續。就文本的時空背景與情節結構而言，
這兩者本來可以毫無關係各自成篇的，但題目及人名卻將之連繫在一起，像
一條命運的鎖鏈，意圖使讀者從前篇「超現實」的想像中落實到「社會現實」
的情境上，有後現代文本的斷裂與混雜，更有後設小說的「框架」效用。

　　從心理分析的角度看來，「黑眼珠」作為七等生創作的原型，早已深化為
作者情愛的根源；「黑眼珠」會一再地出現在另一個文本中已不足為奇。如〈黑
眼珠與我（二）之「現況」寫「星期六晚上，我便牽妳走進旅店，叫妳暫時離
開那個整整剝奪妳一星期的時間的商店。」「黑眼珠，妳像這個城市中的幾十
萬女人一樣，從早到晚站在櫃檯或櫥窗後面，不止八小時站在那裡，整個酷
寒的冬天都如此，只為了換取維持溫飽的米飯。」（《我愛黑眼珠》，頁 311）
而〈我愛黑眼珠〉描寫李龍第「想著晴子黑色的眼睛，便由內心裡的一種感
激勾起一陣絞心的哀愁。隔著一層模糊的玻璃望出窗外的他，彷彿看見晴子
站在特產店櫥窗後面，她的眼睛不斷地抬起來瞥望壁上掛鐘的指針，心裡迫
切地祈望回家吃晚飯的老闆能準時地轉回來接她的班，然後離開那裡。」（《我
愛黑眼珠》，頁 173～174）因此，作者創造李龍第這個小說人物在災難中藉由
情愛的課題去挑戰平日所依恃的道德信念，透過某種宗教信仰的昇華，在面
對小我情愛與超我博愛的抉擇下，無庸置疑的，他選擇了後者；當下對李龍
第的思維而言，是毫無涉及職業貴賤與人我階級區別的。

　　從〈黑眼珠與我〉（1962 年）到〈我愛黑眼珠〉（1967 年），甚至〈我愛
黑眼珠續記〉（1988 年），三個不同的文本，原本七等生可以給它一個全新的
題目，讓讀者有一個全新的閱讀感受，那絲毫不會減損文本的豐富意涵；然
而它用了一個舊題目，延續舊情節中的一個線索（六○年代的一次大洪水把
李龍第和晴子沖散了），把前文本的兩個男女主角搬移到後文本之中，企圖將
六○年代與八○年代的時空斷裂用這個故事串聯起來，也使讀者在閱讀時不
由得要拿起兩篇文本來相互對照。對於〈我愛黑眼珠〉在六○年代所造成的
爭議，為此七等生曾先後三次撰文辯駁（見「維護」、「來到小鎮的亞茲別」、
「真確的信念」），〔註88〕周寧也曾給予同情的理解：

　　七等生的貢獻，除了找出一些在社會上常被人遺忘的，渺小卑踐遭
　　人嫌惡的角色，使讀者在這些平凡低卑的小人物身上，體會出一些
　　虛飾成習的社會裡所欠缺的赤裸地沒有矯飾的人性，以及那種富生

〔註88〕張恆豪，《火獄的自焚》序，頁 2，小草叢刊之 25，台北：遠行，1977 年。

> 命力的律動之外，我覺得最重要的是他紀錄了人性在屈辱中，人格
> 向上掙扎的歷程，他所追求的或許是企圖構建一種精神上的自由與
> 解脫的新形式吧。〔註89〕

這些正面的肯定毋寧給七等生很大的鼓勵。但以他一向我行我素的性格和孤芳自賞的態度，居然會跳出來為自己小說中的人物辯護，可見他有不吐不快的苦衷，以及對創作的執著與理念的堅持。但試問，在事隔二十一年後，〈我愛黑眼珠續記〉的書寫，七等生不避諱再去挑戰這個爭議的題目，難道沒有再一次宣洩自己的生命態度以及探索人生哲理的意味在其中嗎？或許成熟的七等生要用更能為人接受與了解的方式來達到他與讀者的互動交流。如林于弘說：

> 這兩篇作品雖然前後相隔二十餘年，但不論是在情節架構，或是在
> 人物性格與角色安排上，都有著異曲同工之妙。其中最大的不同，
> 便是在晴子思想表現和行為能力的轉變。在〈我愛黑眼珠〉中，晴
> 子的思想是庸俗貧乏，行為是激烈而不計後果，性格是模糊不清。
> 但到了〈我愛黑眼珠續記〉時，晴子的思想是先進細密，行為細密
> 卻又能考慮周詳，而性格的特色尤其細緻鮮明。〔註90〕

是否七等生有意在後文本填補前文本角色思想性格的不足，也呼應八〇年代女性主義與民主思潮崛起的事實，且又有意無意的以「五二〇」台灣民主抗爭運動的事件為架構？而這種對應現實的結構安排，似乎也有把前文本受到質疑最大的「超現實」情境落實到台灣最令人發燒的政治議題上，藉以宣示「我七等生何以不關心社會」的姿態。李瑞騰說：「七等生的小說一向有其一貫的表現主題，傾向於人性的探索。在〈續記〉裡，仍然是透過李龍第來表達對人性的看法。背景可能是五二〇，但也不必一定這麼看，七等生處理這場暴動，很像一篇『報導』，這可能會減低小說的藝術性，但小說沒有人規定要怎麼寫。」〔註91〕這場由淡江中文所在 1988 年所舉辦的師生座談會，是針對

〔註89〕周寧，〈論七等生的〈我愛黑眼珠〉——李龍第的信念與本性〉頁 332，收於
《我愛黑眼珠》七等生全集【2】，台北：遠景，2003 年。

〔註90〕林于弘，〈〈我愛黑眼珠〉〈我愛黑眼珠續記〉裡晴子的角色與性格的變化〉頁
55；《台灣文學評論》第 2 卷第 2 期，2002 年 4 月，頁 53～56。

〔註91〕淡江中文所在 1988 年 11 月 13 日所舉辦的作品解讀師生座談會，論題是：
〈洪水：在人性社會現實中滾動——七等生「我愛黑眼珠」及其「續記」的
討論〉，由陳明德記錄，其中李瑞騰是以老師身份列席。

七等生這兩篇小說的解讀，其中還有些精闢的論點，今天讀來對理解這兩篇
小說還是相當受用。譬如李瑞騰對七等生〈我愛黑眼珠〉的厚愛：

> 從「我愛黑眼珠」一直延伸到「續記」從六十年代到現在，我覺得
> 他是由「大愛」的幻滅轉而把握「小愛」。（顧蕙倩）

> 「我愛黑眼珠」作品寫在六〇年代，比較能進入個人內心世界去探
> 索，和時代文學的潮流不無關係；而在八〇年代，七等生經過二十
> 多年來的思考轉變，變化很大！寫作方向上可能會有所發展，即是
> 企圖把筆觸伸向社會現實，當然並不表示「我愛黑眼珠」裡沒有社
> 會現實……（李瑞騰）〔註92〕

即使在多年後的「台灣經典研討會」上（1999年），他對七等生還是持肯定的
態度：「這篇小說的成功之處，就在於七等生虛擬這個極具衝突的情節，他的
創意挑戰我們慣有的思維與一般世俗的道德。」〔註93〕

就文學符號學的視角而言，在人物符號的關係組合上，〈我愛黑眼珠〉所
建構的李龍第／亞茲別與晴子（黑眼珠）／陌生妓女的兩組二元對立的關係
型態也持續在〈我愛黑眼珠續記〉中展開；而作者的創作時空與小說人物的
背景時空也都有延展性。當然兩篇所處理的主要議題可以各自獨立，但作者
有意在題目上讓人將之視為延續性文本的企圖則昭然若揭；藉以印證七等生
對文體實驗精神的熱衷，也可看做是對文學創作與藝術追求的同一性。如岡
布里奇所說的：「畫畫是一種主動的活動，因此藝術家傾向於去看他所畫的東
西而不是畫他所看見的東西。」〔註94〕因此〈續記〉以前文本（〈我愛黑眼珠〉）
為創作藍圖的作法，應有形式的延續與創化的正面意義。可知前文本二元對
立的符號在〈續記〉中已轉化為：李龍第（亞茲別）／晴子（阿傑）的對應關
係。在此，李龍第與亞茲別已經不存在前文本之現實與夢境的斷裂，他們只
是一體的兩面，倒是多年不見的李龍第和晴子之間早已形成一道難以逾越的
鴻溝，在形如洪水來臨的人潮裡，漸行漸遠。如〈續記〉裡一段隱喻的描述一
樣：「夢與現實相距如此巨大，如此令人產生不適應的心理，使慣於旅行在高

〔註92〕淡江中文所在 1988 年 11 月 13 日作品解讀師生座談會〈洪水：在人性社會
現實中滾動——七等生「我愛黑眼珠」及其「續記」的討論〉紀錄。

〔註93〕李瑞騰，〈期待晴子而出現妓女——試論七等生《我愛黑眼珠》〉《台灣文學經
典研討會論文集》頁 92，台北：聯經，1999 年。

〔註94〕轉引自陶東風著《文體演變及文化意味》所引岡布里奇在《藝術與幻覺》一
書的話，頁 35，大陸：雲南人民出版社，1999 年三刷。

速路者恐懼駛出，使被圍限於鄉鎮奔勞者也害怕駛入。夢和真實原本在存有的範疇裡是合一的理想，而不是構成於意識的虛幻。」(《譚郎的書信》，頁192)這種情形就展現在李龍第與晴子的無形對話中：

> 「晴子，我雖清楚地看見到妳，但我缺乏自信認妳。妳當然是妳，但對我而言，好像妳已經不是妳。」
>
> 「我還能一眼就辨識妳，但妳的存在對我已經沒有絲毫的意義。」
>
> 「晴子，我是否該為那次的洪水而後悔？我相信我們是可以永遠在一起的。」
>
> 「我們過去是有一段貧窮的美好日子，但與現在相比，懷念它是相互矛盾的，最好認為它根本就不曾存在過。」
>
> ……
>
> 「晴子，假如我們能為了締造將來，過去是不能被我們忽略的，不是嗎？」
>
> 「我依稀記得我們一些過去的言談，那都是夢的話語，與事實連不起來。要不然，就是夢和事實混淆不清。我受不了你的善變。」(同上，頁202～203)

當李龍第帶著過去的回憶和一點點贖罪的心情來見晴子時，晴子已非當年的晴子：「想想我自己，我現在非弱女子，亦非過去觀察老闆臉色的店員。我鍛鍊自己站立起來，男人能做的，我們女人照樣能做，這是個人要求而成為時代需要的天地。你，李龍第，看來你還曾給我這個機會呢。可是，至今你還是那個差勁的角色，使人對你產生輕視。現在的時候，誰不為自己本身的權益走上街頭呢？現在的世界到處都是這個樣子，獨你是個例外。你酷像夢遊者，不知自己身置何處，亦不知道自己是否有生命。」(同上，頁204)在晴子的獨白裡，她認定李龍第還是過去那個不長進的李龍第，因此她幾乎沒有再給他任何表白的機會，便把他(在暴動中被自己人誤傷)交給年輕的阿傑看顧，等城市裡宵禁解除再送他出城。阿傑是誰？「晴子看著年輕的阿傑，心中擁起一陣不可抗拒的酸楚。」「他抬眼看阿傑，接著阿傑看他的眼光，那對眼睛好生熟悉，使他一時領悟過來。」(同上，頁209)李龍第竟然在年輕，受新時代教育下的純樸少年的阿傑眼裡，看到了他一直以來所尋找的「黑眼珠」；而當李龍第接觸到那熟悉的眼神時，已然明瞭阿傑取代了李龍第在晴子心中的地位。「阿傑」這個前文本沒有的角色，跟在前文本有卻在〈續記〉中消失

了的「妓女」置換，雖然兩者都只是配角，但卻在兩篇文本中扮演著舉足輕重的地位。

二、越界的異質之美

（一）詩性語言與怪誕風格的混雜

如果說「黑眼珠」是七等生創作的原型，其詩性語言也就成為他文體美學的特徵。蘇聯符號學家洛特曼（Yury Lotman）認為，詩的文本「飽含語義」，比其他任何言談凝聚更多「訊息」。「而且一首詩只能反覆閱讀，不是一讀即懂，因為它有些結構反覆咀嚼才能看出。詩充分催化符徵的功能，逼使文字在周遭文字的強烈壓力下發揮極致，從而釋放出最豐富的潛能。」〔註95〕但儘管詩或文學的語言獨特豐富，洛特曼並不以為它們可依其內在語言屬性加以界定。文本的意義不僅是內在的問題，它天生存在於文本與更廣泛的意義體系間的關聯。〔註96〕因此我們可以詩性語言與怪誕風格的混雜來概括七等生的文體現象，而這種混雜性的理論根源，或可從柏拉圖的〈斐德羅篇〉（Phaedrus）談起。柏拉圖指出詩人為一種癲狂，所謂「詩人狂」；即詩人具有異於常人的一種特殊的心理狀態。佛洛伊德更把藝術家與精神病患列為同一範疇，將藝術作為潛意識的流露。而德國的凱撒（Wolfgang Kayser）則從精神及心理動機來論怪誕。他認為怪誕所展現的是一種精神病的世界，或說是一種被疏離的世界。〔註97〕七等生的作品強烈呈現一種詩意的怪誕風格，是從其散文、詩及小說創作整體視之，其中小說文類更是混雜了這樣的特質。如〈我愛黑眼珠〉描寫李龍第的出場既神秘又憂鬱，且其內心世界與這個世界也極其疏離，而表現出來的行徑又悖離常情，包括為了保護及取信於懷中病弱的妓女而改名為「亞茲別」，以及否認與妻子晴子的關係等等，這些行為在平常人的眼裡都顯得荒誕不經。但就創作的心靈而言，這意味著藝術家個人的主觀世界或人格的混沌與反常的程度所呈現出來的獨特的心靈狀態。

一個藝術創作者絕非以反映現實世界為依歸，必具某一程度的變異或反

〔註95〕Terry Eagleton 原著／吳新發譯，《文學理論導讀》，頁130，台北：書林，2002 增訂二版。

〔註96〕Terry Eagleton 原著／吳新發譯，《文學理論導讀》，頁131。

〔註97〕以上關於怪誕的界定引自姚一葦，《美的範疇論》，頁290～291；台灣開明書店，1997。

常，當超出一般人所能接受的範圍時，便稱之為怪誕。〔註98〕七等生曾說：
「悲劇性的靈魂卻是來自遺傳，不快樂是我的宿命，每當月圓我會感到特別
的憂鬱，即使今日我能擁有人間的一切價值的事物，我仍然不會全然處於快
樂，因為烙傷已不能去除。」〔註99〕如果把文本視為作者心靈的圖象，則這
個獨特心靈就充分反映在李龍第這個角色的陰鬱氣質上：

> 李龍第看到汽車彷彿一隻衝斷無數密佈的白亮鋼條的怪獸急駛過
> 來，輪聲響徹著。人們在汽車廂裡喟嘆著這場不停的雨。李龍第沉
> 默地縮著肩胛，眼睛的視線投出窗外，雨水劈拍地敲打玻璃窗像打
> 著他那張貼近玻璃窗沉思的臉孔。（《我愛黑眼珠》，頁 173）

到了〈續記〉時的李龍第也還是一樣地沉靜孤僻：

> 由於鄰座的人想和他交談，使李龍第站起來，走出他的位子；他看
> 到後端猶有空座，就移到那裡孤獨地坐下。他傾身倚靠著座墊，沉
> 靜地緊閉著眼睛。車廂內一直有著談論的語聲，但他儘量不去聽聞。
> （《譚郎的書信》，頁 192）

一個與社會疏離孤獨的個體必無法承受台灣紛亂的社會現象，尤其是八〇年
代解嚴前夕黨派之間的政治鬥爭。李龍第一心只為再見晴子一面而往，但沒
想到卻碰上一場街頭遊行運動，他訝異在那樣的場合看到晴子如此的轉變：

> 晴子就在遊行的隊伍裡面，她是他們其中的一員。她在六〇年代那
> 種略帶稚氣和想法刻板的模樣，經過那次洪水的洗滌，已經變樣了，
> 現在她參雜在男性的行伍中，她的成熟和英挺比誰都更引人注意。
> 李龍第也看見她了。觀眾投以好奇和讚賞的眼光注視晴子，是因為
> 她這一時刻中的外表和行動意義，而真正能從一種深遠的記憶認識
> 她的，卻只有圍擠在群眾裡探頭尋視的李龍第。（同上，頁 194）

個人的認知與實際的狀況差距如此之大，以至於真假已經不能只憑眼見：「觀
眾所視的晴子的真，在李龍第的眼裡就是一種假；觀眾眼中所存在的真相實
體，於李龍第而言根本就是幻覺形影。」（同上，頁 195）當面對千瘡百孔的
社會現實已非真實，創作者心靈所反照出來的社會樣貌也是個扭曲變形的世
界。當然也有不少批評家視七等生的文體為寓言體，因其作品的超現實情節
有相當程度的象徵性：反映人類的生存信念，當處於非常狀態時，人性所能

〔註98〕姚一葦，《美的範疇論》，頁 297。
〔註99〕七等生，〈我年輕的時候〉；收入《銀波翅膀》，七等生全集【7】，頁 164。

發展的極限。這是一個藝術創作者往人類潛意識心理探勘的過程，同時也體現了他對非美——怪誕風格的偏好與追求。

（二）符號與意義的流動

七等生在〈我年輕的時候〉談到創作的歷程，他說音樂的知識和繪畫的技巧是他發展文學的踏腳石。「它們永遠賦給我在文學的世界裡具有美感的質素，永遠具有聲音的格律和動人的形姿，產生我個人的真正風格。我的文字是音樂的聲律和圖像兩種意義的結合，塑造出內在心靈和外在形象俱全的完整人格。」〔註100〕可見其文體本身就蘊含豐富的藝術性。對結構主義而言，每部文學作品表面上在描述某種外部現實，暗地裡卻是在窺視本身的建構過程。它們不只將一切事物當作語言重新思考，彷彿也把語言當作這些事物的題材。〔註101〕它們採用現代語言學大師索緒爾（Ferdinand de Saussure）以語言為一個符號系統，在「符徵」與「符旨」的差異中去探尋文本的獨特意義。但根據「後結構主義」的說法，意義其實並非立即現存於（present）符號之中。符號永遠牽涉到這個符號不是什麼，所以，在某一程度上，其意義永遠不會在自身裡。你也可以說，意義是零碎或散佈在整個符徵的鎖鏈中，它無法輕易敲定，絕對不是輕易現存於某個單一符號，而是一種現存（presence）與闕缺（absence）同時不斷閃爍的狀態。〔註102〕如果說「黑眼珠」是個符號，其意義也是變動不居的，它可以在各文本中穿梭與流動，因此解讀的過程就充滿了無止盡的追尋。陳麗芬說：「我相信唯獨不偏離七等生文本的不完整性問題，我們才能更直接地進入他小說藝術的核心。」她要我們去注意文本之間的連繫，去正視種種真實生活上無謂的細節痕跡。她說：

> 七等生的野心在於，一方面企圖將生活資料的零碎斷片轉化成一個虛構的藝術世界，一方面又強烈地希望以其純粹偶然的狀態展示原始經驗的強度。這兩股力量並不互相補足，相反，它們在敘述過程中是無從協調的，因此蘊釀成一種導致小說意義離散的張力來。〔註103〕

我們相信七等生對文藝創作的執著與獨特性，但它所展示的成果卻如同文本

〔註100〕七等生，〈我年輕的時候〉；收於，《銀波翅膀》，七等生全集【7】，頁164。
〔註101〕見 Terry Eagleton 原著／吳新發譯，《文學理論導讀》，頁133。
〔註102〕見 Terry Eagleton 原著／吳新發譯，《文學理論導讀》，頁162。
〔註103〕Terry Eagleton 原著／吳新發譯，《文學理論導讀》，頁162。

的意義一樣閃爍不定，令人難以捉摸；至少對一般的讀者而言，如果沒有長期對其文本的關注，可能容易陷入情節離奇與結構曲折的迷宮裡而追尋不到文本真正要傳達的意旨。

從七等生的「黑眼珠」系列的作品看來，他的文本大多以一個單薄荒謬的情節為線索，搭配一個設計巧妙的題目，在文字上的確不失其音律感與圖象性，如〈我愛黑眼珠〉中之黑眼珠、綠色雨衣、黑色雨傘、紅色茉莉花的尼龍傘、有葡萄乾的麵包、一朵香花、萬斤的雨水等，都是非常形象化的符號語碼，然而它們在文本中的意義又是不明確的，甚至有時是可以在不同的文本中流動的。而真正撐起文本架構的是敘述者的獨白與哲思，有時會逸離情節，如〈我愛黑眼珠續記〉的書寫，不斷地導引讀者要去回溯及推想現狀之間的關聯與歧異，然後再去思索文本釋放出來的哲學命題；但也不時添加新的議題，試圖干擾讀者對主題做出單一的解讀，使人墮入五里霧中，如同參與一場前衛的裝置藝術而瞠目結舌。

第四節　七等生文體的再檢視

一、小說的異質化

七等生說：「寫作是我的職志，孤獨不合群是我的本性。」（《銀波翅膀・歲末漫談》，頁187）綜觀七等生的文學成就，雖然在散文與詩方面創作量不多，但其實他平時最愛讀的就是詩，因此他不否認有批評家說他的小說是詩體寫成的話，但他認為，小說就是小說，與詩有別。即使他的散文也有詩歌的傾向，但他的重心仍擺在小說文體的創作上。張恆豪以為，七等生藝術的奧秘，即對於小說節奏的追求及語言脈動的講究。〔註104〕而這也就是為何他的小說會有詩化的傾向所在。而對七等生的關注，歷來多著重在他小說中晦澀的文句、混亂的情節、和獨特的形象上，〔註105〕尤其評論界對他的文體的「重視」程度，早期雷驤更大膽提出七等生故意大量驅使「異質素材」進入他的小說，目的是要安排一個歧途讓評論者陷入錯誤的思考，因此說他作品

〔註104〕張恆豪，〈七等生小說的心路歷程〉，收入《城之迷》，七等生全集【6】，頁392。
〔註105〕王靖丰，〈七等生小說中的特異修辭〉，頁57，南華大學文學所研究生學刊：《文學前瞻》第六期，94年7月，頁57～72。

本身具有「欺瞞性」，不值得文學批評學者架構工程去探討。〔註106〕此「異質素材」，是否就是廖淑芳所指，不同於其大部分為小說散文意述性的素材，如詩行、圖形、引文等，雖有待商榷，然而這的確是他早期小說形式的特異之處。例如他會在小說的敘述中特意加入一首詩，如〈隱遁的小角色〉中男主角亞茲別給心愛的女孩的一封信：

> 我心的世界
> 有一輪月光，
> 為黑巾包紮
> 棄于一旁。
> 走進殘秋的樹林，
> 自言自語地
> 成為孤獨的角色。
> 我向自然模仿，
> 扮成一隻山鳥；
> 只在山間盤旋，
> 為愛墮落犧牲。
> 再見，月光。
> 我的生命，
> 一片黑暗。

透過詩意，傳達一個孤獨的心靈就像被隱蔽的月光，嚮往山鳥的自由，但又隨時有為愛犧牲墮落的可能，增加作品憂鬱晦澀的氣氛；或是把詩鑲嵌在文中，如〈漫遊者〉因兩段英詩的加入，造成上下兩截，有深化題旨，詩意縹緲的感覺；另也有如〈俘虜〉及〈笑容〉，全篇以詩行來排列者；而〈巨蟹十〉在一場婚禮的情境描寫後加入一段議論，這段議論也以「逸出情節」的詩行形式排列；甚至在〈隱遁者〉中，透過主角魯道夫的隱形視角來觀看沙河（自己的生命）的過去與現在，也藉由對雀斑姑娘的詩和文，來表達他個人的主觀意念與哲學思考；文中一再出現洋洋灑灑的情詩共有五首之多。而在七等生中篇的小說〈城之迷〉中，也以主角柯克廉隨身攜帶的手記寫出一首嚮往自然思想的抒情詩；在〈兩種文體——阿平之死〉敘述者與阿平的書信對談

〔註106〕廖淑芳的碩論《七等生的文體研究》引雷驤的評論之言，頁1。

中，也不自覺地吐露一首有關春天的詩。(《一紙相思》，頁 151～152) 關於七等生在文體形式上的「怪異」表現，廖淑芳已從形式主義美學的「歧異」觀念，來肯定七等生在小說語言及異質形式上「陌生化」的美感。〔註 107〕然而這種把詩嵌入小說情節的手法，在中國古典小說中早已是慣技，非七等生獨創，何「怪異」之有呢？但我們卻可從七等生小說中不預期的嵌詩行為探尋到他對詩的抒情本質的嚮往。

　　平心而論，七等生怪異之處，多半是指語言（文法）的使用不合常態與邏輯，然而這種不合常態與邏輯的表現方式在詩體上是正常的，但在小說上則為反常彆腳，就像他剛出道時，曾被譏為「翻譯的文體」一樣。譬如以下幾個句子：「已經退役半年的透西晚上<u>八句鐘</u>來我的屋宇時我和音樂家正靠在燈盞下的小方桌玩撲克。」(《初見曙光·失業、撲克、炸魷魚》頁 3) 和「為時<u>半句鐘</u>的交通阻塞到這時終於暢通了。」(〈橋〉，頁 16)「即使在<u>半句鐘</u>裡事實上只推進了不到一百碼，也覺得它〔車子〕比別人聰明和神氣。」(《譚郎的書信·我愛黑眼珠續記》，頁 193，以上「　」之底線為筆者所加) 第一個句子多加幾個標點符號固然可以解決問題，但「<u>半句鐘</u>」三個字就不合常理，或說是筆誤也罷，但居然還接二連三的使用，且〈我愛黑眼珠續記〉已非他早期的作品，這應該有作者刻意或習慣性的理由，此點廖淑芳以「慣用語」來理解七等生之所以把「句」代換成「點」的用意所在。〔註 108〕除此之外，七等生在文句上擅長以「非人稱」（如以交通阻塞和車子）為主語，有凸顯所見之現象，也有把短句拉長的效果，因此有早期習見的翻譯文體之嫌，但這不全然是歐化句法使然，還包括七等生的文句素來有夾雜母語的傾向，〔註 109〕以及其小說常由現實出發，陡然轉入虛構的情境的一種恍若置身異鄉，或給人時空錯置的感覺。因此怪異的語句不盡然就此阻斷讀者的閱讀行為，有時反而帶來新意和好奇，正如穆可洛夫斯基說的：「『歧異』的手法目的在解除習常閱讀反應的自動化，使讀者重新體驗及思考事物」。〔註 110〕王靖丰更從廖淑芳的文體分析基礎，佐以修辭學的角度，進一步探索七等生小說中奇特的文句背後所帶出的心理強度與藝

〔註 107〕廖淑芳的碩論《七等生的文體研究》雖觀照的是整體風格牽涉到文學的關係結構，但也不得不從細部的文字表現方式及特質入手，這部分與文學語言的新變有關。參見該論文頁 17～18。
〔註 108〕詳細推論可見廖淑芳的碩論《七等生的文體研究》頁 76～77。
〔註 109〕從筆者數度對七等生的訪談得知。
〔註 110〕轉引自廖淑芳的碩論《七等生的文體研究》頁 265。

術美感。〔註 111〕他說，七等生有很多修辭相當具有創意，有些則令人匪夷所思，甚至有些是詭異恐怖。例如「他緊握她冰冷的手，拖拉著她，但貞沒有上來，她的手越拉越長，始終看不到她的身體上來。」（《僵局‧僵局》，頁 4）以及「一位依憑在對面一扇敞開的門邊的女人正在盯著他，那似乎是打著訊號的紅衣和臉上勾媚的陰影使他殘喘不安。」（《僵局‧木塊》，頁 158）「太陽光給每一朵雲塊的邊緣都染上凝血的色澤。」（《重回沙河‧木鴉、沙馬蟹和牛仔的故事》，頁 264）這類描寫之所以令人感到詭異恐怖，是因為敘述者的聲音相當冷靜，冷到令人毛骨悚然，而且帶有超現實及鮮明的形象化特徵。

七等生在〈歲末漫談〉中說：「有一位輔仁大學的學生批評我一首舊詩〈戀愛〉時說，我在散文和詩方面的創作似乎太少了。雖然我詩寫得少，但我平時最愛讀詩，因此也有批評家說我的小說是詩體寫成的，大致沒錯。但小說仍是小說，與詩有別。有人在閒聊中爭辯到底詩或小說何者更為藝術，我想他們的區別在於形式，只要寫得好就是最高的藝術，因為詩和小說各有各的不同構思的方法，也各有各的不同修養。」（《銀波翅膀》，頁 187）七等生早期的詩曾在《現代文學》及《笠》詩刊發表過，雖引起一些評論，但被認為「很奇怪」。〔註 112〕是否是一些非善意的批評讓他澆熄對詩創作的熱情？還是他更熱衷於小說藝術形式的表現？我想以他在三、四十年間對小說創作的投入和成績表現，比較他在十二年內只寫作六十八首詩的量而言，無疑已說明了一切。只不過他會因為詩寫得奇怪而退縮嗎？七等生的小說創作曾在早期被譏為「小兒麻痺體」、「怪異晦澀」等，不是有甚於詩作的「奇怪」之說要更嚴厲百倍嗎？他之所以捨詩而就小說，想必有比「讀者反應」更重要的深層因素在內，我們除了從文學心理學的角度去探索作家的創作心態外，〔註 113〕應該還有必要從文藝創作的形式去考量一個創作者的藝術選擇所形成的感覺結構，那可能匯聚了他的創作觀以及世界觀。如他說過：

> 小說是現在世界最為盛行和有力的文學形式的表現，不論題材如何，小說文體的雋永是它最具說服人的魅力，而它的構成來自於作者所採用的觀點，而一個作者的氣質決定了小說的精神；因此

〔註111〕 王靖丰，〈七等生小說中的特異修辭〉，頁 59，南華大學文學所研究生學刊：《文學前瞻》第六期，94 年 7 月，頁 57～72。
〔註112〕 鴻鴻，〈發現七等生〉頁 13，《現代詩》，《中央日報》，18 版 1993 年 3 月 12 日。
〔註113〕 〈歲末漫談〉《銀波翅膀》七等生全集【7】，頁 188。

> 要成為一個小說家就像要成為一個完人一樣的艱難,一半是天賦,
> 一半是後天的陶養。每一位想以創作小說為職志的人,都應朝這
> 個方向努力。我平日的心思,幾乎全都在此方向作思考,從靈感
> 的觸發到寫作的完成,精神完全集中關注在目標上,絲毫輕鬆不
> 得有人說會發高燒,是有點近似,因此作品寫成之後,身心都變
> 得十分虛空。〔註114〕

七等生一直以為「藝術尋求不同的途徑,應該是可以容許的。」〔註115〕因此他
的創作歷程雖然毀譽參半,但他對文壇始終抱持著冷眼旁觀的心理,而且練就
了一套自處之道,否則他也不會持續像苦行僧一樣踽踽獨行了三、四十年。

二、詩體的抒情化

歷來對七等生的研究,都偏重在他創作藝術的重心──小說部分,因此
對他的詩不是存而不論,就是合併入整體的研究中,並沒有對它作單獨的討
論。從他分散在全集裡的詩作統計,一共有六十八首,創作時間大約從一九
六四年至一九九一年之間,這是根據七等生詩作中註記的時間得知。(當然如
果再包括他在小說創作中有意無意所嵌入的詩句,數量不止就這些了)。這些
詩分別收錄於《僵局》、《銀波翅膀》、《重回沙河》和《譚郎的書信》等四個集
子中。〔註116〕

全集按時間先後排序方式,實在很難看出七等生在詩作上的整體成績。
對一個以小說聞名的作家而言,或許不認為有什麼不妥,而且詩單獨存在對
七等生而言可能也是不完整的,然而七等生曾經表示,其實他早年閱讀量較
多的是詩,所以在他的養分裡,韻律感佔得很重;更早在師範念藝術科時,
他幾乎整天捧讀惠特曼的《草葉集》,對於詩中意象繁多,覺得很過癮。不僅
如此,當時胡品清譯的《法蘭西詩選》中,像法國詩人梵樂希、阿波里耐爾、
波特萊爾及奧國的里爾克等人的詩作,都令他非常的傾心。當然,國內的詩
人也在他的閱讀範圍之內,就不在話下了。〔註117〕

〔註114〕靜宜大學中文所吳孟昌的碩論,《七等生小說研究──自我治療的書寫旅
程》,2006年6月。
〔註115〕鴻鴻,〈發現七等生〉頁13,《現代詩》,《中央日報》,18版1993年3月12日。
〔註116〕本論文第一章第一節。
〔註117〕鴻鴻,〈發現七等生〉頁13,《現代詩》,《中央日報》,18版1993年3月12日。

郭楓論及七等生的作品，直言與其說是小說，不如說是散文或詩，至少不是一般人觀念中的那種小說，他以為：「正如抽象畫所要傳達的純粹美感一樣，我們可以說，七等生的小說就像一片美麗的光影、一片朦朧的夢幻，不假解說，意在言外。他就是要以散文或詩般的美感，來表現他心理上的感受。」〔註118〕如七等生〈來到小鎮的亞茲別〉的經典名句：

> 亞茲別的頭顱在墜落的猛烈打擊下碎裂，急湍的水流從破裂的頭顱迅速拖出輕薄如紗的紅色絲帶。他仰躺在河中像一塊浮木般僵硬呆板，睜著善良呆滯的眼睛。亞茲別的神情是不再轉動他的眼球，以淡漠懷恨的表情凝視那遙遠無際的奇異的冷天。（《初見曙光》，頁282）

幾乎是以一種客觀冷靜的審美眼光，以及色感鮮豔的詩意語言來描寫死亡的意象。正如台灣文壇前輩鍾肇政對七等生作品的評論：「在這靈魂的顫動裡，一些在日常生活中常被忽略的事物都給他捕捉住了，於是表現出來的，係那樣不可捉摸地，莫名其妙地撼動讀者的心靈而與七等生之心弦起共鳴。在這兒，灰色和頹廢的色調都盡了它的能事，給作品憑添味道、色彩。」〔註119〕這種冷澀的色感正是早期七等生給人的印象。於是鴻鴻也說：「七等生的詩，或許不能與他的小說分開來看；讀他詩質風格的小說，也不應忽略他的詩作。」〔註120〕或許七等生在小說語法及情節結構上為人所詬病之處，在詩中恰成其勝場所在。詩人兼楊牧更進一步稱讚：「他的詩題材豐富，感慨頗深，對人生社會的批判十分尖銳，並且語言也現代而成熟。」並舉〈倒影〉一詩：「可以和三十年代以來最優秀的象徵主義或超現實主義作品分庭抗禮。」〔註121〕〈倒影〉一詩真有如此高度的藝術成就嗎？現將此詩抄錄如下：

> 黑木舟的
> 掌槳者撒網者的
> 火爐和鍋

〔註118〕郭楓，〈橫行的異鄉人〉，頁 24，收於張恆豪編《火獄的自焚》，遠景出版社，1977 年。

〔註119〕鍾肇政，〈文學使徒七等生〉，收於七等生《白馬》頁 6，遠行出版社，1977 年初版。

〔註120〕鴻鴻，〈發現七等生〉頁 12，《現代詩》，《中央日報》，18 版 1993 年 3 月 12 日。

〔註121〕楊牧，〈七等生小說中的幻與真〉，頁 364，收於《重回沙河》，七等生全集【8】。

蠟燭和杯盤

睡蓆和岸上

他們的女人

構成一群

逃闊

的

魚（《僵局・五年集》，頁 265）

楊牧說此詩之抽象趣味接近歐洲現代主義的風格，並以為女人的意象構成一組隱喻，化為水中倒影的一部分，──其實也是詩人心中的反射。〔註 122〕在此詩中我們一開始似乎看到一組長年停泊在水邊浪蕩不羈、杯盤狼藉的生活圖象，彷彿夢境一般閒散自適，但水中的倒影卻呈現最殘酷的真實，竟是他們的女人像是他們日夜追求等待的魚群一樣，倉皇地四處逃逸。這是多大的諷刺與辛酸？生命的荒謬與無奈就此揭開序幕，錯置在真實與夢境之間。詩人用很簡省的語言讓兩組意象產生對比衝突的效果，而詩的趣味與深度就在此顯現。然而詩人本身並不自覺是受到什麼流派的影響，他在回答鴻鴻問到是否受到當時現代主義的刺激或感染時說：「我倒是採取不同當時的表達方式來寫作。當時詩壇有強調不同主義的各種流派，詩的語言非常天馬行空，我寫不來他們那種『大氣魄』的詩，只能落實在較小的感觸，作意象的尋求，句子也比較口語，但仍是詩的語言。」〔註 123〕這是七等生自述最初寫詩的創作心態，從《五年集》的序中，不難體會到他這種以抒情為主的創作態度。

七等生最早的詩是寫於一九六四年的〈紫茶〉：「我妒慕的情火／不能比你更酸／我的心也需要／你來染紅」〔註 124〕；就像他自己所說的，早期的詩都還在外在意象間遊走，比較是嘗試、摸索之作。全詩只有四行二十二個字，以紫茶的色紅味酸來比譬戀人的相思之苦，意象的掌握恰到好處。另外像〈美麗〉小詩：「你是他／一定痛恨／有人用腳／踩踏你／人／不比／蛇／美麗」（《僵局・五年集》，頁 288）──用倒反的筆觸寫出人性的鄙陋。除了幾首看似即興之作的短詩外，七等生早期的詩還是偏向抒情體式的中長詩，例如〈黃

〔註 122〕楊牧，〈七等生小說中的幻與真〉，頁 365，收於《重回沙河》，七等生全集【8】。

〔註 123〕鴻鴻，〈發現七等生〉頁 12，《現代詩》，《中央日報》，18 版 1993 年 3 月 12日。

〔註 124〕此詩收於《銀波翅膀》，但在《七等生全集》的目錄中卻遺漏了。

昏〉一詩的末段:「啊黃昏,你再一次為生命閉幕／永遠扮著背景這個角色／你是我的眼睛望得見的／真實之夢／你是我最懼怕的死亡／你是陣陣徐來的涼風」(同上)——用具象化的方式把黃昏遲暮的心理恐慌點出,讓人不得不去面對;又如〈城堡〉一詩:「有一個時辰／這山城景色／專屬於憂鬱和幻想的男人／可是,那金色輪廓下／瀰漫的藍霧,出現在冬季的清晨」(同上)——詩中用反筆寫出心理的鬱結,像被閉鎖在內心的城堡一般。

雖然七等生自言不隨文壇各種主義思潮起舞,詩的創作以小我的感觸出發,但在詩的語言表現上,恰好與五、八〇年代的現代詩對現代性及前衛性的追求不謀而合,這或許可從那些早期令他心儀的詩人,如阿保里奈爾、波特萊爾、梵樂希等都是超現實及現代主義的詩人看出蛛絲馬跡,七等生的詩作中難免受到西方超現實主義的影響,就如學者奚密所說:「所謂影響並非單向的主(輸出)——客(輸入)關係,而總是牽涉到接受『過程中無可避免的主觀性(即使是不自覺的)之選擇和修正』。」〔註125〕據奚密研究所得,超現實可說是西方前衛藝術的最佳代表。其強調的主題是人的解放和精神的自由,並反對以中產階級為主導的社會制約與價值體系(包括藝術價值和品味),否定理性和傳統邏輯是唯一的真理。它一面承襲了浪漫主義對人性無限潛能的信心和對自由理想的追求,另一方面它同時接受象徵主義對內心世界和佛洛伊德的心理分析理論,以夢的潛意識的語言來呈現內在的現實,以反理性反邏輯來重現更真實的現實(並非形而上的現實),即所謂的超現實。其使用的主要技法巧包括自動寫作、催眠、拼貼(collage)、奇譎的暗喻、弔詭的意象(paradox)、黑色幽默等。〔註126〕奚密認為,五、六〇年代的台灣詩人對超現實主義的理論作品雖未見得有全面深入的認識,但是超現實通過個人的想像力的解放和心靈自由暗示一種美學和人生開闊與提昇的可能,這點對台灣詩人有相當大的震撼,〔註127〕而這和七等生詩中的精神是相一致的:

事實上我無需太過描述我是怎樣的一個人,我的作品已經完全表露

〔註125〕轉引自奚密對〈後現代的迷障〉(《當代》七十一期,1992年3月,頁66)的理解。見〈邊緣、前衛、超現實——對台灣五、六〇年代現代主義的反思〉,《現當代詩文錄》頁160,聯合文學出版社,1998年。

〔註126〕奚密,〈邊緣、前衛、超現實——對台灣五、六〇年代現代主義的反思〉,《現當代詩文錄》頁161~162。

〔註127〕奚密,〈邊緣、前衛、超現實——對台灣五、六〇年代現代主義的反思〉,《現當代詩文錄》頁163。

出我的人格的樣相。(《銀波翅膀·困窘與屈辱──書簡之二,頁 169》)
七等生曾為文自述:「只要我的心思馳入於我獨自擁有的幽深的樹林,陶醉於
潮聲和幻想便會將現實的一切忘得一乾二淨,您知道我習慣於此,因此自來
您就極少理會我,任我去自生自滅。」(同上,頁 178)於是我們可以隨著七
等生的作品中進入《僵局·禁足的海岸》,聆聽到海浪拍打岸邊的潮聲,也可
以看到整片的木麻黃樹林,在秋日的暮色中,展示自然的形姿;更看到他的
小說人物刻意褪去衣衫(象徵外在的束縛),浸入海水中享受片刻的自由與清
醒,他說「僅僅是一片寧謐就是我的聖地」(《銀波翅膀·無題》頁 215),十
足的沙河行者的形象,從他回鄉定居並在小學復職,撰寫《重回沙河》後,這
個海邊漫步的孤獨形象就越來越清晰;這大部分可以在他大量的小說作品中
發現,然而他的詩是來自心底最真實的聲音:「我站在沙丘的柔軟高頂蕭立凝
注/那聲音在白波的發生和幻滅間形成」(同上,頁 216),無庸置疑的,這個
「沙河行者」就是詩人七等生的人生寫照。

三、散文的透明化

七等生在《重回沙河》的最後一篇(八九、一切大致完成)中說:「這本
日記就是我的思想和心懷以及生活的記錄,由於新的里程的開始,所有過去
的已告一段落;當新的事物來臨的時候,應該向過往的一切告別,這個筆記
就到此結束。」(頁 208)這裡所謂新的里程和新的事物,意指生活空間的改
變,也就是新屋的落成。新屋的起建和落成,與這本札記的撰寫相始終,是
貫串這個書寫過程的重心之一。他不只一次表示內心承受前所未有的困頓和
壓力。如他在〈六二、理想的戀人〉說:「Spring 來,我帶他到工地看房子,
我對他表示這房子所帶給我的至今猶未完盡的折磨,也令我對它充滿期望。
他說這件事本來就不簡單,要有耐心。我心裏真想出遠門去做一次寬舒的旅
行,以洗淨內心經久積壓的沉悶。」(頁 147~148)而他在〈四四、藝術與家
庭的選擇〉中也說:

> 從來在我的生活裡就沒有像今年以來這段時間這麼匆忙過,雖然造
> 成心身俱疲的現象,但精神是好的。我想房子造好,一切就緒之後,
> 大概可以減輕一半的生活煩思和忙亂的情形,那時應該可以全力以
> 赴,我現在正盼望那一刻的到來。如果我能從學習攝影和做暗房工
> 作中獲得某些珍貴的樂趣,那麼我應該感謝 Spring 從頭至尾的贊

助。但我心裡矛盾得很，我又怕他過分地煩擾我（事實上他根本沒有），因為相隔幾百里路，安排見面很難獲得心安。如果我為要徹底做個藝術家而放棄家庭，目前這事我決不可能做考慮。（《重回沙河》，頁100～101）

這是一個從事藝術工作者的心理表白，如果經濟上沒有辦法獨立，心靈就很難獲得自由。他在〈七七、持久而中庸的哲學〉中也說道：「自回通霄，當一名鄉下的小學教師之後，這十年來充滿了內心反抗的掙扎，尤其在今年裡，我感到心智上無比的頓挫和憂悶的絕望的打擊；……」（同上，頁186）可以感覺到一顆苦悶的心靈像隨時要爆破的漿果，在枝頭上搖搖欲墜。

他把希望寄託在新屋落成後，有一獨立的創作空間，可以擺脫現實的紛擾，尤其是家庭給他的憂慮，其中最關鍵的因素就是夫妻關係的冷淡。他在〈六三、感覺祂在〉中寫出妻子（尤莉）在看過他日記本之後的反應，〔註128〕她對他表示，她了解兩人的感情只維繫在表面的關係上，也能明瞭他生活在此境的痛苦心態；而他只回應說兩人都疲倦了，多說也無益，最好是他離開通霄或離開台灣，但又怕她不能明白這話中的含義，所以他在日記本裡吐露最沉痛的心聲：

她一向對我的失望是因為我還另有所愛，現在她表示對我絕望。我與她的感情目前是保持平和狀態，一種家庭生活的不可分離的需要，除了這個，我的心是灰灰冷冷的。整個生活造成這種平淡關係，原因是由長遠而來的，不能輕率的說這是誰的錯。最早在我的心性還很單純之時，她對我的冷淡是我心中的一項打擊，我還記得當時的每一個細節，以及我在失業時所過的疼痛生活，這一切都在我的作品中可茲佐證。這一切都已過去，只留下一顆冷冷和怨煩的心。

（同上，頁153）

但是在現實還不能做出果斷的分居決定前，只能維持這表面的關係。直到《中國時報》副刊對這位半隱居的作家做出大篇幅的報導，在一個平凡的鄉間小鎮，突然引起了大騷動，也直接衝擊到他的家人。七等生用「大意外」為題在日記上記錄這個事件：

〔註128〕不管是前一年（一九七九年八月二日）開始撰寫的〈譚郎的書信——獻給黛安娜女神〉或是當時正在撰寫中的〈重回沙河〉，七等生都是以日記的形式來書寫，且都是以極私密的方式來呈現內心的世界。

時報副刊在大前天（十日）登出我寫的〈再見書簡〉，這是我約在半年多前寫給讀者的覆函，我會寫出這篇書函導因於時報編輯一再地來信表示關懷並轉達讀者的問題，當時我寄出後許久都未見刊出，也未獲得他們有什麼表示，我以為他們大概以內容不當而作罷了，沒想到會在這時突然以大標題宣告出來，並同時刊出黃克全的論文（精神與自然）討論我在小說中的男女關係。我萌生退意原是我個人的事，現在成為招搖而甚覺不安。讀者的猜疑和誤解是必然的，葉先生的來信已顯示這個問題來，甚至懷拙的同學亦對他做出譏諷的姿態，我觀察尤莉，她的深沉表情也反應出來，我更覺得我在我工作的學校無法自持安寧。整個事體實在太出人意表，我的內心充滿著沉痛。（同上，頁191）

一個小說作家過去因為文類的關係，彷彿身上塗上一層保護色，但現在以散文的筆調書寫，又是以書簡的方式示人，好像把自己攤在陽光下，整個身軀變得透明化，難怪帶給他莫大的困擾。因為他這篇〈何必知道我是誰——再見書簡〉一登，等於是藉媒體公開宣告自己的退隱狀態：

自我前年發表最後一篇小說〈銀波翅膀〉之後，這一切（筆者按：指過去的污蔑和毀謗）都已消逝而與現在的我無涉了；我心中的主角，他的命運不屬於人類，已歸給自然了。現在有誰再說什麼，我更無動於衷了；我看透了這些世象，我不必再寫作發表，以釀成更大的誤會；自那以後我開始以日記記錄我在現實中發生的事，和對未來的瞻望。〔註129〕

不知情的讀者和藝文界人士難免會感到愕然，甚至會有沽名釣譽之譏；而媒體以聳動的標題處理版面的方式，並未考慮當事人的感受，可想而知當時在平靜的小鎮所掀起的波瀾會有多大，以及他極欲將自己封閉得更孤獨和寂寞而不可得的痛苦會有多深了。而此際他的新屋也剛好落成，本來他還在猶豫是否搬遷過去，因他心裡一直嚮往要過單獨生活。於是他在札記上寫道：

我想整個問題所在是我和尤莉間的猜疑和難以和樂的生活，我一直不能釋懷過去和她之間的爭執，只有分開生活是唯一的途徑。我想她也有同樣的想法，目前維持家庭的完整是越來越無法堅持了，我

〔註129〕七等生，〈何必知道我是誰——再見書簡〉，中國時報八版（人間副刊），1981年，1月10日。

　　和她的心都已冰冷死亡。她不只一次對我這樣明白表示，我同樣提

　　起精神來製造家庭的快樂，我們過的是沉痛的生活，唯一存在的是

　　我們並未放棄和孩子生活的責任，並且都以照顧之心來教育孩子，

　　給他們生活的溫飽。（《重回沙河》，頁 191～192）

使他無法從既世俗的婚約出走的原因當然是對孩子的教養責任，而另一個使他憂慮的因素則是母親的狀況。這些世俗人情的牽絆都赤裸裸地呈現在他的日記體的散文書寫中。

四、書信體的小說化

　　對七等生這樣一位「內視型」的作家而言，他越往內在世界去探求生命的意義和自我的價值，越容易感受到自我的意願或欲望受到阻礙，而且通常會把這種阻礙投射到一些外在事物上，換句話說，自我會責怪上帝、經濟狀況、上司，或婚姻伴侶，認為他們對所有妨礙自我的事都有責任。〔註130〕作家的自處之道之一當然是藉書寫來尋找抒發的管道，但他文字表面雖然寫著：「不能創作，就享受生活罷，不要把自己逼向絕境。」（《重回沙河·重回沙河之五六、讀者》，頁195）然而內在的焦慮和質疑卻與日俱增：「我明白現在生活情緒的低潮和灰心的狀況，做任何事對我而言都十分困難。近年來我對自己破壞得十分碎散，我因懷疑而把自己去失了。」（同上）過去他刻意透過文本來包裝自我，以不同的角色，不同的姓名來呈現自我的存在與欲望，但當他越想維護自我的完整性時，卻感受到空前的崩解。

　　日記的書寫和披露，是一項轉折，在《重回沙河》之前的《譚郎的書信》，甚或更早的《耶穌的藝術》，但因為《耶穌的藝術》有信仰的外衣存在，掩飾了他部分裸露的自我；《譚郎的書信》則像一顆手榴彈，炸開了他欲蓋彌彰的堅固營壘（自我的感情世界），然而因為它被歸類為日記體小說，雖然出軌的感情引人遐思，但還是有一層保護膜；然而《重回沙河》的出版，使他的退隱更加神秘而引人好奇，且涉及到作家最私秘的情感空間，因此讀者與評論者不得不轉移注意力至創作者私人的情感世界，這並不令人意外。至此如果作家本人還固執地刻意要去維護私人生活的完整，且為文強調個人生活的平凡無奇，甚至指責讀者過份地關心，這是作家與讀者認知上的差異，恐怕會造成二者在交流與對話之間的衝突。《譚郎的書信》雖出版於一九八五年，但撰

〔註130〕卡爾·榮格主編／龔卓軍譯，《人及其象徵》，頁 197；台北：立緒，2000。

作的時間應該就在這本札記的前一年，因為札記〈九、主題〉上說：

> 我心所繫懷的多樣感情，可能是造成腐蝕我的精神的唯一因素，我
> 是否要將它們完全摒除呢？想到這層問題，我的左肩胛又在發酸發
> 痛，我的精神是否要為它的崩塌而承擔著呢？有報社的人來信慰問
> 我的病情，當我見到內容時十分的訝異，我在惱怒著誰在散佈這個
> 謠言，說我在去年底病得很嚴重，除了我自己，我從來不向人宣訴
> 我有什麼病痛，除遠在美國的 Diana，我不向近在臺灣的人說出我
> 有病情，我那時給她的信說出了我的精神和肩胛的痛苦，現在則因
> 改換工作性質有了好轉。〔註131〕

於是我們不得不去關注這本札記中還有一些令七等生「魂牽夢縈」的人物的
存在，也就是構成這本散文書寫的另一軸心——感情的告白，不管他（她）
們是虛擬還是幻影，或是真實存在，他（她）們都像一顆未爆彈，使他原本不
甚和諧的家庭生活、夫妻關係蒙上了陰影：

> 尤莉又在為我的情感的事鬧彆扭，她詢問我高雄女友的事情，我說
> 是朋友，不是愛人。尤莉要我帶她到家裡來，我說不可能。我不得
> 不坦直的說，在高雄根本沒有所謂愛人，有的只是我個人的幻想。
> 幻想是不實在的，因為在現實裡根本沒有那樣的人會自認她是我的
> 愛人。這是實情，也就沒有再解釋的必要了。（《重回沙河》，頁 196）

我們的確在文本中看到作者對愛的渴求，以及滿紙的相思，如果說這是一廂
情願的想法，或是自戀的存在，那已經超出散文書寫與讀者之間的默契；一
場家庭的僵局絕少是單方面的無理取鬧或無的放矢，作家也不能藉書寫的理
由來逃避問題，因為儘管只是單方面的幻想行為，也可能在精神層面造成另
一半極大的傷害和不安。譬如札記〈六四、為我而發生的〉中即道出他與黛
安娜之間的關係：

> 當我通過臺北火車站的剪票口走向候車的月台時，我走去的方向正
> 是一年前此時我和黛安娜在此告別的地方，她把我拉到堆積行李的
> 角落，並要我吻她。我拿出手記簿翻出她家的地址，極想打個電話
> 過去詢問她今年是否已從美國回來渡假。我沒有她的信息已有半
> 年，前半年我幾乎每兩星期給她一封長信，她也照我們的約定回信

〔註131〕《重回沙河》頁 24，另於《譚郎的書信》頁 27，也有一段關於譚郎婚姻生
活的表白與陳述。

給我，然後在年底時我因精神狀態的危機而中斷了。我此時想像她可愛的臉和壯碩的身體，但我覺得已經過去了，實在沒有必要打這個多餘的電話，她回不回來似乎與我已不會有任何的關係了。（同上，頁 157）

這個令譚郎神魂顛倒，奉為愛神的黛安娜，竟然隨著書寫的中斷情感也就消失，實在令人費解，或許她只是為了書寫而存在——書寫自我或自戀書寫的策略之一，[註132] 唯有當作者再次轉移愛戀的對象，情感的割捨才能如此明快。如札記中作者不只一次喃喃道出對 G.L 的愛戀：「有關 G.L，現在幾乎佔滿我的心。」「給 G.L 寫信。」「我找時間給 G.L 寫信，目前他的存在佔滿我的心，但我自覺他是個更難以和諧的人，我對他的企求是無由的，我們大都深知困難所在，可是我是個很頑固執著的人，我不願放棄這份發自內心的企求，除非毫無進展和顯示能為止。我渴慕他能和我在一起的快樂，我懷疑為何我的需求總發生在複雜難解的事體上。」（〈開始上路了〉，頁 19）「現在我不敢對自己提起 G.L，他才是我目前內心中困擾的中心。」（〈十七、憂鬱的魂魄〉，頁 42）「週六匆匆趕到高雄想見 G.L，不巧他已先有約會，我一個人單獨在旅店的餐廳吃晚飯，約在八時他來了，似乎喝了不少酒。每當我和他對面交談，我發覺他那變幻不定的情緒總在許多問題中作梗，我更感覺他有許多心理問題，比我所能想像的更為複雜，使我和他永遠沒有和諧的可能。」（〈四七、心中的愛人〉，頁 106）「我想睡時，他打電話過來，他的聲音變得十分蠱惑我，使我急速地向地獄下沉。只有相隔著某種距離才能聽到他較為柔美的語聲，彷彿一個悲傷的婦人的飲泣般令人心碎。」（同上）「G.L 在十一時才來，穿著牛仔褲短袖洋衫。他告訴我一些高雄的消息，我根本沒有多大的興趣。我問起老莫，他說老莫的妻子和兩個兒子也在週六從台中來，他陪他們去玩了。我表示不要讓老莫知道我來。……我們去吃午飯，再回到房間裡來，我們的不諧和又上升了。他表示他心中的愛人是老莫。我早有懷疑，現在他親口說出來了；我也認為像他的個性，必定會欣賞老莫那樣洒脫的傢伙。」（〈心中的愛人〉，頁 107）這些點點滴滴的情愫，流露了一個中年男子

[註132] 如胡錦媛，〈書寫自我——《譚郎的書信》中的書信形式〉，《中外文學》22卷 11 期（總 263 期），1994 年 4 月；後收入張小虹編，《性／別研究讀本》，台北：麥田出版，1889 年，頁 61～94；楊照，〈「自戀書寫」中完成的自我——重讀七等生小說《思慕微微》〉，收於氏著《在閱讀的密林中》，台北：印刻，2003 年。

在既定的婚姻模式之外，尋求秘密戀情的渴望與內心的衝突；不管是黛安娜或 GL，其實都反映了他內在欲求的不滿。

然而出軌的感情雖帶來生命的動蕩不安，但卻也是藝術創作的養分。就像〈隱遁者〉失去了雀斑女郎的愛，卻成就了創作的「美感」一般。七等生在〈十一、感情包袱〉中說道：

> Spring 見到我時說，他活著似乎沒有佔住空間，他是指在假期中沒
> 有辦法見到我，而有自棄的作為，結果有人找他去賭博，他就在這
> 樣的情形下喪失了不少的時間和金錢。我說我很想摒除所有的感情
> 包袱，他說不可能，承載雙重的感情是我真正的命運，如果沒有這
> 些凡俗之物，我就不可能滋生思想和創作。藝術的創作大都是受感
> 情的支配而形成特有的風格。(《重回沙河》，頁 28)

七等生認為，他真正嚮往的是自由的愛，家庭的束縛和情人的纏絆都是造成他精神苦痛的因素。那麼他對自由的定義是什麼呢？是指原真的生命欲求嗎？他以為原真的生命早已沉落淵底了。如〈十二、自由的靈魂〉中說：

> 今天的忙碌使我未能用拍攝加以記錄風雨加給自然界事物所呈露
> 的形態，借用拍攝的工具來呈現我的本質，可以說隨著時空在加增
> 著發生，但我的思想所觸及的，卻不能將它一一表現出來，一次又
> 一次的錯過了機會，這都是生活的限制使靈魂不能獲得自由，不自
> 由的靈魂就不能創作所謂藝術。(同上，頁 29)

雖然他的靈魂常徘徊在藝術與家庭之間，但這些凡俗之物卻也成就了他的宿命和風格的形成。

在住進新屋前夕，他心裡盤算如何佈置一間專屬自己讀書寫作之屋，並可以過類似單身的生活，但尤莉的疑問眼光再度使他遲疑。他說他並非沒有自信，卻擔慮著後果。家族的人幾乎沒有人支持和鼓勵他，讓他覺得可悲和被孤立。(同上，頁 202)住進山畔新屋後，作者對新的生活懷有很高的期待和興奮之情，期盼山居生活帶來全新的開始，所有的憂慮和不安從此消失，並重建自我的信念，也期望能重拾寫作和讀書的工作，以及完成一些之前未能達成的事。因為過去例行的家庭生活已經使他變得怠惰，思想趨於僵化，除了做不完的瑣碎工作外，就是無聊的呆坐，因此易受外來的引誘而浪費時間，唯有獨處才能集中精神，重新產生創發的力量。他說：

> 生命的存在經由沉思觀照而獲得，在這樣的思想裡，所有生活細節
> 的重憶會變得有意義，並從中撿起和加以組織成為一種創見的形
> 式，這是創作生命之所由來的途徑；……（同上，頁 208）

他以為這一年所擔的苦而換得的獨處，以及在建屋的過程中所顯露的焦慮和
折磨，都能在今天呈現可貴的代價。事實上，這段新屋時期，的確有來自各
地藝文人士的關懷與專訪，稍稍撫平了作家因家庭的不和諧所造成的緊張以
及日以顯著的創作疲態，而這二者可能是互為因果的關係。

在《重回沙河》之後又有《一紙相思》（1996 年）的出版，是七等生繼《兩
種文體──阿平之死》（1991 年，圓神）後的另一部作品。〔註 133〕其中〈思
慕微微〉與〈一紙相思〉都是以書信獨白體的形式表達對一女性的傾慕、關
切以及個人哲學（愛情）思想的沉澱與生活實踐的雜感。二篇在形式及內容
上毫無差異，前者可說是後者的延續。此兩篇可與其同集中的〈讀《寫給永
恆的戀人》手記〉、〈愛樂斯傳說〉作對照。在文本互涉中，落實於七等生對書
信體形式的熱衷與追求。東年在此書的評介中質疑其思想，對信中有關女子
的回憶偏重肉慾，幾乎沒有精神方面的印象不以為然，認為這是一個漸入老
境的靈魂去戀慕一個青春美妙的身體，企圖挽回逝去的青春和愛情，但顯得
何等焦躁與暴烈的表現──「這應早已歷經不惑之年的男人，必然也會喪失
自我、自由和愛的真諦。」於是他以為「迷失的人無法找尋迷失的他人」，且
為那年輕的女子，能夠脫離魔咒而慶幸。〔註 134〕然而阮慶岳卻認為，書信體
的風格讓他再次拋棄掉傳統小說中藉由虛構人物與情節來述說的手法，類似
蒙田般直接對話的形式，再一次挑戰了小說本身需要「故事」才能存在的傳
統章法。他肯定：「這樣的對話，並不只是對著他珍愛的菱仙子，也同時是對
著他自己（如同他大多數作品中自我傾訴的特性），以及更重要他所意識到存
在卻隱身的讀者們。這種有如對著自我獨語，又有如對情人喃喃自語，卻其
實是對著全人類說話的複雜性，使這樣的書信體格式，展現出一種極大的企
圖心。」〔註 135〕

〔註 133〕一九九七年商務版題為《思慕微微》，包括情書二題（〈思慕微微〉、〈一紙相
思〉），小說二則，筆記三出，總共七篇。
〔註 134〕東年，〈迷失的人無法尋找迷失的他人〉，《聯合報》47 版，1997 年 10 月 13
日。
〔註 135〕阮慶岳，〈永遠現代的作家──七等生〉，《中央日報》22 版，1998 年 7 月 24
日。

小結

本章以「『黑眼珠』的隱喻空間為題」，即是要掌握七等生藝術形式轉化的關鍵，從他的文體初探出發，掌握其創作與出版、早期文體風格的形成、創作型態與創作理念，並以他最受矚目的「黑眼睛」系列作品的文體特徵和文本互涉來觀看他的形式美學，進而對其文體重新檢視。其長達三十五年的創作歷程就像一條河，一條與其生命歷程相始終的一條河，流淌過其生命的高原與低谷，發出滔滔的吼聲，但其實大部分都是處在泥沙淤積的狀態，除了淺流潺潺細訴外，就像故鄉通霄的沙河一樣，已不復童年記憶中的清澈與盛況，更無明顯的分水嶺，但卻跨越了文壇的幾個世代。於是筆者依其生平漂流的足跡，對照時間與作品的特色，試著將他的文學歷程區分為早、中、近三個時期。並根據其已出版的《七等生全集》（2003 年遠景版）及未收入其中的藝術創作，做簡要的創作類型與文體的分類。

早期七等生以〈我愛黑眼珠〉（1967 年）受到文壇的矚目，他虛擬的超現實異境和衝突情節的創意，挑戰了我們慣有的思維和世俗道德。但當這篇小說倍受文壇的批評和指責時，他已隱約嗅出其中派系的對立氣氛。在心灰意懶之下，加上他在台北謀職的不順，加速他離開《文學季刊》，且從此不再和其他作家熱切交往，並造成他從城市返回鄉下任職的最主要原因。當我們重新以空間的角度來思索〈我愛黑眼珠〉這篇小說所帶來的場所〔註136〕意義時，我們發現七等生為了突顯「人的存在便是現在自己與環境的關係」的理念與議題，他把人生的場景以一場災難的形式縮影在城市的屋脊之上，下面是滔滔的洪水，幾乎沒有退路。當時，他為了保護無意中救助的虛弱女子，即便聽見妻子在對岸呼喊，也硬生生地否認自己是他的丈夫的事實；這個場所（屋脊）意義因為一場洪水而產生了價值，也因救助的舉動，而提昇了高度。

其實早在〈我愛黑眼珠〉發表之前，初出茅廬的七等生就曾寫下第一篇以「黑珠」為名的系列作品──〈黑眼珠與我〉（1962 年），其所書寫的空間場景正是七等生在九份國小與「黑眼珠」相處的經歷；「黑眼珠」是他對當時

〔註136〕此「場所」的意涵是轉引自顏忠賢:「『我們存在中經驗到有意義事情的焦點』唯有在特定的場所脈絡中，事件和行動才有意義。因此以場所作為對象，場所基本上具有固定的位置及可資辨認的形式。」（Relph，1976：40-41）見顏忠賢，《影像地誌學──邁向電影空間理論的建構》，頁 52，台北：萬象，1996 年。

一個五年級女學生的暱稱，〔註137〕九份的街道、風土和山色都在字裡行間與「黑眼珠」的互動交織成一篇文情並茂的小品散文。而在〈我愛黑眼珠〉之後又有〈我愛黑眼珠續記〉的出現，前後文本的關連，可以看出七等生對「黑眼珠」的意象情有獨鍾，可以視他創作的原型，也是他靈感的泉源。他在初出茅蘆時以世界大師的名作《普拉特羅與我》為模仿對象，除了個人喜愛的因素外，顯然具有國際的視野和企圖。

在其文體風格的實驗性與異質性上，由七等生最受矚目的「黑眼睛」系列作品入手，從散文〈黑眼珠與我〉的文體特徵到小說〈我愛黑眼珠續記〉的文本互涉中，我們得知這位在台灣現代主義文風瀰漫下創作力豐沛的現代作家，其文體風格〔註138〕的確十分陰鬱晦澀，以〈黑眼珠與我〉這樣一篇極其詩意眩目的文體特徵看來，不論其形式的延展或內容的互涉，隱約循著一條荒謬離奇的情節在發展，卻又在符號與意義的追索中，看到其流動的痕跡；若從「越界」的觀點看來，它實際含涉了詩性語言與怪誕風格的混雜，以及前衛藝術的異質之美。

綜觀七等生的文學成就，雖然在散文與詩方面創作量不多，但其實他平時最愛讀的就是詩，因此他不否認有批評家說他的小說是詩體寫成的話，但他認為，小說就是小說，與詩有別。即使他的散文也有詩歌的傾向，但他的重心仍擺在小說文體的創作上。張恆豪以為，七等生藝術的奧秘，即對於小說節奏的追求及語言脈動的講究。〔註139〕而這也就是為何他的小說會有詩化的傾向所在。而對七等生的關注，歷來多著重在他小說中晦澀的文句、混亂的情節、和獨特的形象上，〔註140〕尤其評論界對他的文體的「重視」程度，早期雷驤更大膽提出七等生故意大量驅使「異質素材」進入他的小說，目的是要安排一個歧途讓評論者陷入錯誤的思考，因此說他作品本身具有「欺瞞性」，不值得文學批評學者架構工程去探討。〔註141〕此「異質素材」，是否就是廖淑芳所指，不同於其大部分為小說散文意述性的素材，如詩行、圖形、

〔註137〕附錄四之一：【七等生專訪二】，2005年11月6日。
〔註138〕詳細論述可以參見陳季嫻《「惡」的書寫——七等生小說研究》第一章第二節〈七等生作品風格概述〉，彰師大國文所碩論，2003年。
〔註139〕張恆豪，〈七等生小說的心路歷程〉，收入《城之迷》，七等生全集【6】，頁392。
〔註140〕王靖丰，〈七等生小說中的特異修辭〉，頁57，南華大學文學所研究生學刊：《文學前瞻》第六期，94年7月，頁57～72。
〔註141〕廖淑芳的碩論《七等生的文體研究》引雷驤的評論之言，頁1。

引文等，雖有待商榷，然而這的確是他早期小說形式的特異之處。

歷來對七等生的研究，都偏重在他創作藝術的重心——小說部分，因此對他的詩不是存而不論，就是合併入整體的研究中，並沒有對它作單獨的討論。全集按時間先後排序方式，實在很難看出七等生在詩作上的整體成績。對一個以小說聞名的作家而言，或許不認為有什麼不妥，而且詩單獨存在對七等生而言可能也是不完整的，然而七等生曾經表示，其實他早年閱讀量較多的是詩，所以在他的養分裡，韻律感佔得很重；更早在師範念藝術科時，他幾乎整天捧讀惠特曼的《草葉集》，對於詩中意象繁多，覺得很過癮。雖然七等生自言不隨文壇各種主義思潮起舞，詩的創作以小我的感觸出發，但在詩的語言表現上，恰好與五、六〇年代的現代詩對現代性及前衛性的追求不謀而合，這或許可從那些早期令他心儀的詩人，如阿保里奈爾、波特萊爾、梵樂希等都是超現實及現代主義的詩人看出蛛絲馬跡，七等生的詩作中難免受到西方超現實主義的影響。

對七等生這樣一位「內視型」的作家而言，他越往內在世界去探求生命的意義和自我的價值，越容易感受到自我的意願或欲望受到阻礙，作家的自處之道之一當然是藉書寫來尋找抒發的管道，日記的書寫和披露，是一項轉折。透過文本，他將自我的感情世界赤裸裸地攤開，就像破敗的舊屋不能住人，他必須搭建新屋重新整頓自己再次出發一樣，因此他所有的文本都是自我塑造的工程，且展現極高的自傳性，文體介於散文和小說之間擺盪，彷彿披上一層神秘的面紗。如《重回沙河》、《譚郎的書信》和《耶穌的藝術》等。其中《重回沙河》的出版，使他的隱退更加地神秘而引人好奇，且涉及到作家最私秘的情感空間，而《耶穌的藝術》因有信仰的外衣存在，掩飾了他部分裸露的自我；《譚郎的書信》則像一顆手榴彈，炸開了他欲蓋彌彰的堅固營壘（自我的感情世界），然而因為它被歸類為日記體小說，雖然出軌的感情引人遐思，但還是有一層保護膜。阮慶岳認為，書信體的風格讓他再次拋棄掉傳統小說中藉由虛構人物與情節來述說的手法，類似蒙田般直接對話的形式，再一次挑戰了小說本身需要「故事」才能存在的傳統章法；這種有如對著自我獨語，又有如對情人喃喃自語，卻其實是對著全人類說話的複雜性，使這樣的書信體格式，展現出一種極大的企圖心。〔註142〕然而現實的生活終究

〔註142〕阮慶岳，〈永遠現代的作家——七等生〉，《中央日報》22 版，1998 年 7 月 24 日。

不敵幻想世界的單純美好,太多生活的齟齬令人煩心無奈,只得再次逃遁,
向神發出禱告的呼求是一種解脫之道,但在其中卻充滿著喃喃自語與信仰的
獨白。

第四章　城鎮的召喚與失落——
　　　　七等生的自我隱退與主體追求

　　從前一章對「黑眼珠」隱喻空間的探究與文體的再檢視，發現「黑眼珠」
不僅開展了七等生的創作空間，也隱含了他秘密的愛情，是他早期文學中極
為凸出的創作意象；而他作品的不完整性和前後文本的「互涉性」，也讓符號
在意義中流動，成就了他文體越界的異質之美。本章主要處理七等生結束漂
流歷程返回通霄後創作中期（1971～）的作品，如《削瘦的靈魂》、〈精神病
患〉、〈散步去黑橋〉、《離城記》、《城之迷》和〈隱遁者〉等反映城鄉時空變遷
和城鎮意象為主體的作品；以「城鎮的介入與抽離」為題，即是從七等生「城
堡」的意象出發，看他在如何在透過「幻想」構築的「王子城」裡堅持守候，
憑弔自己的憂鬱與孤獨：「有一個時辰／這山城景色／專屬於憂鬱和幻想的男
人／可是，那金色輪廓下／彌漫的藍霧／出現在冬季的清晨」（《僵局·五年
集》，頁 283）以及如何從最真實的自我：以「石屋疊砌」，周遭散落著「粗石、
積牆、瓦礫和垃圾」（同上，頁 281）的堅固堡壘中突圍。如同他曾努力掙脫
童年的貧窮，來到台北城求學與打拼，天真浪漫的心志，卻在殘酷的現實中，
不得不逐漸地退卻，之後選在人生的黃金時期退居鄉陋，安於工作和過簡樸
的生活一般；[註1] 讓我們從中觀照到一個在主體中遊移的隱退自我，以及對
城鎮莫可奈何的迎拒，最後選擇回歸鄉土，也就是遷移到最初離開之地的心
靈圖象。如段義孚所說的：

〔註 1〕七等生在〈老婦人序〉一文表露自己要歸功於刻苦耐勞的母親傳給他一顆卑
　　　　微的心，使他能在這稍能思辨的年紀（約三十二歲）選擇過這樣的生活。收
　　　　於《一紙相思》，七等生全集【10】，頁 292。

> 誰不曾有過逃避的想法？但逃避何物，逃往何處？一旦我們來到一
> 個美好的地方，那麼，這個地方是否就是我們遷移的最後目的地？
> 我們是否還會被另一個逃避的願望所吸引，而再次遷徙到別處？甚
> 至有可能這次遷移的目的地，就是我們最初離開的地方——我們的
> 故鄉，我們度過歡樂童年的地方。一個人受到壓迫的時候，或者是
> 無法把握不確定的現實的時候，一定會非常迫切地希望遷往他處，
> 我也曾如此。〔註2〕

當然，七等生這次的返鄉之行，泰半是出於無奈，不必然存在著有逃向美好
之地的潛在動機，但肯定的是，這是一次因「逃避」（台北的文化與體制或所
謂的文明的現代性）所帶來的遷徙，也讓我們充分體驗了所謂「逃避，是人
類文化創造的原生力」〔註3〕，也就是文本空間的地誌／景背後真實存在的人
的思想和感受，正符合人文主義地理學的主要精神，也就是以「有心靈主體
的人」為地理的中心，而不是以抽離出來的空洞化了的人的空間、土地和區
域為中心。〔註4〕

第一節　隱退的自我

一、自我的回眸——〈迷失的蝶〉

　　楊照曾直截了當的說：「七等生記錄的所有愛情，其實都是自戀。不只自
戀，更要緊的是自憐。」〔註5〕然而他也不否認「過去的七等生，以及七等生
小說裡的主角，都一直強烈自覺著自己的邊緣地位與放逐命運，因而忍不住
哀愁著自己、疼惜著自己。這正是他魅力的來源之一。替整個時代覺得自己
無處著落、未被公平對待的年輕人們精確代言。」〔註6〕而七等生也不諱言：
「當我年輕的時候，非常的寂寞和孤獨。」（《銀波翅膀・我年輕的時候》，頁

〔註2〕段義孚，《逃避主義》，頁15，台北：立緒，2006年。
〔註3〕人文主義地理學者所持的觀點之一，見段義孚《逃避主義》後所附的內容簡
　　　　介，台北：立緒，2006年。
〔註4〕潘朝陽，《人文主義的地理思想——心靈・空間・環境》，頁12，台北：五南，
　　　　2005年。
〔註5〕楊照，〈「自戀書寫」中完成的自我——重讀七等生的小說《思慕微微》，頁122。
〔註6〕楊照，〈「自戀書寫」中完成的自我——重讀七等生的小說《思慕微微》，頁122
　　　　～123。

161）又說：「但悲劇性的靈魂卻是來自遺傳，不快樂是我的宿命，每當月圓我會感到特別的憂鬱，即使今日我能擁有人間的一切價值的事物，我依然不會全然處屬於快樂，因為烙傷已不能去除。解脫和悟道已經成為我現在和未來的文學的追求的一項重要課題了。」（同上，頁 164）如雷體沛所言：「藝術給孤獨的生命存在的勇氣。孤獨是人的創造精神的最大體現。創造就意味著走在生命的最前端，或是說遠遠超出了類的共同節奏。」〔註 7〕於是我們可以在七等生的作品中讀到他憂傷的性格和挫敗的行跡，且不斷重現記憶的陰影，次又　次地宣洩，以達到自我治療的目的。〔註 8〕他曾說過：「我在十三歲時喪父，正當我要開始認清我唯一直接尊崇的對象時，他突然從我的眼前消失。在這之前，因為時代的陰影，造成年幼的我與我父有些敵意和疏遠。他在我記憶的黑幕中顯現的是一個憂患的形體，他高瘦的身軀和臉上痛苦的眼神，以及他在病魔的纏繞之下的掙扎扭曲的情態，我常為此而逃到無人的角隅去獨泣。」〔註 9〕根據心理分析學家佛洛依德的論點，青少年時期的七等生，在歷經伊底帕斯階段，正要脫離母親的依賴，進入對自我的認同時，卻失去了學習仿效的對象；父親形象的扭曲和破碎，以至於缺席，使他的人格又倒退到伊底帕斯的情意結中，導致戀母傾向愈趨嚴重。而由父親之死帶來的貧窮與羞辱，則像命運的繩索般把他拉向陰暗的角落，轉化成「記憶陰影」出現在他的創作當中。

　　一些不斷在他創作中經常重覆出現的題材（情節），〔註 10〕與作家的生命史幾乎有百分之百的對應關係，從中可以窺視作家的內心世界。其常出現的素材，大致可分為三類：一為「抑鬱的父親，貧困的家境」（如〈午後的男孩〉、〈初見曙光〉、〈放生鼠〉、〈父親之死〉、〈削瘦的靈魂〉、〈沙河悲歌〉、〈隱遁

〔註 7〕雷體沛，《內在與超越──生命美學導論》，頁 95。
〔註 8〕吳孟昌的碩論，《七等生小說研究：自我治療的書寫旅程》，即是在處理七等生的作品與其生平經歷的關係，將作品視為作家的潛意識，運用精神分析法得出作家如何在作品中宣洩不安與焦慮，以達到自我治療及精神救贖的目的。他把七等生的創作分三個時期，即六〇年代、七〇年代和八〇年代（包括九〇年代初期）三個時期，他認為七等生在第二個時期的創作與前期有類似的地方，即在書寫中不斷重現記憶的陰影。成長過程中所遭遇的困頓、挫折，都歷歷地呈現在他的小說當中。靜宜大學中文所碩論，2006 年 6 月。
〔註 9〕〈我年輕的時候〉，頁 164，最初收於《散步去黑橋》，現收於《銀波翅膀》，七等生全集【7】。
〔註 10〕此部分參考吳孟昌，《七等生小說研究：自我治療的書寫旅程》，頁 63，靜宜大學中文所碩論，2006 年 6 月。

者〉、〈諾言〉、〈散步去黑橋〉等。）二為「遭師範學校退學」（如〈來到小鎮的亞茲別〉、〈放生鼠〉、〈削瘦的靈魂〉、〈隱遁者〉等。）三為「初任教職，遭到調校」（如〈會議〉、〈復職〉、〈迷失的蝶〉等。此三類七等生生平遭遇中最常出現的「記憶陰影」，都已化作翩翩的蝴蝶，遊走在七等生的作品中。如《城之迷・迷失的蝶》處理的是麗雪與宗達的一份不了了之的戀情，而沒有結果的愛情往往特別引人遐思及神往。女主角麗雪身材高大修長，有一對明亮的黑眼珠，高中剛畢業沒考上大學，因姊姊麗玲是正式教師的關係被介紹進小學來當代課老師，她背著家人偷偷地與同事彭宗達交往。男主角宗達兩年前才來此山區教書，是位初出茅廬、特立獨行的男教員，原自認為是很有前途的優秀畫家，卻突然對寫作發生興趣，剛開始不知如何下筆，靠讀書自修，想從書中尋索寫作的啟示。兩人熾熱的戀情遭到多方的阻攔，結果麗雪被家人安排嫁給與父親一般歲數的方建綸，而宗達也因動手毆打同事，而遭調職處份，黯然神傷地離開。小說後半部把焦點擺在麗雪婚後的不快樂，與丈夫的心不能貼合，又因謠傳方建綸藏有金子的事，讓麗雪終於明白當初父親加速促成她的這椿婚事的原因，也增加彼此的猜忌。心灰意冷的麗雪決定出走，前往舊情人的住處，把珍藏許久的情書託人交還給他，便頭也不回的離開。由中部搭上往花蓮的飛機，又從花蓮飛往高雄，幻想自己像一隻飛遊的蝶，將來可以不斷地一次又一次的飛翔。

這個戀情的「本事」（故事雛型）來自於七等生在〈復職〉〔註11〕中描繪的「我」（盧義正）在九份礦區小學校任職時認識與強烈愛戀的對象——「有著一對明亮的黑眼珠的女子」。這份戀情結束於年輕教員盧義正在服務的第三年，因年輕氣盛，在校務會議上向同事揮了一拳，之後被記過調職。盧義正在被迫調職前要求美麗的黑眼珠跟他一起走，但被她拒絕了，於是他說：「我明白在礦區小學校的一切生活就此結束了。當時從首府的師範學校畢業，隻身的來，現在也隻身的離開，只留下永遠難以彌補的愁悵。」（《沙河悲歌》，頁274）這個礦區小學校，是他生平第一次發生強烈戀愛的所在，也是他第一次發現有我的存在感覺的所在，所以這個場所意義對他而言十分錯綜複雜。七等生在〈復職〉中寫道：「只有在睡夢中，礦區的小學校才再度令我感到狂

〔註11〕七等生曾在此篇發表後的隔一年，也就是《散步去黑橋》新書出版的序中坦誠，〈復職〉（《沙河悲歌》，頁257～）是他生活上親身經歷的事。見〈散步去黑橋（自序）〉，《一紙相思》，頁285。

喜;也惟有在睡夢中,才不致令我神傷。」〔註12〕而在校務會議上向同事揮拳的事件,又可以在《初見曙光・會議》這篇小說中看到最詳盡的描寫。因為不滿學校在執行教育政策上陽奉陰違的舉措,以及老師不尊重會議裁決任意叫囂的惡行惡狀,血氣方剛的年輕劉姓教員按捺不住終向對方伸出憤怒的拳頭。讓我們看到小學校園不只是一個單純的施教及受教的場所,它其實是一個小型的社會,在某些有利可圖的情形下,校長、教師、督學及家長代表還有(縣市)議員等,都形成了一個共犯結構。這個衝突的原因來自於未施行九年國教前考初中窄門的惡性補習,教育部當時明令制止,但各校還是偷偷進行。有位教員因看不慣這股歪風,曾上書教育局予以取締,卻不料接到署名六年級家長寄來的恐嚇信。這個事件拿到會議上討論,因劉姓教員揮了一拳,涉入其中,也因此讓他記了一個大過。這個拳頭是他對當時校園文化不滿的行動表示,就好像《離城記・削瘦的靈魂》中劉武雄抗議師範住宿生的伙食簡陋而站到桌子上敲碗的情形一樣,用身體去衝撞體制的弊端和人性的墮落,這種不願同流合污的性格,畢竟要付出相當慘痛的代價,以至於落得孤獨和寂寞。

據吳孟昌引心理學家阿德勒的看法,認為「一個人的童年時期,是形成他對於生活和世界看法的關鍵階段,這個看法會構成一種『生活目標』,而人的思想、行為在『生活目標』的牽引下,會自然地形塑一種『生活風格』(living manner)。」〔註13〕因此他以為,記憶的形貌與『生活風格』有密不可分的關係,也就是說,一個人的『生活風格』如果傾向憂鬱、悲觀,那麼他所有的記憶都會帶有憂鬱的色彩;以至於可以合理的推測,七等生的小說創作之所以給人憂傷的氣息,緣自於童年的孤獨、無助和自卑。〔註14〕吳孟昌從作家生平與作品情節下手,抽絲剝繭、巨細靡遺的功夫很令人感佩,也一定程度地釐清了七等生的創作動機(潛意識)與作品風格的關聯性。正如呂正惠的評論:

> 對於七等生來講,在剛開始時寫作不是一種志業,不是一種自我肯定的方式,而是一種自我「拯救」。是把敏感的心靈在長期的鬱積之

〔註12〕七等生,〈復職〉,頁268;《沙河悲歌》全集【5】。
〔註13〕阿德勒(劉泗譯),《超越自卑》,台北:百善書房,2001年5月,頁108。
〔註14〕吳孟昌,《七等生小說研究:自我治療的書寫旅程》,頁64,靜宜大學中文所碩論,2006年6月。

> 後所沉澱的東西清除出去，是在寂寞和孤獨之中的自我傾洩與自我
> 呼求，以此來獲得暫時的舒坦。〔註15〕

不言可喻，書寫固然是作家自我療傷的手段，在文藝心理學上或許是自我救贖的開始，藉著正視它與重述它，使焦點轉移而獲得暫時的解脫。然而對七等生而言，創作就是他的生活，生活也就是他的創作，如〈重回沙河〉之十八〈失去的樂土〉吐露的：「我所面對的真實就是我的思想所在，無需隱瞞我生存的種種悲哀。」（《重回沙河》，頁45）他除了找到自己的語言，為自我理念而創作外，生命的核心問題仍然有待正視和處理。如他說：「所以我純然是為我掌握的理念寫作，我開始就踏入於純粹的文學，雖然歷經十七年的艱辛的否定生活的折磨，我從未改變這條路，這條路使我不斷地在自我個體與整個宇宙間的關係逐步做哲學性的思考。」（《銀波翅膀·我年輕的時候》，頁163）因此，七等生進一步思考的是自我與世界的關係，在寫作中記錄自己的感覺結構和世界觀，也渴望從中找到一條解脫和悟道的途徑。因此在他的創作中、近期，創作的重心從早期小說技藝的掌握，回歸到自我生命的思索，視「自我」為一個反思與想像的主體，透過對「自我」的書寫與「他人話語」（潛意識）的對話，一次次地清除污穢，也再次重新出發，逐漸建構起個人的主體性。〔註16〕

學者鄭明娳曾以「三個概念意象」來詮釋七等生這篇具有啟蒙意義的抒情之作：

> 第一個意象是「我」有另一對眼睛看到「我」過去的形體，這是作者發現了自我的概念。第二個意象是在第一個意象中，也就是由我的另一對眼睛所看到的「我」在夢中。第三個意象是，我像絲繭中的蛹，突破絲殼，蛻變成蛾，飛了出來，並且「下蛋」。〔註17〕

並說明以上三種層次的意象，是用較複雜的方式來詮釋一個概念：即開始創作的「我」與過去的「我」不同。書寫者使自覺成為一個作者的「我」跟過去

〔註15〕呂正惠，〈自卑、自憐與自負──七等生「現象」〉，原刊於《文星》第114期，1987年12月。後收於呂正惠，《小說與社會》，台北：聯經出版社，1988年5月，頁94。

〔註16〕許達夫在〈一九七〇年代台灣小說裡主體性的尋求〉中說：「主體性的尋求是二十世紀台灣文學探討的主題之一。」頁287。東海大學《苦悶與蛻變：60、70年代台灣文學與社會國際學術研討會》論文集，2006年11月11、12日。

〔註17〕鄭明娳，《現代散文構成論》，頁87～88，台北：大安，1989年。

的「我」分離，成為另一個「我」來觀察自己。其表達的方式十分婉轉曲折故而意蘊深厚。〔註 18〕而廖淑芳將之巧妙地轉化為「啟蒙儀式的原始場景」——「〈年輕的時候〉一開始就是這場啟蒙儀式的「序幕」，時間在七等生的二十三歲，地點是他任教小學老師的九份礦區。」〔註 19〕她以為：「文中七等生為他的年輕時期刻畫一場『婉轉曲折故而意蘊深厚』的青春啟蒙儀式，就有為自己文學創作的社會位置定調的意味。這一啟航儀式的鋪陳成為一種必須，使他可以不斷回返、調整及再度出發。」〔註 20〕七等生透過文本表明還未涉入文學創作的自己，是一未能辨識自我存在的個體，他懷疑自己是誰，是何種事物？他說：「夏天我徘徊於山下瑞濱的海灘，赤裸地曝曬在波浪排向岸沿的岩石之間的小沙灣，或潛入清澈透藍的深水裡，探尋水草與游魚同伴。那時我的心在海洋上的空際鳴響著，想呼求什麼與我在這宇宙自然結合。但我很愚蠢，找不到方法將我獻出和迎取。我深自苦惱，在浪費時光」（《銀波翅膀》，頁 161），這種苦惱是來自於他找不到自我存在的依據，甚至與自然互通的言語，感覺自己就像斗室裡的一條蠕蟲，作繭自縛。直到自己受到「他者」（畫家洪瑞林（麟））的啟示，從「他者」講述的喻象（言語）中，才發覺了「自我」的存在，也頓悟出另一個能夠思想，能夠言語，也能夠創作的「自我」。由此可見，七等生的記憶書寫就是一種自我的回眸，也是一種本能的衝動，他要衝破內在的禁錮和憂鬱，與外在的世界抗辯；透過自成一格的話語與理念，踏入純粹文學的創作空間，同時也展開他自我／主體的尋求與建構的歷程。七等生藉著書寫，讓「記憶空間」裡的汙垢和傷痕，再次攤開及撫平，也讓潛意識的蝶，飛越記憶的叢林，尋覓安棲的所在。然而〈迷失的蝶〉把揮拳事件及失落的愛情兩者結合，暗喻個人的追求到最後終將淹沒在社會的洪流中，熱愛寫作的宗達沒有繼續他的夢想，美麗的彩蝶麗玲雖享受到飛遊的高度與自由，但卻因失去辨識的點（付出拋家棄子的代價），而無力自我支配。如果說文學創作是受挫慾望之替代性滿足，那麼，七等生的創作算是

〔註 18〕鄭明娳，《現代散文構成論》，頁 87～88。

〔註 19〕廖淑芳，〈青春啟蒙與原始場景——論青年小說家的誕生〉，頁 3，《文訊》雜誌主辦第三屆青年文學會議，1999；後改寫發表於《光武通識學報》創刊號，頁 60，2004 年 3 月，頁 55～78。

〔註 20〕廖淑芳，〈青春啟蒙與原始場景——論青年小說家的誕生〉，頁 3，《文訊》雜誌主辦第三屆青年文學會議，1999；後改寫發表於《光武通識學報》創刊號，頁 60。

一個窗口，他把他在現實世界裡受挫的以及失去的（慾望），通通化作飛遊的蝶，讓它們憑窗飛去。

然而還有一個資料值得重視，那就是在七等生重覆書寫的記憶中不那麼晦暗，而應該說是較為「光明」的記憶書寫，也就是他與雷這位同窗友人的情誼，是他不厭其煩再三提及反覆書寫的題材。如：

> 我與雷（雷與我同年齡）正值是學校剛畢業幸運能獲得一個小職位可是又是任何事情都沒有果斷能力的年齡。」（《初見曙光‧讚賞》，頁 124）

> 自從他當兵我知道他那當律師的父親每一個月按照一定的日期給他五百元的零用錢。（同上，頁 131）

> 給眷戀的 A，B 贈。……A 告訴她，B 絕頂聰明，在求學中他們是最好的朋友，在住宿和課堂形影不離。……但他們一同研習繪畫，一同聆聽音樂，也一同批評別人，意見總是完全一致。（《僵局‧分道》，頁 135）

雷第一次出現在〈讚賞〉中，是「我學生時代的要好的同學」，「我」在窮愁潦倒之際寫信向雷借錢，因為雷留在他的心目中的印象是個溫柔懂事有道義的男子。而另一篇〈在霧社〉中，雷與劉（小說中的我）的關係有更清楚的描繪，雷寫信約劉一起去爬合歡山，「我」的心感到震盪，因為「我和他之間有太多差異和不融洽的事發生。凡是我與他攜手合作的事，沒有一件不是到最後不歡而散的。」（《初見曙光》，頁 105）然而這兩人又是如此互相吸引和依賴，當雷主動邀約的信息來得如此突然和快捷時，仍引起「我」由衷的高興和讚許。（《離城記》，頁 106）雖然「我」回憶過往兩人之間因為省籍與出生的不同帶來彼此之間的差異和排斥感，但是生活和學習讓他們漸趨和諧。因此最後兩人十分珍惜這相聚的緣份，互相稱許對方是自己最好的朋友。（同上，頁 111）這個雷或許就是七等生在師範時期的同班同學雷驤的化身；出身富裕、多才多藝的雷驤在〈僵局之凝聚及其解脫〉中說：「由於年少以來不斷的悲運而繫住作者與我之間層層底接觸，我曾同時被要求為他的文學作討論的文字。這無異帶給我數倍於為他插繪的艱難。」〔註 21〕話中有些許的無奈，

〔註 21〕雷驤，〈僵局之凝聚及其解脫〉頁 45，收於張恆豪，《火獄的自焚》，台北：遠行，1977 年。

但也不得不勉為其難地說道:「也許面對這樣一位艱硬、晦澀、囈語、曖昧的
寫作者,至少應該去嘗試獲得一份他十七歲以來的閱讀書目,以及完備的反
應測驗來當作批判的基礎。」(同上)這種曖昧的、冷漠的文評出自曾為作者
同窗兼好友的口中,無疑是「道不同不相為謀」的心理反應,連好友都無法
欣賞他的文字,可見七等生的寫作歷程是何等的寂寞辛酸了;如果七等生的
創作是一種心理學上的所謂補償或出口,這樣的歷程及傷害無疑更是雪上加
霜。創作真是他生命的慰藉嗎?何者是他堅持創作的理由呢?

> 如果說用少量固定的詞彙和常用的陳腔濫調,就可以促進人與人之
> 間的相互理解和團結,那麼語言/智力上的成熟與老練就會產生相
> 反的效果。人在表達自己的見解時,知道得越多,感覺越敏感,聽
> 眾就越少,個體就會越發感到孤獨。不但泛泛之交之間會出現這種
> 情況,親密的同事之間和朝夕相處的合作者之間也是如此。〔註22〕

在熟悉的環境中不被大家理解或遭到大家的誤解,這是常見的現象,尤其對
一個創作者而言,如果他不能得到讀者的認同,說出來的話不被他人所理解;
雖然發出了不幸的信號,卻遭到冷漠對待時,創作其實就是個與自我對話的
空間,投入其中,會感受到靈魂與靈魂碰撞的緊張和喜悅,進而帶出一份和
諧與滿足感。

二、瘋癲與罪罰——〈精神病患〉

　　〈精神病患〉是七等生早期的作品之一,與〈我愛黑眼珠〉、〈放生鼠〉
等皆作於一九六七年。這幾篇被視為奠定七等生早期風格與文壇地位的代表
作,除了在形式結構上比較特殊外,它們有一共同特色是裡面的主角都是社
會的疏離份子,而且有某種癲狂的傾向。如〈我愛黑眼珠〉的李龍第,是一個
寄人籬下呈無業狀態的男子,靠美麗的妻子晴子在城裡的特產店工作賺錢養
家,兩人相約在下班後一起去戲院看電影,卻因為一場大雨隔阻了兩人的相
聚,更不可思議的是兩人好不容易相逢在有洪水阻隔的屋脊上時,李龍第居
然否認自己是晴子的先生的事實,而自稱是「亞茲別」,只因他懷中抱的是一
個陌生女子;〈放生鼠〉的主角羅武格,既是小學教員也是一名畫家,但是行
徑怪異,自製捕鼠籠幫左鄰右舍的婦人捕捉老鼠,但要求把捕捉到的老鼠送
給他,此舉被視為瘋狂;而〈精神病患〉中的賴哲森,逃離了小學教師的工作

〔註22〕段義孚,《逃避主義》,頁 150,台北:立緒,2006 年。

環境，住進了聖母醫院，期望自己被檢驗出有心臟病而可以長期住下來，得以暫時脫離日漸僵化的教育環境，卻以「精神鬱魘症」被建議要去看精神科醫生，心裡感到十分的羞愧，因為「我苦惱地否認精神病患是處在自己幻想的快樂天地中的說法，同樣地，這也是一個被束縛和支配的領域，為憐憫所圍限的一個更窄小的世界。」（《我愛黑眼珠》，頁 236）對一個一心嚮往自然、渴望精神得到自由的個體而言，他不能忍受因各種文明的理由所設置的「人性牢籠」與「禁閉」。正如佛洛姆的說法：

> 隔離感會引起焦慮不安；事實上，它是一切焦慮不安的根源。處於隔離狀態，意思是被切斷與外界的連繫，使我無法運用我的任何人性力量。因此，處於隔離狀態意即處於無望，我無法主動積極的去抓住世界——人和物；它意謂著世界可以進犯我，但我無力對抗。因此隔離感是強烈不安的根源。除此之外，它引起羞怯及罪惡感。這種在隔離中所產生的羞怯與罪惡感，可以見之於聖經中亞當和夏娃的故事。〔註 23〕

於是逃離現場，似乎成為七等生小說人物面對困境時的急切反應。當賴哲森聽到聖母醫院的醫生對他病情的檢查結果，僅是一種精神鬱魘症而非他預期中的「心臟病」時，這「鬱魘症」的病名令他羞紅了起來，有一種急邃上漲的羞憤，他想抗辯，同時極端衝動地想要跳出窗外。（《我愛黑眼珠》，頁 233）而〈來到小鎮的亞茲別〉中的男主角亞茲別，他夜間闖入一位女出版商的臥室偷竊珠寶，行跡敗露後迅速地跳出窗外。（《初見曙光》，頁 278）另外像〈削瘦的靈魂〉（又名：跳出學園的圍牆）的男主角劉武雄（七等生的原名）在受盡「土宛」給他的種種不快的感覺後，最後也以「跳出窗外」作為小說的結局，可見其內心深處根深柢固的逃避傾向。比較〈我愛黑眼珠〉架構在一個超現實的洪水意象上，將「自我」的信念提昇到「超我」的大愛層面；〈放生鼠〉是以塗鴉速寫的方式，將「本我」的「慾望」散落在過往的記憶場景中，讓「自我」遭受現實的懲罰而與「超我」產生矛盾衝突；而〈精神病患〉則以一篇殺人犯的供詞「透視」人性內在的罪與罰，讓「自我」在現實情境的法律面前無所遁形。後兩篇的情節結構有較多重疊連結之處，探討的議題也較為接近，可以說是兩篇姊妹之作，但總體而言，此三篇在主要情節的處理上都

〔註 23〕佛洛姆著／孟祥森譯，《愛的藝術》，頁 20～21，台北：志文出版社（1969 年初版），2000 年（重排版）。

涉及主體精神心靈上的瘋癲狀態和道德罪罰的臨界點的碰觸問題。或許接近所謂「狂妄自大的瘋癲」，而「這種瘋人沒有一種文學典型。他通過一種虛妄的自戀而與自身認同。虛幻的自戀使他將各種自己所缺少的品質、美德或權力賦予自己。」〔註24〕或許七等生的狂人形象就是因此而生。〔註25〕因為不管是李龍第、羅武格或賴哲森，他們都有很強的自我意識，不容易被世俗的價值觀所左右或撼動，即使是高高在上的上帝，其話語也不能輕易打動他們孤獨且虛無的心。張恆豪認為〈精神病患〉是七等生小說中意念較為完整的篇章，小說的敘述語氣與作者的思維觀點是一致的，如主角賴哲森的心靈活動，即是七等生思維的一個投影。〔註26〕由此看出，篇與篇的連結，可以逐漸建構一個清晰的主體形貌，這是七等生情不自禁地把現代的繪畫技法過渡到寫作上的一種表現方式，例如用粉彩的塗抹來製造夢幻氣氛，以及油畫的層層堆疊來呈現厚重感，且並不加掩飾過往的痕跡。七等生在〈精神病患〉中探討的議題雖是從個人的遭遇出發，但可以感受到個人的遭遇往往與社會整體的結構息息相關，像用放大鏡來觀看一般，其實整個社會莫不是一再複製個人的疏離、夫妻關係的貌合神離，以及派系的利益糾葛。賴哲森因為不滿學校的派系互鬥，以及不想涉入三角習題的不倫之戀，從他原來服務的小學校離開，之後應徵過一些工作，但因為「我的性格已經過分堅持我所規劃的做事原則而與整個社會對抗起來了。」（《我愛黑眼珠》，頁286）好像所有不順心的事都接二連三地來，在他身心狀況不太穩定的情況下巧遇童年的遊伴阿蓮「我再遇到她，像命運使然，我像回到了童年，也認為童年遊伴的她才是我一生真正的朋友和遊伴」（同上，頁206），兩個「同是天涯淪落人」，彼此一拍即合；阿蓮的角色似乎就是賴哲森的翻版，代表一個男人內心的阿尼瑪（陰性的部分），就像找到了「永恆的愛人」般，彼此都感受到命運之神的特別眷顧。

　　他們一起去海濱渡假，渴望在居山臨海的美麗城鎮中永久地居住下來，但理智告訴他們，這只是個可供觀覽而不可居住的地方，他們不可能永遠避

〔註24〕米歇爾‧福柯著／劉北城、楊遠嬰譯，《瘋癲與文明》，頁25，北京：三聯書店，2003年二版三印。
〔註25〕大陸學者朱立立就是持這種看法，見《知識人的精神私史──台灣現代派小說的一種解讀》頁142，上海三聯書店。
〔註26〕張恆豪，〈七等生小說的心路歷程〉，收於《城之迷》，七等生全集【6】，頁396。

居在此。但他極力要給這個受過創傷的軟弱的女人最大的安慰，於是他們前去公證結婚，讓世俗的婚約將兩人緊緊地捆綁在一起。雖然結婚對他而言也可能是另一個秘密戀情的逃避：

> 雖然結婚的形式早在我心中已經喪失了意義──這緣於和丘時梅女教師的戀情最後時突發的邪念。可是既以脫離那個環境和時間，現在與阿蓮的相愛在心裡上不免在做完互獻的儀式後，猶存著一種孤獨的寂寞，所以為了把兩顆心綁在一起，當然就得託藉一個外在形式。（同上，頁 243）

當然，透過一個法定的儀式，他們可以名正言順地一起回到租來的三十七路小閣樓，雖然極為破舊窄小，但卻成為他們共同的溫暖的小天地，也暫時結束了他們一生流離顛沛的生活，即使當晚來了一場暴風雨，幾乎把如鴿屋的樓閣捲去，但卻讓他們緊緊的依偎在一起。那是由一個小小的空間所提供的歸屬感：

> 房屋在感官上的整體性，巧妙且強烈地提醒同一個屋簷下的居住者，他們不是彼此分離的，他們同屬於一個整體。整個房屋不但是個安身立命的港灣，還是一種象徵，將內在和外在、「我們」和「他們」分兩極；在每一極中，房屋又能夠弱化個體之間的差異，──導致衝突的異質性。〔註27〕

當阿蓮第一次懷孕五個多月胎死腹中，不得不做人工流產時，賴哲森親眼目睹妻子遭受巨大的生死搏鬥，彷彿也親身參與了一場悲慘的戰爭，看著同伴被整得非常慘烈，心想：「為何這一次不是由我，或者可以說，有些事情都由於我是個狡猾的男性而避開了，天生佔了很大的便宜而逃脫。我多麼希望這一次應由我扮演，親歷其境，然後死去。總之，我要抗辯不公，為什麼我的肢體完整而精神已崩潰？人們將如何相信這個世界隱含在其軀殼內的真實呢？」（《我愛黑眼珠》，頁 284）這幾乎已揭示了這個故事的核心意旨，賴哲森的精神狀況因妻子所承受的痛苦而崩潰，這種生命的錯置導致了悲劇強度，也瀕臨了道德的臨界點，以至於瘋癲的狀態。「後來我醉倒在桌上，雙臂貼服在桌面，我的意識清晰地讓一隻酒瓶滾過桌面墜落在地下，且聽到他們說：『他飲醉了，讓他睡去。』」（同上，頁 284）就法哲米歇爾·福柯的說法：「瘋癲是最純粹、最完整的錯覺（張冠李戴、指鹿為馬）形式，它視謬誤為真理，

〔註27〕段義孚，《逃避主義》，頁 140，台北：立緒，2006 年。

視死亡為生存，視男人為女人，視情人為復仇女神……。但是，它也是戲劇安排中最必要的錯覺形式。因為無需任何外部因素便可獲得某種真正的解決，而只需將其錯覺推至真理。因此它處於戲劇結構的中心。」而且：「透過瘋癲建立起一種平衡，但是瘋癲用錯覺的迷霧、虛假的混亂掩蓋了這種平衡；這種構造的嚴整性被精心安排的雜亂無章的外表所隱匿。」〔註28〕於是賴哲森根本無法去適應任何制式的工作，儘管工作本身是創意性的廣告製作，也因他的無預期休假而遭到解聘；而逃過死神召喚的妻子因需要長期的休養，就理成章地留在家裡負起照顧的責任，以此證明他還有愛人的能力。

　　阿蓮在家休養一星期後，提出到南市女友莫莉家小住的計畫。在那裡賴哲森佯稱自己是一名作家，裝模作樣地開始寫作；或許寫作也是一種治療的方式，更是尋求認同的開始。那時，在南市海浴沙灘的太陽傘陰影裡，他幾乎每天都說故事給這兩個懷著不同感想的女人聽：

> 語言會誘使人們在某種程度上相信高山地谷、風與河流這些事物是有生命的。由於人類與其語言是同時代的，因此在每個時代裡，語言都能讓人產生有效的安心感覺。語言是有生命的，語言能將人類聯繫在一起，這是語言最原始、最有力量的兩種效應。〔註29〕

但漸漸的，莫莉懷疑他說的故事為何和時下的文藝小說有著一段明顯的距離。（《我愛黑眼珠》，頁287）他的解釋是：

> 我對她們所說的故事完全和現在所對您說的我自己的故事類似，那是因為我發現此事已不再稀罕，充滿了整個社會，所以我只配談談我懂的事，而且是真實的經歷。（同上，頁287）

這是一段充滿隱喻的話語，作者將其意念灌注到人物角色的思維上，有轉身朝向讀者表明創作意圖的意涵，也呼應了賴哲森殺妻受審時的供詞與文本：

> 當他們以為我故意狡辯或冒充精神失常時，便開始用他們的老辦法私刑了我，我阻止了他們那種缺乏審問方法時所喜歡搬弄的粗暴，我說我雖親自扼死了她（他們這樣告訴我這件事實），那同時也是暗中他們假借了我的雙手。由於他們之中無能完成一篇較好的供詞，而且顯然一篇親自說的供詞要真實的多，他們答應要禮待我，這也

〔註28〕米歇爾・福柯著／劉北城、楊遠嬰譯，《瘋癲與文明》，頁29，北京：三聯書店，2003年二版三印。
〔註29〕段義孚，《逃避主義》，頁145，台北：立緒，2006年。

是我的要求，我說我的動機都是出於忠實地報告了我的生活和感
覺……（同上，頁 290）

似乎透過「瘋言瘋語」，作者有意讓「瘋癲是對某種虛假結果的虛假懲罰，但
它揭示了真正的問題所在，從而使問題能真正得到解決。它用錯誤來掩護真
理的祕密活動。」〔註 30〕在賴哲森與阿蓮的兩人世界裡，彼此互相給予以滿
足對方的需要，正是在給予的行為中，能夠體驗到一種充盈高漲的生命力和
愛的能力：

> 男性性行為的顛峰在於給予；男人在這種行為中將自身、自己的性
> 器給予女人。在高潮的時刻，他把精液給予她。如果他是有性能力
> 的，他就無法不給予。如果他不給予，他就是性無能者。就女人而
> 言，程序並沒有什麼不同，不過更為複雜一些；她也把自己給予出
> 去；她開啟通向她女性中心的柵門；在接受之中，她給予。如果她
> 不能達成這種行為，如果她只能接受，則她即是陰萎的。當她做母
> 親的時候，給予行為再度發生。她把自己給予在她體內生長著的胎
> 兒，她把乳汁給予嬰兒，她把體溫給予他。如果不給予，對她將是
> 痛苦的。〔註31〕

於是賴哲森所能表示的就是殷勤地令她多嚐肉體的交歡之樂。他以為：

> 我現在身為一個男人可供給她的也唯有這一件事能令她由衷的感
> 動，我再也想不起做一個現世的男人能夠再以這一件事去欺侮女
> 人。交合是靈魂溝通的契機，高尚而痛快，動人而神聖。這一件事
> 有效地令雙方沉醉而平靜地睡去，醫治了我們，使我們感到生命活
> 著多麼的溫暖。我白日時心瘁潰裂，晚上卻獲得了慰安。(《我愛黑
> 眼珠》，頁 294)

然而當阿蓮滿懷做母親的憧憬與喜悅二度懷孕時，賴哲森懷著忐忑不安的心
做了血液檢驗。當被告知血液有梅毒病菌，而且腹中的胎兒可能會遭到同前
的厄運時，那一刻「任何事都離開了我的思緒，什麼都像自行退後，一切理
想和愛慾都完全遁跡，我成為一個空洞且悲哀的人。我是個充滿血毒的男人，

〔註30〕米歇爾‧福柯著／劉北城、楊遠嬰譯，《瘋癲與文明》，頁 28，北京：三聯書
店，2003 年二版三印。
〔註31〕佛洛姆著／孟祥森譯，《愛的藝術》，頁 38，台北：志文出版社（1969 年初
版），2000 年（重排版）。

我以前所發表的憤怒之辭全屬空言，我唯一想做的是就是去死。」（同上，頁293）他開始疑問血液中的病毒從何而來？他未曾與任何他愛戀的女人交媾，雖曾衝動地步入妓院，但被嚇退了出來，唯一可尋的就是遺傳。他曾聽許多人描述過風流的祖父。但他繼而想到：「我去死時，她怎麼辦？我坦白地告訴她時，她如何能寬諒我？我何忍再令她遭受那手術台的經歷？以後都不可能有孩子，她將如何地絕望？我要如何補救呢？」（同上，頁294）這是賴哲森回憶往事的心理告白，鋪陳的是殺妻之前的內心衝突，他不忍妻子獨自再受此流產之苦，而親自結束她的性命；換句話說，是疏離、懦弱、貧窮、絕望等使他陷入苦境。而在接受命運再次的擺佈之前，死是最大的勇氣，但也是一種逃離：

> 我終於無望後起身，我不知道去哪裡？但茫茫意識中我想到回到森林，草原，山谷或河岸那樣的地方，回到幾萬年前我的原身的環境中去，讓偉大而神秘的自然決定我的生與死，供給我飲食，也供給我遊歷，遷徙和自由的愛欲。我恢復冷靜，完全由一場靈夢中醒來。
> （同上，頁288）

可見他的身心是如何地渴望回到大自然的河岸、山谷、森林、草原等精神的原鄉，唯有遁入此境才感覺到真正的自由。然而關鍵就在於殺妻後的他為何選擇離開／逃亡而不是去自首或自殺？他符合精神病患心神喪失的條件嗎？

　　能不能獲得減刑顯然不是文本要處理的重點，而是敘述者賴哲森在回憶整個事件時，他的愛慾因受限於內在的道德感以及外在的體制規範，在極度地壓抑下，他的主體形貌被塑造成一個精神病患者孤獨憂鬱的樣態，而活在自我封閉的生活空間中，甚至連殺妻的行為也是在一種茫然的意識下進行。〔註32〕以自我的有限去對抗無形的命運，以身體做為最後的籌碼。如〈譚郎的書信〉裡的譚郎在面對不確定的愛情時說：「我的性格常令我在中途打消初衷，並且常表悔意，顯示猶豫不決的意志，充滿了消極和灰暗。」又說：「我是依賴敏銳的感覺思想和生活的人，我們在生命中創造思想，如果沒有人應和和共鳴，便會自行消匿隱逝，我的情形如此，不得不在途中折回。」（《譚郎的書信》，頁140）譚郎是因為婚外情的愛情對象停止了與他通信的約定，內

〔註32〕七等生在〈譚郎的書信〉中替自己的作品人物代言，說〈精神病患〉的賴哲森殺了阿蓮，與他因抱病參加駕照路考，在神志恍惚下闖紅燈一樣，是沒有知覺的。收於《譚郎的書信》，七等生全集【9】，頁146。

心感到極度失望低落，以至於自行退卻，宣告理想愛情的結束；而賴哲森顯現的則是一種對身體的逃避與退卻，其內在的「自我」也是處在崩解的狀態。

三、〈削瘦的靈魂〉——「無中心主體」的對抗性話語

〈削瘦的靈魂——跳出學園的圍牆〉（1974 年）是七等生返鄉後創作的第一個長篇，是一篇類似西方「瘋子小說」模式的作品，它可被讀作文化教育體制的「對抗語」，諷刺和抗拒主流道德的虛偽。[註33] 主角劉武雄是個內省型的人物，家裡貧窮，心靈孤獨。小說集中描寫他在畢業考的名單中被除名後十幾個小時內的心路歷程，既憤怒又悲傷又自憐。為了保住這個「鐵飯碗」，不讓母親和右手掌殘廢的姊姊傷心失望，他不惜來回奔走在和平東路的「土宛」和安東街、南海路等教師宿舍之間，向教材教法的老師葛文俊、及留美的教務主任閔真先生求情；不僅把自己搞得十分狼狽，也見識到這位高級知識分子的家居面貌和生活品味。直到要被迫離開「土宛」這個「鬼地方」和「窩囊學校」（劉武雄語），這個讀藝術科的倒楣透頂的劉武雄，腦中塞滿了的盡是與音樂科與體育科同學彼此互動搞笑的芝麻蒜皮事，和追求女生不成的心碎畫面；躺在草地上，所能夠想到的一些較不「窩囊」的甜美回憶，（《離城記》，頁 265）就是對他釋出善意的教韻律和游泳課的李幼雅老師，幫他塗改曠課記錄的職員阮尚安，以及學校每個月一次的電影欣賞會等，除此之外，他幾乎覺得學校充滿了「使你看不起的混蛋」，尤其是教鋼琴的高鏡老師，在他三年來最末一次指揮班上的混蛋參加合唱比賽時，將他打「零」分，原因是他屁股扭動得太厲害了（同上，頁 267）。感受不到校園的師長、體制對他釋出的善意，又以自嘲的眼光來戲謔自己：

> 就像笨蛋七等生的那些灰澀的作品，都是對牛彈琴，所以那個笨蛋
> 可以不必再寫什麼芝麻了；我這樣說，真不怕他生氣。（同上，頁
> 277）

七等生藉由這位小說人物劉武雄來「嘲笑」、「調侃」自己，基本上已跳脫其角色的分際，具有「後設」的意涵，並企圖在閱讀上造成一個「雙重觀視角度」（double perspective），[註34] 也就是透過「雙重倒反」，加重此一小說在

〔註33〕譚國根，〈「無中心主體」與對抗話語〉，收於《主體建構政治與現代中國文學》，頁 58，牛津大學出版社，2000 年。

〔註34〕譚國根，〈「無中心主體」與對抗話語〉，收於《主體建構政治與現代中國文學》，頁 60、65，牛津大學出版社，2000 年。

悲劇的人物性格外的喜劇效果，並在敘述者「我」與「你」的對話中，製造出
「無中心主體」的對抗性語言；一方面是批判，一方面則是自嘲，把一個失
意落拓的師範生的內在世界刻劃得淋漓盡致。然後他也藉由想像的超越（或
阿Q精神），將自己的不幸比賦耶穌為受難英雄的角色，更將自己比喻成廁所
壁上的海鷗，精神嚮往自由無垠的大海與天際，但卻在形體上遭受到極大的
限制。

　　這樣一部自傳體的小說，以主敘者劉武雄的觀點看周遭的人、事、物，
難免是片面和帶有偏見的，甚至具有扭曲及矛盾現象，因為不管是出於自憐
的心態自比為「受難英雄」或以對抗僵化不公的政治社會體制的「反社會英
雄」（王幼華語），他都有一定的局限。但劉再復認為，人性中互相矛盾的二
重結構是人的性格的普遍結構。（只是這種結構的正、反兩種因素的比重和組
合方式帶有無窮的差別性。）而儘管每個人的性格組合成分和組合方式有巨
大的差別，但是，他們卻有一個共同點，這就是他們的性格世界都是一個張
力場，也就是說，都是存在著正與反、肯定與否定、積極與消極、善與惡、美
與醜等兩種性格力量互相對立、互相滲透、互相制約的張力場；藉由這兩種
力量的相互衝突、因依、聯結、轉化，便形成人的真實性格。〔註35〕透過小
說人物角色性格的塑造，我們可以在分清二重組合與純生理性的「二重人格」
之後，還應當分清精神常態範圍內的性格變態現象與精神病態範圍內的性格
變態現象，而不應該籠統地反對作家藝術家去表現人在常態範圍裡的種種變
態心理、變態感情和變態性格，而這種精神常態範圍裏的變態性格現象是隨
時都可以發生的。〔註36〕因此，當七等生把他真實的遭遇寫到小說中時，不
管有多少誇張的成份在，至少我們可從中讀到作家最隱私的一面，雖可能只
是冰山的一角，或是自我的投射，就其表達的「真實」性而言，其感染力是足
夠的；然而若要進一步探究其真實的「自我」和「他者」的微妙關係，就有可
能呈現出破碎不全，以及崩解的狀態，因為畢竟「憎恨」的情緒不是一個健
全的人格狀態，有時會讓人感到個人的情緒多過於全人類境遇的反省。〔註37〕

　　七等生是個喜歡沉思的自我型藝術家（張恆豪語），他對藝術的追求有他

〔註35〕劉再復，《性格組合論》上，頁87～88，台北：新地出版社，1988年9月初
　　　　版。
〔註36〕劉再復，《性格組合論》上，頁178，台北：新地出版社，1988年9月初版。
〔註37〕莫渝，王幼華，《苗栗縣文學史》（第四篇戰後文學——第一章　第四節　面
　　　　向永恆的獨語：七等生，頁271，苗栗縣立文化中心，2000年。

獨特的表達方式，然而這也是造成他之所以孤獨的原因。如他自述上師範藝
術科第一堂素描課的受挫經驗，被教授罵得狗血淋頭，那是因為教授在講解
素描的要件之後，同學們紛紛搶著教授認為最好的受光位置；那畫室不大，
連兩旁的位置也被同學佔滿；而背光的對面卻空空沒有人，他只好去那寬敞
的地方，擺上畫架，畫那呈現黑黑的瓷瓶子。兩三個小時之後，教授把學生
的畫都釘在黑板上做評論。以當時台灣封閉保守的教育環境，可想而知，當
教授看到那只黑黑的瓷瓶子時會做何反應了。七等生寫道：「只有我的畫是一
張黑黑的瓷瓶子，好像全環蝕的太陽，只有邊緣有光。他用最嚴厲的話責罵
我，令我羞悲異常。我流著眼淚回到校舍去，沒有人跟我做伴，我由此慢慢
體會追求藝術的孤獨之路。」〔註38〕多年後我們從七等生的回憶文字中，果
然讀到這位教授的厲聲惡語和一顆稚嫩受挫的心，那位教授必定認為這個學
生是故意跟他搗蛋作對的。當然，這樣的遭遇在教育界並不特別，尤其在那
樣的師範體制底下。

　　由於七等生錯站了背光的位置，被視為「特立獨行」（事實上也許是單純
無知或退避害羞），從此被老師納入「調皮搗蛋」（事實上可能是安靜內向）
的類型，在投訴無門（沒有正確的表達途徑與申訴管道）的情況下，人的性
格既被定型，可能就索性以此面具示人，這就是所謂「貼標籤」的效應。譬如
〈削瘦的靈魂〉（原名〈跳出學園的圍牆〉）中的主角劉武雄（七等生的本名），
是師範藝術科的學生，因為家貧，沒有穿整齊的制服上學，被主任教官大聲
羞辱「沒有錢就不要來讀書」（《離城記》，頁286）；當班上有人丟掉昂貴的毛
衣時，他是被懷疑的首號嫌疑犯，跳到黃河都洗不清，更嚴重傷害他自尊的
是，班上沒有一位同學挺身而出為他辯解（同上，頁285）；曾跳到學校餐桌
上敲碗，抗議伙食簡陋，但被主任教官視為鼓動學潮，以退學議處；（同上，
頁282）即使他有繪畫的天才，是第一個在美術教室開個展的學生，卻被教水
彩的老師要求從架上撤下來（同上，頁272）；因上課沒記筆記，「教材教法」
一科不及格被留級，被老師當面指責為「所見到的最糟糕的學生」（同上，頁
194）；凡此種種，不一而足，於是品行不良、愛搞怪和耍寶的標籤就重重地
貼在他孤獨脆弱的心靈深處，也澆熄了一顆原以為離開鄉下進入都市，就可
以擺脫鄉下的土酸氣而自由地追求知識的火熱的心。於是劉武雄索性改寫三

〔註38〕七等生，〈畫舖子自述〉頁203，收於全集【10】《一紙相思》，遠景出版社，
　　　2003年。

國劉備的〈陳情表〉來表明自己的心志：

> 俺三年前，當俺考進了「土宛」時，俺覺得光榮異常。俺是臺灣光
> 復那年進的小學。俺覺得非常幸運接受祖國的教育，不像先生年長
> 的還受到日本帝國主義者奴役教育的污染。由於是回到祖國的懷
> 抱，過去失學的人，全都在那偉大光榮的光復那年一窩蜂進學校讀
> 書，造成空前的熱烈爆滿。當俺來「土宛」時，還是二十個人中錄
> 取一個，就像非洲的猴子想自動進紐約動物園，還要經過一連串的
> 訓練挑選。……說真的，俺在那時錄取的四十五名包括兩名備取生
> 中，俺是考第四名，榜上第二行第一位。再說清楚些，榜上直行，
> 每行三個名字，俺在第二行第一啊。俺不想扯遠去說；總之：俺不
> 是個笨傢伙窩囊貨，俺這樣確信不疑有他。所以那時，俺看到名字
> 被紅線劃掉，俺覺得是樁奇恥大辱。（同上，頁240～241）

他不甘心曾以優異的成績進來，卻以不名譽的方式喪失了畢業考的資格，對
他而言當然是何等的「奇恥大辱」，於是整篇小說的語調就是由「不平之鳴」
而發，目的要帶出傳統教育的弊端，透過教務主任閔真先生的口，即是「你
不能適應這個環境，所以就成了這個環境的犧牲品；你的才智應受到培育，
但反而受到戕害。」（同上，頁228）就是從站在一個背光的位置開始，整個
教育的焦點就產生了偏差，換句話說，即教育的「存在空間」〔註39〕不但無
法對人產生實質的幫助與正面的效益，反而扼殺、扭曲了人存在的主體，進
而產生了偏差的性格。無怪乎作者在小說題目旁有一行引言做註解：只有藝
術才能告訴我們，有一些表達方式是完全屬於自然的。（郎介納斯）但是讀藝
術科的劉武雄是否就能夠隨心所欲地選擇「自然」的表達方式呢？答案顯然
是否定的，這裡面有一個自然的對立面，也就是「懲罰」與「規訓」的存在，
因此人的主體經常受到限制，以至於產生「掩飾」與「逃避」的行為；也就是
說人會採取一定的措施去改變或掩飾一個令人不滿的環境。〔註40〕但是劉武
雄之所以淪落到「教材教法」一科不及格不能畢業，表面原因或許是因為他
拿不出上課筆記，而且還把筆記賣給了收破爛的古物商，但實質原因即在於

〔註39〕潘朝陽說：「人文主義地理學的『空間』理念，基本上是由『存在現象地理學』
　　　　（existential phenomenological geography）所強調的『主體性空間』（subjective
　　　　space）建構而成。以『存在空間』（existential space）名之。」見《心靈・空
　　　　間・環境：人文主義地理思想》，頁69，台北：五南，2005年。
〔註40〕段義孚，《逃避主義》，頁41，台北：立緒，2006年。

他根本就認為葛文俊根本就是所謂的「混蛋老師」，即使他有繪畫天份，也不願替他畫一張素描，於是這之間就產生了對立和衝突，掌握「權力」者當然就佔了上風。或許有人會以為逃避與掩飾就是對人性的背離，是一種不正常的行為，但是對劉武雄這樣主觀性較強的學生而言，這無疑是他成長過程中必要經歷的磨練。

第二節　流動的主體

一、〈散步去黑橋〉的時空流轉

　　〈散步去黑橋〉算是七等生創作中期比較成熟的作品。小說的場景從過去的傷痕累累的「記憶空間」移轉到自己的出生地沙河附近的「存在空間」時，小說人物的氣息就予人氣定神閒的感覺。這篇「眺望過往的風景，記憶著舊時的事物」的文字，因為在情節上多出了一位虛構人物，所以擴大的書寫的想像空間，讓作品相當富有巧思及創意。一個中年的「我」與童年的靈魂「邁叟」對話，兩人相約在冬天的午後散步同遊。出現在他們眼前的是新建的橋和新社區的道路，但吸引他們的卻是舊時的記憶和風景，所以他們決定一起散步去尋找三十多年前父親安排他們躲空襲時暫住山區呂家農莊對面的一座黑橋。他們必須穿過一條記憶中曲曲折折的田丘路，還得經過漫佈的稻田、池塘、山坡和農舍。這條漫長曲折的「記憶空間」裡出現了許多童年往事，第一個出場的是父親之死。小邁叟坦承在成長的階段裡曾埋怨過父親，但也不得不承認他們總是依賴著父親。光復前父親服公職，管過山林替人請願和說話，但光復後受排擠失勢過世後，原與父親稱兄道弟一起喝酒的朋友，在路上碰到他只看一眼掉頭就走了。母親在父親死後辛苦地擔當養家的責任，特別交代他不要隨便去向過去父親的朋友爭取同情。依序出場的還有土奎伯掏出五毛錢要小邁叟幫他畫一張中國地圖的往事，畫好後換來一擔甘薯。土奎伯還有一個哥哥土敏，雖與他們家不常來往，他續弦的十幾歲老婆卻跟他媽媽很要好，他們農家養的雞鴨就賣給他母親。他們還有一個啞巴弟弟和妹妹阿婉姑的。另外，還有湯家的大池塘，小邁叟覺得它的形狀大得很恐怖。同時也想起了妹妹玉美婚後在美國生活的情形，但最思念的還是與他年齡接近的童年玩伴大妹敏子，她曾在家境最貧困的時光被送給愛哭寮的吳家當養女，他曾承諾要把她贖回來，以至於對她永遠懷著至深的愧疚。

　　這些記憶在時空中流轉，就猶如一隻隻飛遊的蝶，離了牠們佔據的「記憶空間」，要不斷地找尋下一個停靠點，「黑橋」是他們此行尋訪的終點站，當他們好不容易在灰暗的黃昏中抵達目的地時，作者在最後一段處理兩人的對話是這樣的：

　　　　邁叟說：「黑橋，那就是黑橋！」

　　　　我鎮靜且頗不以為然地說：

　　　　「但那是一座白的水泥橋呀。」

　　　　此時邁叟十足小孩似的坐在土丘上，熱淚奔流慟泣而傷感地說：

　　　　「是真的黑橋——」（《城之迷》，頁 317）

縱使黑橋在歷經三十年的「記憶空間」裡褪了顏色，但是飛遊的蝶仍把童年的小邁叟帶到現場，「我」則在一旁靜默無聲，他說：「看到這景象，我不再和邁叟爭辯是灰橋是黑橋，是木橋是水泥橋；真理在時間中存在，所以我讓邁叟盡情地去號哭慟泣罷。」（同上，頁 318）七等生在這篇小說中回憶的人、事、物及場景，都不只一次出現在他其他的小說作品的情節中，有所謂「記憶陰影」的重現或重複書寫記憶的情形，因此學者呂正惠說他的〈散步去黑橋〉等的幾篇小說有「安魂曲」的效果，是對自己過去騷亂靈魂所作的寧靜的回顧。〔註41〕這個說法是有道理的，因此讀來特別令人會心。從精神分析的觀點看來，人在成長的過程中，不符合「現實原則」或「道德原則」的一些念頭、愛好或衝動，或早年的原始經驗及不快經驗，都被驅逐到潛意識中，這就是「潛抑」（repression）作用；而採取完全相反且往往重複的動作來象徵性地抵銷一些無法接受的往事，以便消除心理上之焦慮，這就是「抵消」（undoing）作用。〔註42〕七等生在當年《散步去黑橋》集結成書的自序中說：「我試圖給予在同一空間環境中，現在和往昔兩種不同時間的價值比較，屬於現實哲學的討論，可做為確立個人生存價值的前三個作品的結論。」〔註43〕可見當時他已在鄉居的生活中為自己找到合情合理的論述空間。

〔註41〕呂正惠，〈自卑、自憐與自負〉頁 109，收於《小說與社會》，台北：聯經，1992 年二印。

〔註42〕王溢嘉，《精神分析與文學》頁 40、56，台北：野鵝出版社，2001 年。

〔註43〕此書於一九七八年由遠景出版，此序中所說的前三個作品是指：〈小林阿達〉、〈回鄉印象〉及〈迷失的蝶〉。他說：「產生這三個作品，是我近一年多來，特別關注心靈內轉的狀況；對內在生命世界的闡述，本來就是我寫作一直延展不變的主題。」見《一紙相思》，頁 288、286。

二、〈綠光〉的旅行經驗

　　人文地理學者普瑞德主張：「地方從未『完成』，總是處於『流變』（becoming）之中。地方是不斷發生的東西，是以創造和利用物理環境的方式，對特殊脈絡中的歷史有所貢獻的東西。」〔註44〕對一個半生漂流的作家而言，七等生的存在感似乎就隱含於其地方感之中，而呈現「流變」的特質與「未完成」的狀態。如七等生在他〈離城記〉的題目旁的註記：「不完整就是我的本質」，並在他初版的《離城記》「後記」中說道：

　　　　我的每一個作品都僅是整個的我的一部分，它們單獨存在總是被認
　　　　為有些缺陷和遺落。寫作是塑造完整的我的工作過程，一切都指向
　　　　未來；我雖不能要求別人耐心等待，但我有義務藉解釋來釋清一些
　　　　誤解。被萬眾指望的作家，其精神將是不適快的；我寧可獨自自信，
　　　　而不願盼望萬眾的讚揚。一切誤解和惡評都不足構成自我塑造的危
　　　　機，如我現在就停止再寫作，我是一個充足和不充足的我；如我能
　　　　生存延長千年，且獲致最高恩惠的智慧，我仍然是個充足和不充足
　　　　的我，其中只有大與小的分別，絲毫沒有本質上的差異。〔註45〕

可見七等生把寫作看做是一生的事業，視文學是生命求知探討的手段，透過它了解人類歷史和世界環境，以窺見自我的內在世界。〔註46〕而他也引用十六世紀法國作家蒙田的話說：「人必須退隱，從自己尋求自我，我們必須為我們自己保留一個貯藏庫，揉合我們，在貯藏庫裡，我們可以貯藏並建立起真正的自由。」〔註47〕他同意蒙田的真正的自由是來自自我的尋求，必要為自己保留一個「貯藏庫」，也就是所謂的「自由空間」或是「寧謐空間」，以達成自我塑造的工程。於是他透過書寫，在漂流的旅程中留下他自我流動的行跡，

〔註44〕轉引自 Tim Cress 著／swell 王志弘譯，《地方：記憶、想像與認同》（Place: a short introduction），頁 59～60，台北：群學，2006 年。

〔註45〕七等生，〈離城記後記〉，《離城記》頁 68，晨鐘出版社，1973 年。

〔註46〕七等生，〈情與思（小全集）序〉，收於《一紙相思》，七等生全集【10】，頁 279。

〔註47〕乃轉引自七等生〈情與思（小全集）序〉，收於《一紙相思》，七等生全集【10】，頁 279。而在潘麗珍等人翻譯的《蒙田隨筆全集》（上卷）第三十九章〈關於隱退〉，同一段話翻譯成：「我們要保留一個完全屬於我們自己的自由空間，猶如店鋪的後間，建立起我們真正的自由，和最重要的隱逸和清靜。在那裡我們應該進行自己和自己的交談，毫不涉及與外界的溝通與交流。」大陸：譯林出版社，1997 年一版二刷。

而他也知道這不是速成的事業，他願意等待，並把目標寄望於未來。正如英國著名的社會學家安東尼‧紀登斯（Anthony Giddens）說的：「我們並非固定不變的主體，而是不斷進行自我塑造的主體。」〔註48〕如〈綠光〉一文被編入七等生全集【9】《譚郎的書信》中，細心的讀者將會發現，這篇禮讚法國導演侯麥的電影的小說，看似毫無創意地把電影情節與台詞翻譯成中文文字，嚴格而言不能算是他個人的創作，然而如果說能從這篇小說去透視七等生的內在性格，不失為開啟七等生創作之門的另一把鑰匙。〔註49〕尤其一開頭的白剖性文字：

> 戴芬，是法國導演侯麥的電影裡的女主角，她尋尋覓覓無始無終，這種類型和我的本性頗為相似，所以看到這部電影就像從銀幕上看到我自己的顯影。侯麥的動機似乎沿襲了汝勒‧魏納同名的書和某些內涵，我沒有讀過那本書，只從電影裡知道這位作家。我提到這種關係是為了表明對某種現象的存在有不受時空限定的認同。因此，我自承我就是戴芬。自來我了解自己的途徑不外是發現了對象顯露的本因而受到啟示，否則難有內省和自知的可能。事情就是這麼單純。（頁215）

話中對於自我的認同無疑有畫龍點睛的效果。於是我們可以推測，七等生不厭其煩地把整個電影故事譯寫下來而且放入其作品集的理由，無寧是緣自於他對〈綠光〉女主角「尋尋覓覓無始無終」這種性格類型的認同，也投射出一位旅者的漂流處境。到底戴芬是怎樣的一種人格類型，不妨從她的旅行經驗，在地方與空間的移動中講起。

小說以敘述者「我」的心理獨白進入戴芬的世界，戴芬是個適婚年齡的都會女子，有幾個可以分享心事的女性友人，可是還未遇到她生命中的真命天子。時序一進入夏天，她就會對悶熱的巴黎感到極度的厭倦無奈，心裡寄望著一個嶄新旅程的來臨。但原本約好同遊希臘的同伴爽約先行，令她十分沮喪。她不想接受友人的建議，獨自到西班牙的海邊渡假，順便結交新朋友，因為她沒有冒險的精神；她也不能理解爺爺何以能在酷熱的夏天留在巴黎這

〔註48〕轉引自譚國根，〈中國文化裡的「自我」與現代「主體意識」〉頁39；《主體建構政治與現代中國文學》，牛津大學出版社，2000年。

〔註49〕黃克全曾為文〈再論七等生——開啟七等生門關的一支鑰匙〉，對七等生的小說有極深入的掌握，筆者在此用「另一把鑰匙」，表示由此篇不失為了解七等生作品的門徑。

個都市而不會覺得不舒服,「他不愛山,因為他已習慣在巴黎開車,害怕滑陡的山路,他是真正的巴黎人」,而且只要「有散步所需的一切,有大公園」就足夠了;相對於爺爺以為塞納河可以代替海,戴芬絕對沒有辦法認同,她以為「沒有大自然,沒有海,是不可思議的。」(《譚郎的書信》,頁 216)而且天氣一熱,她就必需「逃離」這個都市,去親近大自然;她也不想跟姊姊伊莉莎白一樣舉家去度假,不管是露營或民宿,都可隨遇而安;她更不想跟著團體去度假,因為她有她自己對旅行的堅持與品味,譬如去哪個景點、用什麼方式,以及和誰同行等等。

後來她與好友淑婉及其家人前往「瑟堡」度假,瀏覽港口堤防的風光,但始終未能感到盡興與釋放:她拒絕陌生男子的搭訕與邀約,孤僻的性格也讓她與好友的家人格格不入;一個人漫遊在海浴場邊的樹林荒地,好幾處柵欄擋著她的去路,讓她自覺慌張、空洞和寂寥。之後她撥開茂密的樹枝,發現了一條小徑,原來是一條荒廢多時的車路:

> 沿路竟然然都是花樹,我靠近去嗅嗅長在樹枝上的花香。風吹很大,搖曳著繁茂的枝葉,像狂亂的波浪發出驚人的聲響,我的頭髮也被吹得散亂飄動。又有一處木柵擋著我的路,我停下來休息,轉身過來把背部靠在木條上。這時,我整個神經被這一帶我所經歷的環境控制住了,我感到無比的孤獨,我只意識到自己的位置,而所有的一切都被隔離在域外,離我站立的地方很遠很遠。這種感覺使我掩臉哭泣。(頁 230)

這種「誤入歧途」的慌亂感,起於個體對一空曠的自然環境所生的陌生感覺,尤其是對戴芬這樣一個有「自閉傾向」的旅行者而言,當她獨自面對柵欄這樣一種象徵禁制的器具時,原來亟想擺脫巴黎「擁擠」感的決心,卻在面對自然環境的空曠感中被徹底的擊敗,她只能退回自己內在的角落,而讓孤獨重新盤踞在她的四周。如段義孚說的:

> 一個健康的人歡迎「制約與自由」,亦即是「地方的局限性」和「空間的暴露性」。相反的,一個患憂閉症的病人只看到細小而緊湊的地方,實乃抑鬱的容器,而不是一個包容空間可獨自沉思或提供作小團體享受友誼的溫暖。一個患曠野恐怖症的病人恐懼開闊空間,因為感到無所適從而產生自我整體支離破碎的恐慌,卻沒有領略到一個廣大的開闊空間正好適合自我潛能的開展,悠悠天地,

任我飛翔。〔註50〕

於是她在假期未了前便決定提早返家，內心空盪盪的，形容自己心裡的感覺像是個「巴黎的白癡」。這個看來缺乏生活情趣又沒有明確目標的戴芬，後來獨自一人前去「比亞」的海濱度假，無意聽見人家談起汝勒·魏納的《綠光》──書中對綠光出現時所詮釋的物理現象是「當球形的太陽落下地平線時的最後一瞬間，有一道彷彿綠色的閃光像馬刀刃般橫向反射，美極了，但極短暫。」（《譚郎的書信·綠光》，頁236）她抓住了其中一句話：「人在看到綠光時，可以洞悉人的心思。」（同上）這句話觸動了她的心靈。於是在她厭煩了這趟旅遊的一些虛情假意的邂逅，決定提前結束行程返回巴黎時，在比亞的車站碰到一位即將前往桑尚德律去度周末的「誠樸和穿著整齊黑色衣服」的青年男子，原本冷漠被動的性格竟然主動示好，並大膽提出請對方帶她同行的要求，只因為她覺得桑尚德律這個名字好聽、有魅力（也有可能是其它的因素，譬如這個男子同她一樣有一張「嚴肅冷漠的臉」）。最後在桑尚德律的小漁港，她與這一位初次謀面的男子一起欣賞落日前的景象，男子問她：「它會帶來幸福嗎？」她回說：「並不全然這樣，是會使人心心相印。」於是在面對太陽沒入水平線的一剎那，她的心幾乎要從胸口跳了出來。正如楊翠所說：「透過旅行，『他者』（他鄉、他人）成為自我認識的參照體，旅行者的風景，是一個異質空間與鏡像空間，映照出家鄉特定時空中的某種生活特質，並召喚出對此生活特質之感覺，而此種特殊活動的感覺方法，形構出特殊的感覺結構與地方感。」〔註51〕

這是一個近乎純愛題材的電影小說，在文本一開始即有一段類似序言的自我表白，也蘊含著對法國導演侯麥大師的致敬之意。雖然有人以為這是電影本事的重寫，看不出創作以外的新意，〔註52〕充其量只能被視為電影筆記，但若是以後設文本的角度看來：「敘述者進入文本的入口處理，是被稱之為『超小說』的一個確定的特色。」以及「後設通過語言的結構以及先在的文本，持續地介入和協調著現實」〔註53〕的說法檢視之，雖然七等生在創作時並不一

〔註50〕段義孚，《經驗透視中的空間與地方》，頁50，台北：國立編譯館，1998年。

〔註51〕楊翠的博論，《鄉土與記憶──七〇年代以來台灣女性小說的時間意識與空間語境》，頁95，台大歷史學研究所，2003年。

〔註52〕金恒杰，〈失去純真的晴子─評七等生《我愛黑眼珠續記》〉，（未標頁數）《責任書評》。

〔註53〕此兩段出自於帕特里莎·渥厄著《後設小說─自我意識小說的理論與實踐》頁16、17，1995年，駱駝出版社。

定有此「後設」的自覺，但今天讀來卻有此意圖和趣味。由於戴芬性格的敏感，她特別會去注意周遭的石像或是地面上掉落的撲克牌，或是電柱上的廣告紙，想著會有什麼預兆或命運在冥冥之中的所謂暗示，並在空間與地方的移動中，流露出尋尋覓覓的蹤跡。這種流動的自我，貼近於七等生孤獨的性格以及一生「在自我的土地上漂流」的創作軌跡，在對城鎮的迎拒之間，產生了掙扎與拉扯。若說電影裡的戴芬溯光而來的是一種心心相印的愛情感動，則從七等生在文本中流露出對愛欲的渴求看來，我們是否也可以說，現實的七等生其實也在等待生命中的綠光，為他帶來一份心心相印的愛情？在他的生命中有太多愛情的缺口，造成一個虛無的黑洞，隨時要來吞噬他荒蕪的心靈：「整個問題是我對女性的永不絕斷的渴慕和企求，時間是事物變換的催促者。」〔註 54〕因此在時間的更迭中，他對愛情的定義除了兩情相悅的層次之外，似乎還賦予其超越的形上意涵。如他在〈理想的戀人〉中所說的：

> 俗世的每一個人都有一個妻子，或一個丈夫，但不要否認幽深神秘的心中也有一位理想和仰慕的戀人；當企慕理想的戀人愈勤，認為愛他勝於愛妻子（丈夫）時，男女才能平等和諧的相處；要是依俗世的膚淺看法，只能愛妻子（丈夫）而不能瞻仰理想的戀人，就等於只渴慾肉體而摧折原真的自由意志，那麼雖然能在日子裡表面的履行夫妻的義務，但根本上是連一點愛意也沒有。愛女人（丈夫）而且相信他個人的世界必定有一個理想形象的存在，是完全依照心理的本質衍生而來的，而愛妻子（丈夫）並不牴觸，也不矛盾，因為短暫的人生是永恆生命的分支和過程，生活的意識的源頭是宗教虔誠的情操。（《重回沙河》，頁 147）

這個行吟澤畔的身影，所尋覓的愛情的本質，是沒有年齡、道德，甚至世俗限制的，推展到極至其實就是所謂的宗教情操。因此當我們刻意要從作家以自身經驗所繪出的創作藍圖，那些完整或不完整的，以點、線、面連結和拼湊的粗糙筆觸和塊狀痕跡中，去尋索其意義和價值時，倒不如後退幾步，用欣賞抽象畫作的心情，忽略細部，才能觀照到整體的主題和意涵；而更深入地，把他一生的創作，視為他人的話語，探入潛意識的底層，就像潛入沙河的伏流一般，感受它緩緩行進的脈動，雖沒有確切預定的路徑，卻有一明確高遠的方向可尋。

〔註 54〕七等生，《譚郎的書信》，頁 10，七等生全集【9】。

三、「裸身自拍」和「酒家樂」的潛在意識

　　七等生從〈綠光〉主角戴芬的身上找到自我的「同一性」。而「同一性」的辨認是現代人追求主體認證的一重要且必要的階段，也就是精神分析學家拉康在鏡像理論中，所謂主體形成的過程，可以透過七等生小說筆下的角色人物如羅武格、賴哲森、亞茲別等人的主體形貌中，觀察到類似尋尋覓覓、漂流不定的潛在意識。七等生的每一部小說作品的主角人物都有他獨特的形貌，也都在訴說他們的人生處境和生命故事，當這些主體形貌透過不同的故事版本在他們的時空中展露形姿時，我們可以感受到每個存在處境對個人產生的場所意義。他的小說人物在性格上都有其獨特性，那是由於七等生在創作人物時不自覺地把他自我塑造的認同反射在他所形塑的人物角色中，於是乎在自我異化過程中，語言之牆所造成的主體分裂與隔閡，恰恰影響到讀者的心；也就是說，當七等生本身主體想像的自我與他人主體（讀者）想像的自我能夠心心相印時，這就完成了主體的認同；反之，當二者的想像自我，不能彼此接收和感受，也就是產生排斥作用和不符合讀者的期待時，這一類的讀者就被排除在理想讀者（想像的他者）之外了。法國拉康有關自我與主體關係的論點亦可補充說明部分的作品。拉康〔註55〕是二十世紀法國最具影響力的思想大師之一。他集精神分析學家和哲學家於一身，不僅在精神分析學界而且在整個西方學術界，都是一位傳奇式的人物。他將畢生精力奉獻給精神分析學，試圖藉助於語言學、人類學、哲學和數學等學科的知識和技術，重新解讀弗洛伊德（S. Freud），賦予其科學的地位，從而創立了結構主義精神分析學，並被奉為結構主義、後結構主義、詮釋學乃至後現代主義的大師。而所謂的「鏡像階段」是指六至十八個月的嬰兒在鏡前的反應。這時期的嬰兒還不具備獨立行動的能力，它在鏡前初次看到了自己的影像，看到了自己

〔註55〕拉康一生的理論思想可分成三個時期：第一時期是理論的奠基期（1926～1952），其「鏡像階段」論點曾於國際精神分析學大會上發表，又名為〈鏡像階段作為精神分析經驗揭示出的我（I）的功能之形成〉（曾在 1936 年第 14屆及 1949 年第 16 屆國際精神分析學大會上宣讀），之後被收於拉康《文集》。第二時期又稱建設期（1953～1963），曾以〈羅馬講演〉在第 17 屆國際精神分析學大會上報告，造成轟動，而於此際主張回歸佛洛伊德。第三時期也就是理論實踐期（1964～1981），其《文集》於此出版（1966），集精神分析學家、教師、學者於一身，正式成立「法國佛洛伊德學派」（1964 年於巴黎成立）。以上資料乃參考王國芳·郭本禹著，《拉岡》，頁 2～3；台北：生智文化事業，1990 年。

完整的軀體，情不自禁地流露出欣喜莫名的表情。這是人格形成中的一個主要階段，〔註56〕可以一個圖形顯示，意即拉康所稱的圖 L：〔註57〕

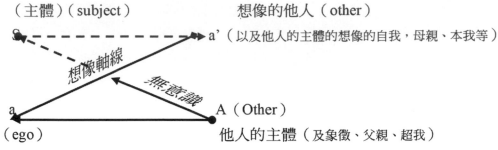

（主體）（subject）　　　　想像的他人（other）

想像軸線　　無意識　　a'（以及他人的主體的想像的自我，母親、本我等）

a　　　　　　　　　A（Other）

（ego）　　　　他人的主體（及象徵、父親、超我）

主體的想像的自我（及兒童、自我的理想）

　　這個圖 L 涉及到拉康的主體理論，因此可以看出人格形成（包括病態人格）與外在人文環境的關係，包括「自我」、「主體」與「他者」的關係。而本文則取其對「自我」與「主體」互涉的論述，去審視七等生小說人物的無意識狀態，希望得出一簡明清晰的脈絡，有助於對人性的掌握，以進入更深度的解讀。〔註58〕如他有一張攝於一九八一年的裸身「自拍照」，在文建會出版《台灣現代美術大系》之 23：【現代意識攝影】（2004 年）之前，並未公開亮過相。〔註59〕這是一張刻意將重要部位模糊化處理的裸身黑白照，有一種時光倒流的歷史感，擺著行走的姿勢，彷彿正從某一個歷史的時空裡走出。不管從班雅明（Walter Benjamin）的「閒逛者」（flaneur）觀點，以「自我」的孤獨之眼在某種距離下觀看自己的「主體」，或是用拉康「他人」的「主體」來反觀「自我」，都是饒富趣味的舉措；即便在羅蘭・巴特的攝影札記中，這種集操作者（Operator）、承受者（Spectrum）、與觀看者（Spectator）〔註60〕於一身的照片，其背後的行為動機相當值得玩味。

〔註56〕吳孟昌，《七等生小說研究：自我治療的書寫旅程》，靜宜大學中文所碩論，2006 年 6 月，頁 40。此理論來源於拉康對女性偏執狂犯罪動機的研究。在1926 到 1933 年期間，拉康曾潛心研究精神病婦女及其暴力行為。並於 1932年完成博士論文──《論妄想型變態心理及其與人格的關係》。頁 129～130。

〔註57〕杜聲鋒，《拉康結構主義精神分析學》，頁 115；台北：遠流，1988 年。

〔註58〕以上資料轉引自筆者〈「逆子」自自我異化與主體分裂──由拉康的「鏡像階段」審視王文興的《家變》，《修平人文社會學報》第三期，頁 162～164，2004年 3 月。

〔註59〕〈七等生：夢迴沙河，黑白孤獨的吟唱者〉，《台灣現代美術大系》之 23，頁65；此照片請參看論文後附錄七。

〔註60〕羅蘭・巴特，《明室：攝影札記》，頁 18，台北：台灣攝影工作室，1997 年。

　　七等生曾表示過自己的照片並不多，一九六二年發表第一篇小說之前，沒有多少生活照片留下來，也不愛拍照，因為他自來有迴避拍照的傾向，偶爾的場合也會退縮在一旁，同一年去當兵，姊夫把相機借給他，他拍了一些以自己為對象的照片，然而對相機的喜好還是大過於被拍照。〔註61〕事隔二十年之後，他拿起相機研習攝影（一九八〇年），同樣以自己為對象，拍了這樣一張裸身的照片，可以解讀成這是內向性格的他對「自我」「主體」的觀照程度近乎「自戀」，呼應他在此一時期對藝術追求的熱切，以及亟欲褪去自身以外束縛（比如海濱的裸泳）的渴慕，〔註62〕但同時也反映了他一慣的創作態度，即反躬自省，從自我出發，再回望「他者」的主體：「當我們疲乏地倒在沼澤的水潭邊，面孔因焦渴而伸進那片鏡面，我們將清晰地看到自己，在那寂寞的孤獨裡，更能辨明自己的真貌。」〔註63〕但是否回望「他者」的主體就能辨明「自己的真貌」？當然這是不確定的，可是他卻始終樂此不疲地在自我的回眸中尋找主體的認同，這也是大部分作品的主題所在，楊照說：「七等生整個寫作的主題主調，正是將自己設定為認命接受傷害與屈辱的一方，用退縮來換取肯定認同。這是他文學的精髓，也正是憂鬱與困惑的終極來源。」〔註64〕因此我們也就在閱讀的密林中不斷地體會與感受到，他在自我、主體與他者的置換中，專屬於七等生的自我風格與創作奧秘。

　　向《花花公子》所做的「通霄陶醉通霄」〔註65〕報導中，七等生與兩位文字、攝影記者在「卡門西餐廳」飲酒作樂的照片曝光，真是令人大開眼界；向來不愛拍照的七等生，仿舊日「樂天地」酒家的已逝風情，出現幾張私秘的「限制級」照片，他們以此為樂，因為彼此（男女）坦裎對待，沒有禁忌和高下之別。原來在七等生幽微的文本背後，居然隱藏了他年少時「上酒家」的秘密情事。而照片中他們與幾個資深酒店小姐放浪形骸的模樣簡直「狂放」到了極點，男女內在的欲望透過酒精的發效在毫無隱諱禁忌地的身體碰觸中迸發，這樣快意的人生，就是七等生真實的面目嗎？或者這也只是文本的鏡

〔註61〕七等生，〈作家臉譜：他不是我？〉，《聯合文學》，12卷9期，1996年7月。
〔註62〕他在寫〈譚郎的書信——獻給黛安那女神〉時，正是夫妻關係生變的時期。
〔註63〕七等生，〈情與思：小全集序〉，收於《一紙相思》，七等生全集【10】，頁280。
〔註64〕楊照，〈「自戀書寫」中完成的自我——重讀七等生的小說《思慕微微》，頁123，收於氏著《在閱讀的密林中》，台北：印刻，2003年。
〔註65〕余光照撰文／林東亮攝影：〈七等生帶你上酒家：通霄陶醉通霄〉，《Play boy》雜誌，1999年3月號，頁55～61。

像，另一個主體「他者」的呈現？與文本中隱藏的「自我」，哪一個才是更真實的自己？七等生曾在〈我的小天使〉寫出一個教師在旅途中召妓的情節，他（教師）充分地享受那一刻的美好和歡愉，希望時光永遠停留，甚至對她說出：「我們相遇了就不要再分開」（《重回沙河》，頁248）的話。起初女子明亮的黑色眸珠特別閃閃動人，之後「她的黑眼珠不斷注視我進而發現我、辨識我，她的眼瞼似乎展佈一層鄙夷的憎惡，我已達到目的。我忽略這尾聲帶來的莫名不快，我任她去了，她是誰？」（同上，頁248～249）女郎離去後，他追索到她的家鄉萬里，原來她就是他從學校剛畢業時派到偏僻漁村任教時教過的學生。「我沿著那段潔白的海岸走回來，那是年輕的我和學童們一起戲水和玩耍的老地方，我帶著羞慚和懷念的沉痛心情，希望她仍然還是個天真的小女孩，不，事實已不可能了。」（同上，頁250）空間在時間的推移中改變了事物的（純真）面貌，他即使是回到了老地方，也不可能挽留住什麼。然而重現昔日的酒家風情到底有何意義？只是男人欲望的渲洩出口，抑或是潛意識裡緬懷逝去的「家園」，也就是尋找一種內在於地方的歸屬感，始終令人費解。

第三節　鄉關何處——城鄉的時空置換

一、城市的幻影——《離城記》的存有危機

　　《離城記》是七等生返鄉後的第一本中篇小說，因情節由一人出發，涉及到幾個在場與不在場的人物與場景，看似各自獨立，但卻彼此串連出與題旨相關的思維意念。基本上這是一篇探索存在課題的意念小說，在主角詹生發出離城的意念之後，在基本立場和態度還未成熟明確之前，兩天之內奔走想見的幾個人都不在場，依序為「高漢」、「葉立」和「李在平」，而與詹生對話的幾個在場的關鍵人物則是（葉立的好友）「賴君」、（李在平的戲劇導演）「單教授」、「葉立的孀母」、「葉立的妹妹」、「留鬍鬚的男人」和（地下室咖啡屋）「惠蘭小姐」。透過這三個不在場的人物，形成詹生探詢自己存在價值的三條路線，即人與自我／存有，人與家族／親人，人與社團／社會；而與之相關的幾個在場的人物則像是一面鏡子，照出自我的認識與界限，而使他加速決定自己的去留。以下就從〈離城記〉的幾個不在場的人談起，來觀看詹生離城意念的萌發與存在感的追求。

（一）高漢——人與自我／存有的對立

　　高漢是詹生第一個要找的人，故事一開始是說是高漢主動約詹生在麵包店的樓上咖啡屋見面，但應約前來的詹生卻找不到他。詹生感到很納悶？事後詹生（對葉立的嬸母）說：「我曾在產生離城的意念的那一刻接到一位署名高漢的邀約信，我想如果我沒有此意念的萌生，根本就不可能接到那一封高漢的信。」（《離城記》，頁29）當詹生在第二天的黃昏再度赴約時，想到：「昨日他的違約顯然是有意造成，彷彿說明像他這樣一個龐大高強者無意與一個弱者對峙，他在等候我的茁壯，他要我有所準備，來顯示他的公平的君子風度。他是有意要我自動地向他走過去，雖然最初的意念是他發起的，可是真正的動機還是我最先開始。這像是我走向我想像的另一個自我。」（同上，頁36）此時詹生收到一張要他到地下室咖啡屋找惠蘭小姐的字條。惠蘭小姐要詹生留下來當她的助手，並等候高漢的到來。後來從惠蘭小姐的口中得知，在詹生不在的一小時之間，高漢來過了，詹生請求惠蘭小姐描述一下高漢這個人，但惠蘭口中漂亮友善的高漢顯然並不能滿足詹生的期待，反而在她說出高漢與詹生的對照中，讓詹生聽起來非常氣憤，認為是她曲解了對他個人的了解。最後透過一個「留鬍鬚的男人」洋洋灑灑地訴說對高漢的認識，所得的結論是：「當我們的思索把自己逼近於絕境的時候，我們才算是開始要對他產生一個最初的認識。當我們從外在的世界去尋找證物時而一無所獲時，這時我們便開始返回向自己去追找，從自我之中去尋找那個證物以求得所要得到的答案。……」（同上，頁68）看起來高漢只是詹生起心動念的瞬間存在的人物，他沒有真實的存在的實體，但他卻是詹生第一個要去面對的「人」。

　　從「留鬍鬚的男人」的口中，高漢的角色近乎是個內在的自我，接近德哲海德格所說的「存有」；「存有」不是一個實體，而是一種「延續下去」的方式，它是不言自明的。海德格的主張是，人有他「延續下去」的獨特方式，例如，他有各種行為，他是個行為者。但他之能行為，是由於他早已了解他是可以行為的，否則他不會要求自己去行為；若他不要求自己去行為，則他就不會實際行為了。換言之，人能行為，是他早已了解他獨特的「延續下去」的方式，亦即他的存有。〔註66〕從詹生與「惠蘭小姐」的對話中，詹生一再地表示自己是個「游魂」，而且準備要「離城」，他會進咖啡館的目的只是為了

〔註66〕陳榮華，《海德格「存有與時間」闡釋》，頁19～20，國立台灣大學出版，2003年。

跟高漢會晤，亦即他只是要再一次去面對他的自我／存有罷了。但從「惠蘭小姐」的口中，似乎詹生與他是敵對的關係，雖然詹生生氣地否認，認為這對他有很大的誤解，但「惠蘭小姐」卻一針見血地說：「你要住在這個城市裡便要順從城市的一切風尚，否則你便要處處嚐到痛苦。」（同上，頁63）換句話說。逃避自我的結果只有備嘗痛苦的份，倒不如與他和平共處。

（二）葉立──人與家族／親人對立

尋找葉立是繼找尋高漢後發生。詹生是為了要離城特地來見他一面。兩人連普通朋友都稱不上。當詹生前往葉立家時，葉立剛好在前一刻離開。他的母親似乎很不高興，要他去問一位賴君，他知道葉立的事。詹生前往賴君家，葉立並不在場。由賴君的口中得知，葉立與祖母的關係密切，但這卻不是因著血緣，而是一種互有默契的愛：「他在血緣上不屬於現在的父親，因此他的祖母予以特別的照料。碰巧葉立的一切條件均足夠使一位心地慈和的女性產生愛意。葉立躺在祖母的懷抱對他的祖母來說是一種意外的收穫。她對他的愛是有意的，當葉立長大後還能表現出依賴她的態度也是有意的。」「他們倆像兩個可望而不可及的事物在互相吸引，永遠保持牽引的力量而不貼合成一體；一個是有意愛他，他是有意為她所愛，這種愛永遠不會拆散，不像生命體因結合而分裂。這種愛會維持下去的真正理由當然是潔淨和不互為佔有形勢。」（同上，頁11）「但是他的有血緣的母親則不然。葉立的母親是唯一對他嘮叨的人，她必須以與家庭中的人相反的態度來對待葉立。她這樣做無非是為了藏匿她內在的心情。這一切的情形從葉立誕生開始至今未變，這是葉立的家庭形式。葉立的誕生形成他們家庭形式的確立；他雖然是私生子，但他居最重要的地位。」（同上，頁12）

葉立的嬸母雖稱葉立是怪人，卻說：「他的存在使整個家族瀰漫著愛的氣氛，這種愛在人間（是一種）很難達到（的理想），可是卻能在我們的家族中出現。葉立的母親有時顯得有些嘮叨，可是我們都充耳不聞。我們知道她的那些嘮叨是引不起作用，是她個人的一種發洩而已。很早葉立的祖母已經看出這一點，所以叫葉立和他的母親分離。我們都同情葉立的母親，可是那是她個人的命運。許多事我們只能放在整個家族的立場來評定。……」（同上，頁30）「人們一旦稱呼某人為怪人是懷著許許多多的惡意，可是我們稱葉立為怪人，卻認為他是個無法解釋的超然形體。他本身對自己也許一無是處，但是他卻能引動別人，影響別人的一切行為，啟示人的思想，而且都屬於是良

善方面。」（同上，頁30～31）

　　從旁人對葉立的描述中，我們得知葉立雖是一個私生子，但卻在這個與他沒有血緣的家族中扮演一個討喜的角色，整個家族因他而形成一種良好的關係。但他之所以出走，就詹生的理解是，一、「他是以他的生存作代價」，二、「其中一定有更大的犧牲在他的本質裡。」（同上，頁31）而且葉立也在逃避他的生父想用實質的金錢對他的補償，因為他要保有他的自尊，即使生父的告別式他也沒有參加。一個不在場的葉立，是因為承受不了他的存在背負太多人的期望，還是他對自己所扮演的角色感到若有所失？或許賴君對葉立的了解可以稍作補充：「他從不接受任何的餽贈或任何人性上的同情。」「他也許是為了忠於自己，因此使人覺得他神秘。」（同上，頁9）詹生對葉立同父異母的妹妹說：「葉立也懂得如何去辨識真實與法律兩者的面目。我想葉立的離開是有原因的，他可能就是要躲避這種真實與法律之間的煩瑣，假如妳能在這事上去為妳的葉立哥哥保持他的自尊，那是很有價值的。……」（同上，頁70）這或許是詹生在離城前所要確立的，一個人在被拋到世上來，置身於一個複雜的家族關係中，他的努力與限制。

（三）李在平——人與社團（社會）的對立

　　在未能見到葉立的翌日早晨，詹生走向一城市中設在護城河上的古色古香的大學。他到一座設備完善可充做劇院的大禮堂，他要去尋找一位叫李在平的戲劇系學生，卻涉入了以單教授為領導核心的一場戲劇排演中：「即使我無心觀看，它必要如時地表演出來；即使我把雙眼密閉，它依然會在整個空間發出各種聲音。我相信我現在離開，它會使我惦記它的演出，它存在我的心中像縮小的舞台。」（同上，頁16）當單教授主動來跟他談起李在平時，舞台上正在上演莎士比亞的李爾王。他們的對話當中不時穿插劇本台詞的對白。單教授說：「人人都有一個角色可當，……但是李在平什麼也不是。在這齣戲裡他不適於任何一角。要是他現在在此地，戲開演了，他便成為不存在的人，他不像我是個名副其實的導演，像你是個觀眾，他是心理上一個為台上這齣戲劇所排斥出來的人。他或許認可自己為法蘭西王，但別人不以為然時，他便當不成。我雖然有權利指派他擔任一角，利用我個人對他特別的感情，可是那將會把整個戲劇弄得不平衡，其他的孩子因為不諧和而怨聲四起。他在戲劇的天枰上顯不出有任何的重量。現在你或可暫時替代他坐在這裡，他的確一向都是和我坐在一起抬頭注視舞台上，可是你沒有他那種失去存在

的心情和感覺。我是完全可以把你當作他看待的。你可以從我之中獲知一個被疏離的人的苦痛。」（同上，頁 20）從單教授的口中得知，李在平是個不願被培養成任何角色的學生，時常稱病不來上課，甚至與單教授的姪女愛珈私奔了，他荒誕不經的生活完全不受單教授的掌控，這是單教授的導演性格所不能想像和忍受的。

詹生為何誤闖這個大學院校的小型劇場，而與這個主導性很強的戲劇系教授有所接觸，看起來是因為李在平這個學生的關係，但李在平與教授之間似乎又比一般的師生關係更親密一些，以至於教授對他的要求與期待更高，但失望也越大。看到前來的詹生幾乎就要他取代他的角色。但詹生只是一個局外人，他看清楚這一切不平等的關係，他也了解李在平之所以逃離這個掌控慾很強的教授的原因。因為擁有名望就掌握權力，一個小型的社團就像是一個社會的縮影，包括教育、法律、經濟、政治各個層面，莎士比亞的戲劇是最能傳達及反諷真實的人生，用這個戲劇切入這個探索的主題，恰能反映，單教授就是其中掌權者的象徵，像一個高高在上的神，人的命運是由他擺佈，任何人想在這個社會佔有一席之地，無不要經過他的允許首肯，用自己的自由來交換，否則就什麼也不是，甚至會莫須有的被冠上「偷竊」的罪名而身敗名裂。套句單教授說過的重話：「詹生，當你的思想不再順乎城市的秩序，你便是與城市為敵。」（同上，頁 38）當詹生再度與這群師生在麵包店的咖啡館相遇時，詹生無心流連在這一群以單教授為核心，真實的人生與戲劇界限混沌不明的師生聚會中去做無謂的爭論，走出麵包店後的心情，雖走在城市最為熱鬧的地區，卻感覺單獨走在沙漠上一樣。

如金沙寒所說的，現代文學本質上即對此人的存有境況的自我省思，我們感覺自己受到對自然、對他人，甚至對自我隔離而矛盾的危機，人被固定淪為社會環境的某種功能而不能發展自然的本性，人感到「不完整」。這種「不完整」、「不能成為自我」乃是最根本，同時也是真正能關切於人的一種生命的痛苦，這種痛苦逼使我們去思索，去追求自己遭遇到的他人以及事事物物與己所發生的關係，譬如世間與己關繫最密切的家族親族之愛。〔註 67〕進一步當然是去界定自己在這個社會中的角色與地位。

高漢是一個「不在場」的人，不能被稱為真正的存在，隱喻詹生似乎連

〔註67〕金沙寒（黃克全），〈不完整就是我的本質——釋七等生的《離城記》〉，《書評書目》82 期，1980 年 2 月，頁 65～73。

在城市的咖啡館都無法探尋到自己的存在,所以他是一個分裂的主體,因此他只能對「惠蘭小姐」說:「我生來就像一個幻影在城裡浮生游走,我離城對別人而言無法構成印象,對我卻是一種珍貴的選擇。」(同上,頁72)他感覺自己像是城市裡的邊緣人,是一游走的魂魄,對自我的存有沒有清楚的認知,他以為可以從高漢那裡,找尋到問題的根源。虧缺的生命讓人感到很深刻的失落感,進而對人感到不可信賴,即使像葉立這樣什麼好處都不缺的人,在還未認清自己的存有時,或感到生命不夠圓滿時,他也選擇要忠於自己而出走,不從城市貪得任何的財物。詹生一點都無法容忍他人對他的存在方式有絲毫的誤解和批判,連做咖啡館的侍者都覺得違背他的本性。他說:「如果不是想要與這個城市的一切,與自己所生活過的一切都加以完全地斷絕關係的話,那就不是我所要意欲去做的事。我意欲去做的正是要與這個城市斷絕往來,與自己往日的行跡再沒有任何的關聯,擦掉我自生以來的一切俱存的思想。我的離開正是為要去住另一個別於此城的新城,並且永遠不會有悔意有任何的懷想,甚至永不再投回來。」(同上,頁34)果決的離城態度是因為詹生體會到自己在城裡的職責已了。惠蘭進一步質問他:「你是誰,詹生?」他回說:「一個時間的幻影,惠蘭小姐。我不是一個實在的軀體;一個不可仰賴的朋友。當我一無職責時,在這個城市裡就不能構成存在的概念。」(同上,頁73)

　　詹生曾對自己最初萌生的離城意念加以檢討,起初是出自於想與這個城市的一切,自己所生活過來的一切都完全斷絕關係,包括過去一切俱存的思想。但當時他置身其中時是看不到城市的界限的,他也不確知自己的新城在哪裡,也找不到離城的途徑,就像李在平陷入了「戲開演了,他便成為一個不存在的人」的絕境,因為人是需要此一場景的,這個場景雖是人生的限制但同時也是人存有的一支持條件,也就是說,場景提供了一生存背景,生命之影方能投映其上而顯出形象。金沙寒引德國哲學家卡爾・雅士培(Karl Jasper)所謂的「界限情況」(Grensituationen)的概念來說明:

> 我的存在首先照明了什麼呢?照明他自身是處在「界限情況」中:
> 我「在那裡」,我「在世界中」,我被安排於某種環境中,人生「必
> 在一個情況中」,是存有的基本界限。〔註68〕

〔註68〕轉引自金沙寒(黃克全),〈不完整就是我的本質——釋七等生的《離城記》〉,
《書評書目》82期,1980年2月,頁65~73。

他的存在與火車站前出出入入的人潮是沒有兩樣的，他想，有些人的形貌看起來是搭著火車或坐著飛機離開，從此城移往他地，看似離城的途徑，但不久後他們又坐著交通工具回來了，事實上是離而不離。後來，當他沿著一條護城河要返回地下室咖啡屋時，他發現這個城市並非無涯和範圍，它是有一定的空間，而且也有它形成的特殊模樣。「河的這邊與河的那邊形成很不相同的對比；無論是站在河這邊望河那邊的野草，或在河那邊望河這邊的高大繁立的建築景象，一定有著極不相同的，甚至是相反的感想。」（同上，頁 61）此時離城之意第一次引起他的感傷。人在時空的漫遊中似乎很難忘懷過去所生存過的痕跡，除非認定自己只是時間的幻影，否則難免會有很大的感傷與不捨。

　　《離城記》的詹生應該只是七等生階段性的一個主體形貌，反映了他當時漂泊的心態，目的要傳達當時離城的決心：「我的個人意志驅迫我邁向這樣的一條路：我必須退讓出大家耕耘的土地範圍，在一個沒有人注意或有意疏忽的角落固執地來種植我的花朵。」〔註 69〕這是現實的七等生的自我宣誓，而相對於詹生在離城前的心理狀態：「我在街上又開始我的行走，且感覺水滴從髮上流下來滑過我的眼睛。雨中的城市看起來美麗動人，我對自己已經有了真正的關心的忘懷，如我對那巨大的城市只存有心靈的記憶。」（同上，頁 73）如鍾肇政個人的看法：

> 我曾說七等生是『徬徨一代的靈魂』，看來這位徬徨者之中最徬徨的一個，至今猶在徬徨──亦趕快聲明一句，說七等生徬徨，並不是說他一直過著居無定所，如今且淪落到深山的生活方式，而祇是說，目前這個時代，多少年輕人在徬徨，七等生的文學，正是為這個徬徨的一代唱出了令人靈魂為之震顫的一闋闋生命之歌！〔註 70〕

或許七等生只是藉詹生這樣一個城市的邊緣人所流露的「流亡」心態，以及自覺的時間幻影，來構築出他心目中的「城」市意象，事實上是透過對幾個不在場的人的追索，唱出了徬徨一代的心靈之歌，要從自我的存有中尋找不完整的主體，像回到原初的家園去栽種屬於自我的心靈之花，因為欲迎還拒終舊是他義無反顧的生存姿態。

〔註 69〕七等生，〈離城記後記〉，《離城記》頁 67，晨鐘出版社，1973 年。
〔註 70〕鍾肇政，〈文學使徒七等生〉，《白馬》頁 2，遠行出版社，1977 年。

二、原鄉的想像——《城之迷》的漫遊與尋索

　　七等生的《城之迷》（1977 年）可以被視為是《離城記》（1973 年）的續集，當然它們也可以被獨立對待，這是七等生一向的「介入」與「抽離」的創作態度，也可視為他的創作美學。譬如敘述者描述柯克廉在從蟹居的鄉村到台北辦事後突然想見昔日的女性友人一面時說道：「五年多前他的斷然離城並不是與這女性有直接關係的緣由，換句話說不是為了愛情的事件，我們最好把它歸結為一個與命運有關的理由，那就是時運使然。或者我們形容這是柯克廉年輕而憂鬱的氣質的一番作為。」（《城之迷》，頁 17）另一處是這麼描寫：「猶如五年前他的那番憂鬱氣質的離城作為一樣，只是他個人內窺生命的一種自由意志的表現，與這個大城的任何人無關且亦無影響。當然這事已沒有必要多加解釋。」（同上，頁 18）或許詹生當初「離城」的理由，是因為在城裡的失落，找不到自己「存在」的感覺。根據顏忠賢引 Ibid 的說法認為，「地方」（place）不只是一個客體（object），雖然相對於主體來說，它常是一個客體，但它更被每一個個體視為是意義（meanings）、意向（intention）或感覺價值的中心；而且是一個動人的，有感情的所附著的焦點。一個令人充滿意義的地方。而現象學的觀點強調：經由人的住居及經常性活動的涉入，經由親密性及記憶的累積過程；經由意象、觀念及符號等意義的給予；經由充滿意義的真實經驗、認同感與關懷的建立，「空間」（space）及其實質特徵於是轉形為「地點」（place）。[註71] 詹生既已失去城市對他在感情上附著的意義，也非意向或感覺價值的中心，而自覺只是一「時間的幻影」，離城則是勢在必行。而離「城」是為了踏上返「鄉」之途，此「鄉」在七等生的定義中已成為「新城」，因為時間的意義已經不同，他的感覺也有了差異。

　　但現實中的返鄉之舉除了有漂泊旅人回家休養生息的理由之外，「尋根」意義還是不可抹煞的，七等生在其一篇難得一見的〈自傳〉裡（1977 年）坦言：

　　　　現代的人大都不再懷想祖先的事蹟，尤其那些勞奔而貧賤的人似乎不明瞭他們來自何處，像我過去有一段時間根本不知道我生活於此地的意義，直到有一天我知道我的先祖是最初來開墾通霄的人之一，我頓然清晰地懂得我活下去且堅守我的老家的重大意義；我結束了逃避性的流浪生涯，攜著與我同命的眷屬，身無分文，毫無事

〔註71〕顏忠賢，《影像地誌學——邁向電影空間的理論建構》之第二章：現象學與結構歷程學式的電影空間理論，頁 59，台北：萬象，1996 年。

業的成就，當我們行過街道時，鄉人以窃窃的私語和輕蔑的眼神對
待我們可憐的模樣，面對這些我終於回到破落低矮的老家，它比高
樓大廈更使我覺得安穩和滿足，當我死時，我不會是孤魂野鬼，我
會加入親人的行列，這裡有我的祖父母、父親、叔叔和我最親愛的
哥哥玉明。〔註72〕

七等生年過三十回到通霄老家，並不是所謂的「衣錦榮歸」，據他自己的話說
是「結束了逃避性的流浪生涯」，因此就心理層面言，他是「無顏見江東父老」
的，因此感受到鄉人在背後的指指點點，但是他卻在「破屋殘瓦」中找到了
安穩和滿足，找到了自我的認同，也找到了存在的意義，那是因為時空環境
帶給他對此「地方／點（place）」的認同感與歸屬感；因此所謂舊家就某種意
義而言也可被視作新城，原因就在於一種「地方／點感」的產生。〔註73〕大
陸學者在論述七等生的中篇小說〈隱遁者〉時提到，主人公魯道夫由一個城
鎮流浪到另一個城鎮，尋獲不到自適的感覺，最後自我放逐，涉過沙河，來
到與人類的城鎮對立的彼岸森林。在這裡，與魯道夫發生關連的社會環境由
沙河、城鎮和森林三個意象構成，極富典型性，且沙河在此不再是普通意義
上的河流，它像一條時間、歷史的長河，承受人類的辛酸苦難，迎來一個個
新的生命，又讓它們回歸到它的懷抱；它又是人類基本的生命主旨和精神的
代表，舊的時代隨流漂逝，另一個更新的時代卻仍然存在著不變的內在生命
潛流，它更是一條由此岸森林到彼岸城鎮之間無法跨越的鴻溝，象徵著當今
台灣社會乃至人類社會種種相互對立的矛盾的不可調和性。〔註74〕如〈削瘦

〔註72〕七等生〈自傳〉，文末書：寫於 1977 年 4 月 19 日通霄宅，刊載於《小說新
潮》1 期，1977 年 6 月。

〔註73〕顏忠賢認為這個從現象學發展出來與空間認知理論有關的新人文主義地理
學觀點已經過修正：「對於人的居住以及經常性活動的涉入，經由親密性及記
憶的累積過程，經由意象、觀念及符號種種意義的涉入，在段義孚（Tuan, Yi-
fu）、瑞夫（Relph）及相關學者的強調中，重新定義『地點（place）』，它不僅
僅是作為客觀的空間形式，而被視為是一種意義、意向或感覺價值的中心，
而且經由充滿意義的真實經驗或動人事件、個人或社區的認同感的關懷的建
立，才能將空間及其實質特徵動員並轉形為『地點感』，從而取代並修正實證
主義式空間研究理論的貧乏。」中參見顏忠賢，《影像地誌學──邁向電影空
間的理論建構》之第二章：現象學與結構歷程學式的電影空間理論，頁 20，
台北：萬象，1996 年。

〔註74〕白少帆等主編，《現代台灣文學史》第二十章，頁 499，遼寧大學出版社出版，
1987 年 12 月一印。

的靈魂〉中的主角劉武雄，當他在「土宛」這個冷漠疏離的空間裡感受不到
善意的對待時，第一個想到的就是遁逃到童年的家鄉沙河，即使是重返舊時
破屋的木床上（《離城記》，頁 212），或在遇到不高興的事時，會帶著小狼狗
「西洛」跑到沙河去排遣整個下午，而高興的時候，則會到沙河的淺水地方
學習游泳（同上，頁 327），或是想起他們一起去尋找班鳩的美麗早晨等等。
（同上，頁 213）如果把七等生個人與家鄉沙河的意義連結，尤其是當連結了
自己的先祖與通霄這塊土地的關係後，他追溯及想像先祖渡海來台的時空歷
程，「沙河」就在由他與先祖、土地所產生的「感覺結構」〔註 75〕中扮演一個
重要的世代「中介」角色，呈顯出「地點」的內在意義〔註 76〕，即產生個人
與先祖意識的交點，中介於「真實」與「想像」，「知覺」與「夢想」之間，來
自於他所慨嘆的：「除家宅數坪的土地之外，一無所有，自劉公以降，時代與
人事的遷變，不禁令我感懷沉痛，但今日我的思想的連續是唯一的安慰。」
〔註 77〕而他就是以他「真實」與「幻想」，「介入」與「抽離」一貫的筆法，
賦予及開展了他所處的時空位置和存在的意義，同時也豐富了在地書寫中文
學空間經驗的可能；因為回歸鄉土的另一層意義也可以說是從文明體制的「自
我放逐」，如薩依德對「流亡」的新見解：

〔註 75〕顏忠賢的論點與說明：雷蒙‧威廉斯（Raymond Williams,1977）所定義的「感
　　　　覺結構」（Structure of Feeling）是思想上的創見，他描述感覺結構是在特殊地
　　　　點和時間之中，一種生活特質的感覺；一種特殊活動的感覺方式；他企圖以
　　　　此對文化進行解析或揭開組織相互關係的複雜性，甚至是強調以「世代」為
　　　　主的感覺結構變遷乃是有歷史差異且廣佈的社會經驗，愛蘭‧普瑞德（Allan
　　　　Pred,1983）指出如此可以清楚地分析社會及歷史脈絡對個人經驗的衝擊，將
　　　　自我成長、意識交替以及意識形態從整體之中抽離，「感覺結構」比「地方感」
　　　　在概念上更清楚地知道社會及歷史脈絡對空間認知經驗衝擊，從而對於現象
　　　　學關切的空間課題提出本質上的修正。摘自《影像地誌學──邁向電影空間
　　　　的理論建構》之第二章：現象學與結構歷程學式的電影空間理論，頁 21，台
　　　　北：萬象，1996 年。
〔註 76〕顏忠賢的論述：「地點感往往是個人持續不斷發展經驗意識的部分，這種發展
　　　　是一個人所擁有日常參與於時空制度的實踐，也是一個人所擁有的社會化與
　　　　其我在社會結構的轉形過程，感覺結構則提出：個體所擁有的地點感是缺乏
　　　　深度的，必須更具體地介入歷史與社會結構來修正的結果，才能真實地呈顯
　　　　『地點』內在的意義。」《影像地誌學──邁向電影空間的理論建構》之第二
　　　　章：現象學與結構歷程學式的電影空間理論，頁 65，台北：萬象，1996 年。
〔註 77〕七等生〈自傳〉，文末書：寫於 1977 年 4 月 19 日通霄宅，刊載於《小說新
　　　　潮》1 期，1977 年 6 月。

對於受到調和適應、唯唯諾諾、安然定居的獎賞所引誘甚至圍困、壓制的知識分子而言，流亡者是一種模式。即使不是真正的移民或放逐，仍可能具有移民或放逐的思維方式，面對阻礙卻依然想像、探索，總是能離開中央集權的權威，走向邊緣——在邊緣你可以看到一些事物，而這些是足跡從未越過傳統與舒適範圍的心靈通常所失去的。〔註78〕

七等生當初雖帶著「結束逃避式的流浪生涯」的心情回家，也立定心願要安於平實的生活，但他那阿多諾口中「永恆的流亡者」〔註79〕的知識分子姿態，讓他持續地以創作做為他與故鄉沙河／通霄重新認識的開始，他永遠都像一個環境的初學者，從心靈自發地感覺到擁有一個不合流俗的生活方式。

當《城之迷》的柯克廉接受「斐梅」的挽留在城裡小住下來的時候，他其實是以一個觀察者的角色在觀望自己可能的涉入程度，他對於這個城始終抱持著一定的距離，以便於他可以隨時離去。他留下只是為了持續他的寫作和內在的追求；當他重返這個他又愛又抗拒的城市時，他是用一個「流亡」的知識分子的「雙重視角」〔註80〕重新去認識這個城市的。城市給他的「無地點感」（Placelessness）意謂了「地點的疏離」，使柯克廉活像是一名城市的疏離者／邊緣人，或更像一個漫遊者，面對異化的空間生出難以面對的無力感。如柯克廉對斐梅所說的話：「我答應妳住在城裡只是尋訪早已走失的神話，關於那白馬，甚或為我自己在現世追求一個理想的女人。」（《離城記》，頁103）而敘述者也透露：「從通俗的觀點上來說，這幾個從異地來此城裡會聚的人，如不是互有緣份，還能再說為何？這是時代的特色，豈能忽視他們所能代表的時代的特殊意義？這正是我們的柯克廉留城且意趣盎然的涵義所在，而他的自然意識正想從這些人身上覓求情感的和諧和欲望的平衡，從中

〔註78〕見薩依德，《知識分子論》，頁101，台北：麥田，1997年。
〔註79〕薩依德認為法蘭克福學派學者阿多諾把知識分子再現成永恆的流亡者，以同樣的靈巧來迴避新與舊，其再現的核心在於寫作風格——極端的講究且精雕細琢。見《知識分子論》，頁94。
〔註80〕薩依德在其《知識分子論》第三章：〈知識分子的流亡——放逐者與邊緣人〉提到：「因為流亡者同時以拋在背後的事物以及此時此地的實況這兩種方式來看事情，所以有著雙重視角（double perspective），從不以孤立的方式來看事情。新國度的一情一景必然引他聯想到舊國度的一情一景。」頁97；在此筆者以廣義的流亡來界定七等生的心態，對他而言，重回故地帶來新、舊的對照的雙重視野。台北：麥田，1997年。

塑造他理想的戀人與神俊的白馬的形象。」(《城之迷》，頁 110) 七等生似乎
有意在〈城之迷〉中留下一個伏筆，他沒有立即提供答案，倒留給讀者一些
想像空間。也就是在小說的第五章，柯克廉與以「斐梅」為中心的眾友人的
聚會場合中，藉曹林、白夢蝶等人的口問了一個極其敏感的問題：「你們台灣
人對外省人的觀感如何？」柯克廉當然無力回答如此嚴肅的問題，於是巧妙
地做了一個反問：「或許最好你們能先說倒底外省人對台灣人有什麼觀感。」
(同上，頁 47) 而輕撥了這個提問。小說在此看似無意要處理這個省籍的議
題，但這個高品味的藝術圈裡的人物，除柯克廉以外，幾乎都是外省籍，个
然就是外國人，如珍尼絲來自美國，斐梅的省籍是大陸四川，白夢蝶來自福
建，曹林則是一位留美的博士，父親與白夢蝶是舊識。這個問題是不適合搬
上台面用言語加以論辯的，但問題的延續卻可在小說的十五章看出端倪。

　　柯克廉安排這群人到他熟悉的新店碧潭去觀覽那裡的山水風光。敘述者
說，他有這個靈感完全是想到學生時代的一位好友，他的家在碧潭開了一家
茶館，位置就在那橋頭附近的崖壁題字「碧亭」的地方。這是第一次他有榮
幸引導他們來尋求閒適的安靜。此時敘述者如此描述：「時近黃昏，這個城市
邊陲的地區呈現動人的投影，遊客已漸稀少，吊橋下搖曳的小舟散漂潭面，
清晰地看見男女對坐浮蕩，他們的交語擴散在凹曠的河上空際，樂聲細碎。
大船沿岸壁緩緩滑（划）行，時有賣食的小舟追趕靠近。船夫溫和沉靜，手腳
規律有序。這個山水的佳地無有市聲的干擾；樹木蒼綠，水色湛藍，吊橋橫
過，自然呈露幽雅和平之貌。」(同上，頁 128) 珍尼絲看到這種純粹的鄉俗
和野趣，臉上頻露出愉快的笑容，在舟子裡與柯克廉碰杯而飲，表示她來台
灣一年多今天最感輕鬆愉快。而斐梅不斷地注視那位搖槳的青年，大概對他
的冷靜和傲岸的姿態產生興趣。在她的思潮裡也許正在疑問著為何人間還有
這樣的一位純樸的人物，而整個潭面何處尋覓這樣一個異乎其類的船夫？七
等生有意透過敘述者對斐梅的觀察和提問以及珍尼絲的觀感，來反襯出柯克
廉所追求的真實面貌和意趣所在。如敘述者如此深入斐梅的思維：「這真是實
在的真實嗎？她想：『還是柯克廉引導他們走進了古時的幻境裡，故意安排這
樣一位尊貴人物來嘲諷他們？』(同上，頁 129) 以及替珍尼絲代言：「珍尼絲
小姐暢言她的一生的遊歷印象，她隨父親在美國政府身居的工作職位之便到
過無數的國家，所遊之地全是歷史的遺蹟，看到的是文化的斑駁現象，所交
遊的朋友都是現代的知識份子，身心全為所謂流行音樂，煩瑣哲學所感染，

猶如行走在夢幻裡，即使在東方的城市所過的也是變質的虛浮日子，難得現在有此一遊，睹見真實誠樸的形象，反而在這幽寂的天地中倍覺心神的躍動，充滿存在的意識，有如赤裸著置身於四面透視的明鏡之間，使她窺視著自己而大呼奇異。」其實最終是要帶出的斐梅的好奇：「為何生長在這島上的人具有這種優秀秉性？」（同上，頁130）以及領悟：「我認為這是他抗辯的一種形式。」（同上）七等生讓小說到這第十五章才提出這種形式的回答：「假如我們之間有分野的話，這可算是我的辯論。」（台灣人對外省人的觀感）（同上，頁131）

或許柯克廉只有在他最熟悉也最親近的自然風光底下，才能找到一種「地方感」。這種地方感的形成，當然第一是因為透過視覺方式，回到學生時代與同學交遊的所在，且這個地方還是舊時同學的老家，親切與熟悉感自不在話下；第二是跟自己本性相合（搖樂青年的冷靜和傲岸其實也在暗指柯克廉的心性特質），他才能夠有熟練自在的演出。而透過文字的描摹，讓人有一種文學時空與現實時空貼近的感覺，明知那是小說虛構的情節，卻因為某些場景的描寫與地名的寫實，喚起讀者的舊經驗，這是地誌書寫擅長描繪具體事實，點染地方的特徵，而令人心生親臨感與參與感的特色所在。

在《城之迷》中有一處描寫到柯克廉在城裡一早醒來，就有一份奇異的直覺在牽引著他，就像他在鄉野居住時一到某種時刻就有一位全知者通知他，就是在那個時候正在做著緊要不能放開的工作，也會突然莫名其妙地氣躁浮動起來，只要暫時放開工作到他常去散步遨遊的小山上走一圈，那麼一切又會恢復原來模樣，重新獲得定力和冷靜，這種令人不可思議的怪癖日久就成為他自然的習性。（《城之迷》，頁89）但那天他一個人默默地搭乘火車，又換乘汽車來到了一處鄉鎮的小學校，那是他在二十歲時曾經任教三年的地方，是他第一次被委派來工作的地方，那麼這裡有什麼值得他在經過十五年之後突然地降臨的理由？敘述者說，值得注意的是他直往這個小鄉鎮的小學校，腳步像一個夢遊者要返回他開始出發去漫遊的地方，表情沉鬱的從一處破圍牆的缺口進入。（同上，頁90）這個舉動儀式性的意義大過實質的意義：

> 他回憶十五年前最後站立在此時的驚慌感覺，他幾乎每天都在早晨
> 升旗的時刻看見他的瘦長的影子映在對面的玻璃上，但忽然在那一
> 天，他赫然發現他的影子在他緊捉不放的注視下悠然移開消失。這
> 是他十五年來漂泊不定覓尋自己靈魂的原因，他在今天回來就像是

　　結束了這種漫漫長途的辛苦追索。這個沒有驚動任何人的儀式是多
　　麼重要，從現在開始他的行為和思想都將有一位嚴明的主宰來為他
　　負全責。他回歸于祂，信仰祂，崇拜祂，他在離開時已不再是個徬
　　徨的人，他有信心有堅定的理念，他將去面對真實人生而不是逃避
　　現實。（同上，頁90）

柯克廉如此看重這個鄉鎮的小學校，是他離開校園被分派的第一份工作，這
個地方雖不在台北市，但是屬於廣義臺北城的一隅，它的意義是與城鎮相接
近的。在此無疑是隱形作者七等生個人情感成份的「介入」，這個礦區的小學
校，是他有生第一次與一位年輕美麗的女子發生強烈的戀愛的所在，也是他
第一次當小學教師的所在，更是他首次面對社會的面目的所在，並且還是他
第一次有我的存在感覺的所在，也可以說是他文學的起點的所在。〔註81〕那
麼多的第一次在那個「場所」裡發生，它是「我們存在中經驗到有意義事情
的焦點」〔註82〕，「場所為人類存在的奧秘中心，並作為無自我意識之意向性
的對象。根本上，每個人會意識到和我們出生、長大、目前生活或曾有特殊
動人體驗的場所，並且與之有深刻的聯繫。這種聯繫似乎構成了一種個人與
文化的認同，及其安定的活力泉源。」〔註83〕柯克廉／七等生所要面對的這
個場所，對他而言因為有許多第一次的意義，是十分刻骨銘心的，是既想抗
拒又是深具魅惑力的，所以在闊別十五年之後再返回，會有一種「近鄉情怯」
的心理反應。而這個行動儀式所產生的力量及啟示又是十分個化的，我們不
知道為什麼他能在這樣的行動中重新找到面對真實人生的力量，而且回歸一
位嚴明的主宰者（上帝？）。

　　這位性喜孤獨，猶如孤獨的星辰在太空航行的柯克廉，在城市完成了他
的場所儀式的（靈魂）尋索之旅後，又經歷了不少人事的糾葛和變化，最後
還是決定要離開，他認為「一個具有強烈理想的人如不離開，就會沉墮和軟
化」（同上，頁178）。因為「柯克廉在長期的禁錮裡，心性變得虛無而積萎，
對美好的世界懷以虛幻的理想自娛，徘徊迷惑於現實即是幻影，想像即是真

〔註81〕前四項是根據七等生〈復職〉的說法，頁267；最後一項則是筆者的認定，參
　　　　看本論文第二章：七等生的文學身世。
〔註82〕顏忠賢引 Noberg-Schulz,1979 的說法，見《影像地誌學——邁向電影空間的
　　　　理論建構》，頁23。
〔註83〕顏忠賢根據瑞夫的定義及胡塞爾的說法加以闡釋說明。見《影像地誌學——
　　　　邁向電影空間的理論建構》，頁24。

實的無可辨識的思想之間，自覺生如幽魂，鬼魔即人生的悲涼面目。」（同上，頁 156）如同〈隱遁者〉的魯道夫，也以為城鎮表面「美麗而壯大」，實際上卻是「群魔群鬼聚居的處所」，充滿邪惡，完全背離了人類美好健康的精神；而森林則是純潔、質樸、自然的所在；〔註 84〕當〈精神病患〉的賴哲森處於癲狂的狀態失手扼死妻子後，第一個想到的避居之地就是回到森林、草原、山谷與河岸，讓偉大而神秘的自然決定他的生與死。（《我愛黑眼珠》，頁 289）

迷走在城市的柯克廉，臨走前對斐梅說：「我原是沒有任何計劃的來到城市，也沒有意料到會再見到妳，甚至因妳的關係認識其他的人，那時我的心境是相當的無依，我的困難很難向人傾訴而取得信任，但全知者的牽引，使我心中的理想原意在別處卻轉換到此處，我的出發點原是為己，為個人的理由，卻沒想到會成為一個參與的旁觀者，興趣由己出發而著落在別人身上，整個過程都令我感動，使我在介入與隔離之間維持著一個微妙的關係。我無私的宏願，只想覓求安適的生活，卻改換了志趣參與著文化的活動，要我扮演一個敘述者，因此我現所迫切需要的是返回一個寧靜的處所，好好記錄我的漫遊的奇遇，這些材料透過我的全知心靈變成整個事實的象徵。」（《城之迷》，頁 179）在城市裡柯克廉自稱是一位漫遊者，在介入與抽離之間，他陰錯陽差地選擇了扮演一位敘述者的角色。

事實上不管在城市或鄉間，就空間的意義來說是差別不大的，重點在於它是不是一個「寧靜的處所」，以及生活形態的選擇。就像七等生自己說的：

> 有一種人在成長階段中，一直受到自卑與自傲兩種極端的情感所折磨，他成為一個生活的浪子，外表和言行極端地反抗社會的一切架構，反抗人性的虛偽，他的衝動外表永遠像是在往前奔跑，同時也像是永遠往後逃避。然後有一個機緣，他駐足停步，他驚愕了，像從夢中醒來，開始從習慣的人造社會回返到自然的世界。許多情況說明了心靈內轉的真實，簡單地說，這是宗教上的了悟（雖然他並不在形式上皈依某一種宗教），在存活的人類裡，大都都有這種掌握生命契機的智慧。〔註85〕

對現實的七等生而言，「回鄉」雖有自我放逐的意義，美其名是隱居，但有自

〔註84〕白少帆等主編，《現代台灣文學史》第二十章，頁 499，遼寧大學出版社出版，1987 年 12 月一印，頁 499。
〔註85〕《散步去黑橋》自序，《一紙相思》，七等生全集【10】，頁 287。

我沉溺及自我療傷的意味在，但也有許多瑣碎的事情令人心煩。譬如七等生在接受林麗雲的專訪時表示：「我的性情比較傾向於藝術的探討，喜歡保有隱密的完全屬於我自己的生活，但是家庭生活和目前教職的工作沒辦法達到這種目的，畢竟太個人化一旦顯現在行為上，會造成家庭的不和諧。」〔註86〕個人孤獨的習性只有透過書寫來實踐，在真實與幻想之間馳騁，在城市與鄉間想像遊走。苗栗通霄雖比不上台北都城的繁華，但地理空間上它還是屬北台灣，以台灣交通便利的程度而言，其實它還是一個大有開展的空間，然而實際上七等生卻過著一個以通霄為核心的半封閉的生活，可說是一個城巿邊緣人的角色。對於台灣近二、三十年來的一些文學性的辯論會和事件，他雖無權參與，因為他住的是偏僻的鄉下，上城並不方便，有時他想去探個究竟，一路走一路想著這些事的現象和因果，常常來到半途就覺得累了，興趣也打消了，就折返回家。〔註87〕但是他仍透過書寫來表達他對台灣政治現象的關心，譬如〈我愛黑眼珠續記〉就是以台灣八〇年代的街頭抗議運動為背景，而〈上總統李登輝書〉就是對台灣的亂象表達知識份子的關懷。

第四節 〈隱遁者〉的認同途徑

〈隱遁者〉(《沙河悲歌》七等生全集【5】)是七等生中期的作品，其主角魯道夫，在沙河對岸的森林建造了一座小木屋，做為他另一個「寧謐空間」的所在，這個空間的主人其實就是一位時空的隱遁者。七等生以自身憂鬱的性格塑造了「隱遁者」的形象，其來源可推究自早期的〈隱遁的小角色〉〔註88〕。此篇被視為七等生隱遁心態的原型，也是他理想世界所憧憬的生命情調的表徵。〔註89〕〈隱遁的小角色〉)是七等生早期的作品之一，其中的主角叫「亞茲別」，與另一角色拉格是同窗好友，在服兵役期間同時

〔註86〕林麗雲，〈孤獨的追尋者──七等生〉頁71；《張老師月刊》15卷5期，74年5月，頁68～71。
〔註87〕〈中國文學討論會講辭〉，收於《重回沙河》七等生全集【8】，頁347。
〔註88〕收於《初見曙光》，七等生全集【1】，頁105～122。
〔註89〕七等生，〈隱遁的小角色〉的小說主角「亞茲別」與另一男性友人拉格為同窗好友，在服兵役期間同時追求一位「南國咖啡室」的侍者心兒，但心兒卻深被亞茲別孤獨憂鬱的氣質所吸引。退伍後亞茲別來了兩封信後就音訊全無。心兒苦等不候，拉格趁虛而入，獨留一些悵惘在德布西（杜保西）的月光曲中。收於《初見曙光》，七等生全集【1】。

追求一位「南國咖啡室」的侍者心兒，但心兒卻深深地被亞茲別孤獨憂鬱的氣質所吸引。退伍後亞茲別來了兩封信後就音訊全無。心兒苦等不候，拉格趁虛而入，獨留一些悵惘在德布西（杜保西）的月光曲中。其主角「亞茲別」隨後又分別出現在〈我愛黑眼珠〉、〈來到小鎮的亞茲別〉，以及〈我愛黑眼珠續記〉中，代表七等生不同時期的面具。魯道夫在沙河對岸的森林建造了一座小木屋，做為他另一個「寧謐空間」的所在，這個空間的主人也是一位時空的隱遁者。於是魯道夫也可以被視為中年時期的「亞茲別」，此時沙河遂成為一孤立隔絕的意象；隱遁者藉由抽離人群，在這個單獨的時空中，與自我共處，並與自我和自我以外的他者對話，其積極意義就是在尋求自我／主體的認同。

一、沙河——鏡像中的他者

　　某天他在晨霧中赤腳涉水過河，生起柴火，等待即將為他展開的景致。用他隨身攜帶的一副舊式單筒望遠鏡，凝視觀望周遭的一切，包括鏡頭背後那「內心的遠景」。於是他看到了一個因追逐（掠影）而受傷的小男孩，一個有群魔聚居的城鎮，一個因跳上餐桌舞蹈而受罰的瘦小少年，還有在沙河的跳水谷教他游泳，並教他要學做坦磊的君子和自我獨立的人的大哥玉明，更有一個在日據時代服公職，而在光復後被解職的，有著特異的靈魂的父親，最後還看到了一個因追求雀斑姑娘在愛情上被棄的男人。這些內心的遠景，都是魯道夫想藉用望遠鏡來觀察城鎮的細節時，所映現在鏡框裡的景物：「那些屬於舊城鎮時期的事物，無疑是隱遁者心靈存在的造物，透過魔術的工具，使他返回昔日的時光。」（《沙河悲歌》，頁157）大陸學者劉再復說：

> 　　一些敏銳的作家，就努力發展文學可以表現人的內心世界的優點，
> 並進一步由外到內，讓作品中的人物直接表露自己的內心圖景，表
> 露自己的感覺、想像、幻覺、閃念、情感拼搏、意識流動等等。柏
> 格森生前苦心地探求的「內心電影」，也正是這種內心圖景。當小說
> 作品的重心轉入描繪這種內心圖景，小說便進入「內心世界審美化
> 的階段」。在世界範圍內，本世紀頭幾個十年，小說開始顯示出這個
> 新的歷史階段的大取向。〔註90〕

〔註90〕劉再復，《性格組合論》上，頁53～54，台北：新地出版社，1988年9月初版。

七等生透過敘述者的獨白，闡明在沙河游動的雲霧底下，透過魔術般的望遠鏡，可以呈現一個幾近褪色的「視域剩餘」。〔註91〕而隱遁者魯道夫之所以像一隻待宰的羔羊，從一個賴以生存的舊城鎮出走，原因就是一種被遺棄的感覺。如：

> 魯道夫對這一切看得非常清楚，而他自己就是一個被懲罰得最重的
> 人，他孤單無援，在他年輕的時代，由一個城鎮流浪到另一個城鎮，
> 尋獲不到自適的感覺，最後自我放逐，涉過沙河，來到與人類的城
> 鎮對立的彼岸森林。(《沙河悲歌》，頁159)

這些不堪的往事，如破碎的鏡像般，曾經讓魯道夫本人對自我的存在產生否定和質疑，而且也找不到對話與交流的對象，於是索性自我放逐。據劉康的觀察，人的主體在巴赫汀看來首先是一個生命存在的事件或進程。存在是什麼？存在是「特殊的，和統一的存在事件或進程」。存在是特殊的、不可替代的。死亡只有特殊的感性個體才能體驗到。但人人皆死，因此死亡的體驗又是群體的。因為特殊個體對存在和死亡的體驗永遠是不完整的、片面的，所以整體上的存在和死亡只有在感性個體的自我與他者的關係中，與他者的對話、交流、溝通之中，才能充分體現。只有在這個自我與他者的對話、交流與溝通的意義上，存在才是統一的、完整的、全面的〔註92〕。魯道夫的自我放逐是放棄與城鎮（外在）的對話與交流，轉向自然界（內在），尋求另一種自我與他者對話的可能：

> 谷地的唯一光源是來自那能見到的有限天空。他坐在水潭邊，注視
> 那成為白銀色的水流，他的心漸漸地沉靜而安定下來，他漸漸在安
> 寧中意識到自己的存在，他看到了自己並非第一次但這一次使他感

〔註91〕劉康，《對話的喧聲——巴赫汀文化理論述評》提到：「視域剩餘」是拉康主體理論的基本概念之一，與「外在性」、「超在性」等同是美學範疇的觀念。巴赫汀不滿意康德唯心主義的「先驗綜合」，他認為最重要的不是什麼「先天綜合判斷如何可能」和時空直觀、知性範疇等抽象的形式問題，而首先必須面對實在、直接的現實世界，面對人類的感性個體的具體存在。他認為人類的每個個體都在現實世界中有其不可替代的、獨特的感性體驗，這種體驗被巴赫汀稱為「視域剩餘」。每個感性個體的特殊的「視域剩餘」，保證了主體的「外在性」，也使價值的交換、視域的互補成為可能和必要，因而保障了主體的建構。頁85。台北：麥田出版社，1998年初版二刷。
〔註92〕劉康，《對話的喧聲——巴赫汀文化理論述評》頁86。台北：麥田出版社，1998年初版二刷。

到心平氣和。(同上,頁 177)

於是魯道夫在靜謐的星空下,回憶起幼年時望星辰的事。大東亞戰爭期間,他們全家由城鎮遷居到山區,躲避空襲。夏天的夜晚,他們把草蓆鋪在一座黑橋的橋板面上,大家躺下來仰望天空,指出星星的所在。而今當他注視著星空時,他感到幼年認識的星光一無變異地在向他眨動和調戲,魯道夫感激它們,對它們不停的注視,直到入睡。(同上,頁 177)

陳麗芬曾針對〈隱遁者〉提出很中肯的論述:

> 主角對往昔的追憶全部以「沙河」為中心——這是七等生鍾愛的「時間」和「大自然」的象徵,此河包含了他整個生命,蘊藏著他對過去的依戀和痛苦掙扎,並把他與父親共同的命運連繫起來。有時敘事又是一首牧歌,將主角塑造成一個漫步林間的「高貴原始人」(nobel savage);河流把他隔絕於世外。大自然又是一股神秘的力量,誘發主角的性幻想,小說中便有巨蟒夢中探訪隱遁者的性暗示。〔註93〕

這位文本的「隱遁者」,廖淑芳以為,他「已然安頓在藝術創作的叢林中,藉由『凝視』自我,重回『原始傷痕』的歷史現場,包括集體性社會對個人自由意志的壓制、愛欲的不滿與匱缺等,在充滿高度自傳性的重覆片段中」〔註94〕,持續著自我的追尋。在這個寧謐的空間中,隱遁者魯道夫從他的身體裡感覺到一種緩慢的蠕動的微響。那象徵他心裡的欲求的幻影,像條巨大的蟒蛇出沒在他的小屋四周,夜晚以牠銀一般的冷舌舐觸他的臉頰。如此再三的反覆,直到巨蟒的身影消失無蹤為止,森林的下方遠處出現一個湖泊,平滑如綠玉,暗示慾望的本身已經悄然隱退。

這是隱遁者自成一套的鍛鍊和進修的計劃,首先第一步就是趕走藏匿在他思想中的各種欲望的化身,這些來自於他「內心的遠景」,也可說是他個體潛意識的象徵,幻化成各種自卑、羞辱、挫敗與恐懼等形式,起初就像巨蟒般對他造成很大的威脅,以至於他必須搭蓋小屋來阻絕牠,就如同榮格的理論所說的,似乎與「本我」的最初相遇,就預先投下了一個黑暗的陰影,或者

〔註93〕陳麗芬,〈台灣現代主義文學的另類想像——以七等生為例〉頁 86～87;收於《現代文學與文化想像》頁 77～101。

〔註94〕廖淑芳,〈青春啟蒙與原始場景——論青年小說家的誕生〉,頁 11;《文訊》雜誌主辦第三屆青年文學會議,1999;後改寫發表於《光武通識學報》創刊號,頁 60,2004.3,頁 55～78。

恰如「內在的朋友」首先設置一個陷阱，然後捕獲那個無助的、掙扎的自我〔註95〕。但慢慢的當他能與牠和平共處，甚至與之產生對話與交流後，那巨蟒般的自我竟隨著那河流似的身體消失在森林裡，如此他才能重新找到回城的力量。這或可說是個緩慢、難以感知的心靈成長過程，稱之為「個體化的過程」，在其中隱約可見一個婉轉曲折的模式，在此模式中，個體的困頓或意向變得可見，然後消失，之後又再出現。〔註96〕因此仍然有一股自然的因素阻止他回城，因為時間使大自然改變，也使隱遁者沒有回城的途徑。其實他是用失去舊愛，也就喪失了辨析回程的路徑的隱喻來表明自己寧可隱遁的決心：

> 愛情在世間並非不存在，可是愛情需要時機和智慧，現在只剩下我
> 自己和那所簡陋的矮屋，這就是我的世界。當我去工作時，就像出
> 洞尋食的巨蟹，然後又回來守住那個石縫。我已經沒有指望，對妳
> 更不再抱持什麼願望。我自覺過去已經喪失了一些我所愛的事物，
> 現在我必須像古代的農夫一樣好好地耕耘自己的土地，並且堅嗇地
> 守住剩下的一切。我將離開城鎮，隱遁於沙河對岸的森林。（《沙河
> 悲歌》，頁199）

他把對雀斑女郎的愛，從一種通俗的男女之愛，提昇為一種「美感」，就因為它是建立在信賴的基石上。他說如果不是這樣，愛情會隨時光消逝；唯有美感的愛情才配去頌讚，也唯有信賴所建立的堅石才配稱偉大。他在詩句寫道：「我將永遠記住妳：／你將自己奉獻給我的／那最神聖秘密的儀式／是一種超越一切的絕對信賴。／我的意志也是全憑此誌／努力不懈。」（同上，頁181～182）又說：「我要將我最美的愛意給妳／我的存在喚起妳的良知和意志的萌芽／在虛幻和短暫的人生中／這是文明的發現，永恆的價值／我和妳都能共同擁有／我第一次看見妳／便像在鏡中看到了我自己／一個人只堪能真正地去愛一次／像柴火只能燒一次／生命只有活一次／這是自我開拓的時代／追求生活和完美的愛／一切都回返給個人應享的自由／這一路徑已清晰地顯現」。（同上，頁185～186）可是當愛情在現實中幻滅，追求自由的途徑（回歸的通道）受到阻絕時，隱遁者說：「所有的一切變成只是我自造的夢幻，包括妳的人格都是我自己向我自己假造的。」（同上，頁199）在隱遁者的鏡像

〔註95〕卡爾・榮格主編，《人及其象徵》，頁198，立緒出版社，2000年初版二刷。
〔註96〕卡爾・榮格主編，《人及其象徵》，頁187，立緒出版社，2000年初版二刷。

背後，愛情是屬於自我的象徵層，在主體的認證中，它像不可企及的現實層，永遠存在夢幻（真實）的遠方。

二、涉入與跨越——自我與他者的對話

回顧隱遁者的心靈結構，他從一個沒有土地的城鎮逃離，原因是要逃離魔鬼居住的所在，以被群魔放逐的隱遁姿態尋求自我生存的空間，終於在沙河的對岸尋覓到自己可以耕種的土地，但是代價是棄絕曾經嚮往的文明，回復到古典的自然。只有當隱遁者拿起望遠鏡掃視時，對岸的城鎮才會現出原形，否則它在他肉眼的遠眺中，卻與天地自然結合為一體，富有動人的優美。望遠鏡只是另一個心靈之眼，或所謂的時光機，讓他返回到童年經常逃學去漫遊和躲藏的山丘，走過一條石頭碎瓦倒插滿地的不平坦的水泥路，也來到接受大哥玉明引領認識的沙河和教他游泳的跳水谷（通霄橋附近），更走訪小學教師湯阿米，去追索父親的死因。就是要一遍一遍地穿梭在昔日與現實之間，隱遁者才能從內在自我的省視中，脫離囚禁之地，走出自我認證的危機（Identity Crisis）〔註97〕。年輕的魯道夫面對與父親之死有關係的當事人湯阿米教師和陳平校長說：

> 我個人的遭遇，當我的父親被解職後，直到他逝世，造成家庭的貧困和兄弟姊妹的分散。反觀那時在日本帝國統治下與先父一同任職，在光復後依然保持職位的人，他們的豐衣足食的生活和意氣高揚的態度，對我和我的家庭而言是一種無比的刺痛。我必須追究我痛苦的根源，我的痛苦與我父親的遭遇有著密切的關係，毋寧說是我的先父造成而遺留給我的，因此我必須去了解他，而要了解他必須借重你們的解釋。（《沙河悲歌》，頁173）

這段隱遁者自我生命史的敘述似乎有意與時代社會的大歷史作聯結，自我雖有個別的遭遇，但不全然要由自我來承擔，自我與社會其實是一個命運共同體，時代的錯誤往往就反映了個人的不幸。這對隱遁者的自我認同，恰恰是

〔註97〕自我認證的危機（Identity Crisis）的概念是由後精神分析理論陣營所提出，方漢文認為，首先在這方面作出突出貢獻的是醫生、作家埃里克.哀里克森（Eric Ericson），他可謂這一觀念的真正創始者。他所謂的三大危機，包括第一是姓名危機，第二是種族認同的危機，第三是職業和人生的危機。以上說法參見方漢文，《後現代主義文化心理：拉康研究》頁51~52。上海三聯書店，2000年11月一版一刷。

一個關鍵因素，以至於他要再一次發問：「我是誰？」「我從哪裡來？」等命題，以修正他的自我意識，達到自我與「他者」———一個缺席的父親認同的目的。因為痛苦來自於不能認同，無法認同就會產生主體的分裂。

　　大陸學者方漢文認為，後精神分析理論家埃里克森在理論上提出的自我認證危機觀念，自我失落與尋找自我的主題，已經超越了心理學的界限，在哲學和文學等有關領域引起迴響，並且為社會所重視。就是把自我意識的發展與社會生活緊密結合，個人與社會問題的內在聯繫被揭示出來〔註98〕。隱遁者要先化解這種認同危機，才能進一步產生主體的認證。在〈隱遁者〉中有一段極其冷靜疏離的敘述：

> 隱遁者魯道夫起身給予那個不可思議的城鎮和沙河極為深沉的注視。太陽依然高掛著，向大地投出最為強烈的熱光。他用望遠鏡對城鎮做一次全面的索尋，一切都顯得那麼光怪陸離，他不能了解現在城鎮顯露的現象的意義——行走在街道上的人機械式的腳步，以及像玩具的世界一樣到處設置的各種象徵標誌。（《沙河悲歌》，頁176）

是因為城鎮與他疏離在先，導致他必須隱遁，還是在他隱遁後的鏡頭底下，城鎮所呈現的樣貌就是如此疏離？這個因果關係恐怕難以釐清，當然有人會質疑隱遁者的心態是一種消極的逃避和失意者的牢騷，恐怕應該有比隱遁更好的處世態度。就像中國魏晉的名士，有的可以共聚一堂，在沙龍般的聚會裡，熱切地進行清談；但也有「激進的士大夫，急於擺脫禮法教條控制，人人口稱自然，但自然可以是樸素退隱的生活，也可以是野蠻的享樂主義，具體的表現在飲酒、服散、裸身、性放縱，以及與豬共食的怪異的行為。」〔註99〕但也有另一種悲劇性的人物如阮籍者，「其所標舉的崇高的宇宙性超越的內在，其實是一種悲劇性的拒絕，他既拒絕儒家的入世生活，也拒絕隱遁者所實踐的那種超越生活，他更不能想像後來出現的那種將超越化為內在真實因而能在朝為官的生活。」〔註100〕的確，隱遁者只是選擇活出一種對抗俗世的

〔註98〕方漢文，《後現代主義文化心理：拉康研究》頁52～53，大陸：上海三聯書店，2000年。

〔註99〕彭錦堂，〈傳記的虛構與歷史的真實——阮籍的〈大人先生傳〉〉，頁198，《文本的世界——敘事如何形成歷史》國際研討會論文集，2004年10月9／10日，中興大學歷史系主辦。

〔註100〕彭錦堂〈傳記的虛構與歷史的真實——阮籍的〈大人先生傳〉〉，頁204，《文本的世界——敘事如何形成歷史》國際研討會論文集。

姿勢，以發掘他所嚮往的短暫自由。敘述者說：「生命本身對隱遁者所顯示的第一義，不外是生命的自由。他遠離城鎮和人類，無疑是逃脫不自由的束縛。」（《沙河悲歌》，頁 161）事實上他說出了內心的渴望：

> 那麼讓我們應用理智來達成我們心中對愛的願望罷。但是在未全然贏得之前，勢必遭到總總挫折，會感到軟弱，會充滿猜疑，會認為蒙昧天良，會認為損傷別人，會躊躇不前，會感覺受到囚禁失掉自由，會覺痛苦和煩惱。（同上，頁 189）

在拉康的鏡像理論的映照下，他反映了主體認證的危機和強烈的意圖。大陸學者朱立立說：

> 七等生的自傳式寫作是心靈自傳或精神私史，一種專注的內視寫作。而當七等生努力避免鏡像式的模仿現實的作法，也想回避 20 世紀 60 年代以前台灣文學界過渡抒情感的浪漫書寫形式時，他選擇了現代主義式的一種常見的敘述方式：寓言體，儘管他的心性裡永遠不乏感傷的浪漫氣息。〔註 101〕

但從隱遁者的鏡像呈顯下，反映的就是七等生自我／主體的認證過程；而這個自我／主體的認證是建立在愛的救贖之上，如魯道夫在給「雀斑姑娘」的信上說：

> 因此，我只期望妳，為我設一個地方（甚至是將來的墳墓），讓我從此地的囚禁之所走出，投入你溫柔的懷抱。即使將來我有榮盛的日子，假如沒有妳，我也不會快樂。（《沙河悲歌》，頁 190）

可知隱遁者最終想覓得的安全回歸之途竟然就是愛人的懷抱，也就是透過愛與被愛，使自我從孤單隔離狀態中出走。正如佛洛姆的說法：

> 人最深沉的需要是脫出他的隔離狀態，是離開他的孤獨之牢獄。這個目的如果絕對失敗，即意謂精神錯亂，因為完全的孤獨所導致的恍惚苦痛，唯有由這種從外在世界的根本撤退才能掃除；這時隔離感消失了──因為他被隔離的那個外在世界對他已經消失了。〔註 102〕

〔註 101〕朱立立，《知識人的精神私史──台灣現代派小說的一種解讀》頁 144，上海三聯書店。

〔註 102〕佛洛姆著／孟祥森譯，《愛的藝術》，頁 22，台北：志文出版社（1969 年初版），2000 年（重排版）。

或許橫亙在他眼前的沙河是他生命隔離感的來源，也是他自我存在的「他者」，如果願意衝破阻礙，勇敢的涉水而過，說不定對自我的生命將是一大跨越，因為——我們越是深入自己的生命或他人的生命，則我們所欲了解的東西就越是從我們的指縫間流失。然而我們卻無法終止我們的欲望，使它不去刺探人的靈魂之秘密，使它不去探入那最深的核心——在那核心裡是『他』〔註103〕。七等生對沙河在地的書寫，也是他長驅直入自我認同的途徑之一。

小結

　　本章主要處理七等生結束漂流歷程返回通霄後創作中期（1971～ ）的作品，如《削瘦的靈魂》、〈精神病患〉、〈散步去黑橋〉、《離城記》、《城之迷》和〈隱遁者〉等反映城鄉時空變遷的作品。即是扣緊七等生的「城堡」與自我的意象，著眼於其一生在介入與隱遁之間的特質，看他如何選在人生的黃金時期退居鄉陌，安於工作和過簡樸的生活，並在創作中期勾勒出一幅清晰的圖象——自我塑造的工程，以隱退的自我和主體的追求來含括他的創作歷程。這時期他筆下的沙河的形象雖不明確，卻是把理想愛人的追尋主題寄託在原鄉與白馬形象的追求中；以城鎮的意象作為華麗奢華的象徵，並比對自己內心對原鄉舊事物的迷戀與嚮往。

　　在前兩節有關自我與主體的論述中，七等生透過「幻想」的作用在作品中坦露最真實的自我，增加一層保護的機制，使「本我」與「自我」之間取得平衡，為的是要不斷地超越自我，以形成完整的心理結構和完成「主體」的追求。〔註104〕所以烙印在他性格中的憂鬱與孤傲，都表現在他的小說人物中，如土給色、亞茲別、羅武格、賴哲森、李龍第、劉武雄、詹生、盧生、魯道夫、柯克廉和譚郎等；也把「心象」投影在他的油彩與攝影作品當中。如〈憂鬱的魂魄〉一文所表達的：「我目前有一個想法（但不是我的解釋理由），在陽光對比下的景物或人物，雖然顯得動人和明顯的格調，卻不如那狀如遙遠的、灰黑的、柔和的影像更吻合著我心裡的傾訴要求，尤其是風景，彷彿看

〔註103〕佛洛姆著／孟祥森譯，《愛的藝術》，頁45，台北：志文出版社（1969年初版），2000年（重排版）。
〔註104〕譚國根，〈西方對「主體意識」的探討與論述模式的轉移〉頁13、15；《主體建構政治與現代中國文學》，牛津大學出版社，2000年。

到我憂鬱的魂魄徘徊在那裡。這是無需加以解釋的，因為所有創作的作品都代表作者的心。」（《重回沙河》，頁 43）換句話說，幾乎七等生的每一個人物性格都有一個共通的「憂鬱的魂魄」和「削瘦的靈魂」，而藉著不同的主體形貌（面具）來展現。因為一個作家藝術家應該比任何人都更了解人的內心世界和人的性格運動規律。套用劉再復的話說，性格的二重組合原理，其實質就是打開人的內心世界，揭示性格運動的內在機制，以促成作家藝術家更深刻地反映人的性格的內在豐富性和複雜性，更全面地展示人的情感世界，達到典型深化的目的。〔註 105〕

　　七等生雖然看似把他的自我當做原型人物，在他創造的小說人物中演示，但其實他是以藝術之眼，在人性的塑造工程上奠基。如〈精神病患〉的主角賴哲森的一席話：「我對她們說的故事完全和現在所對您說的我自己的故事類似，那是因為我發現此事已不再稀罕，正充滿了整個社會，所以我只配談我懂的事，而且是真實的經歷。」（《我愛黑眼珠》，頁 287）這段話雖出自小說人物之口，但卻反映早期七等生的創作動機與態度，藉著寫作，他「對於過往成長歲月所遭到的貧困和苦難，遭到人事的折磨等種種夢魘，一步一步地獲得了紓解和擺脫，使我不平靜的心透過這層修鍊的認知，蔑視仇恨的報復而獲得了平靜。」（《銀波翅膀・我年輕的時候》，頁 166）因此如果有人質疑七等生的作為，而要扮演起審判官來定奪他的罪，他或許也會像賴哲森一樣表示：「這是全部的事實。」（《我愛黑眼珠》，頁 294）而不想為此多作辯解。

　　佛洛伊德派的精神分析學家認為，文學家從事文學創作，乃是一種「取悅自我的退行作用」（regression to enjoy ego），對早年的慾望、慾望的滿足方式及其不安、罪惡感等再度加以描述，但往往以偽裝的方式呈現。〔註 106〕對七等生研究甚深的張恆豪說：「他的所有作品，都是生活經歷的寫實，所以我們將各片段串聯起來，不難窺出其生活的斷面。」〔註 107〕因此我們可以從七等生的小說事件不斷重複出現中，發現到蛛絲馬跡。如：〈來到小鎮的亞茲別〉、〈放生鼠〉、〈削瘦的靈魂〉等，反映了他就讀台北師範時的求學經歷；〈父親之死〉、〈初見曙光〉、《削瘦的靈魂》、〈沙河悲歌〉、〈隱遁者〉等，則表露了他

〔註 105〕劉再復，《性格組合論》上，頁 81，台北：新地出版社，1988 年 9 月初版。
〔註 106〕王溢嘉，《精神分析與文學》頁 45，台北：野鵝出版社，2001 年。
〔註 107〕張恆豪，〈七等生小說的心路歷程〉，收於《城之迷》，七等生全集【6】，頁 394。

對父親的看法；而〈跳遠選手退休了〉、〈精神病患〉等則在質疑文明的總體制，排除異己，以逞個人的專利和獨裁。〔註108〕另外又可從〈墓場〉、〈禁足的海岸〉、〈訪問〉等幾篇小說去感受主人翁的孤獨、疑慮、不安和恐懼；也可從〈我愛黑眼珠〉、〈放生鼠〉、〈精神病患〉等去體察愛、罪、罰等議題。透過他的小說人物，諸如劉武雄、賴哲森、羅武格等削瘦與癲狂的面具來呈顯罪與罰等議題，以對抗社會的不公或體制的僵化，並在失落的情愛中呈現自我的崩解。譬如〈精神病患〉，與〈我愛黑眼珠〉、〈放生鼠〉等這幾篇被視為奠定七等生早期風格與文壇地位的代表作，除了在形式結構上比較特殊之外，它們有一個共同特色，就是裡面的主角都是社會的疏離份子，也都是極其渴望嚮往自然和精神的自由，尤其無法忍受因各種文明的理由所設置的「人性牢籠」與「禁閉」，而具有某種癲狂的傾向，並不時發出智者之音和做出驚人之舉。

第二節從〈散步去黑橋〉和電影小說〈綠光〉中的「戴芬」談起，觀照「流動的自我」如何藉由認識「他者」回返內心的自我／主體。而這種流動的自我，貼近於七等生孤獨的性格以及　生「在自我的土地上漂流」的創作軌跡，在對城鎮的迎拒之間，產生了掙扎與拉扯。在他的生命中有太多愛情的缺口，造成一個虛無的黑洞，隨時要來吞噬他荒蕪的心靈。也從他的一張裸身「自拍照」的潛在意識去觀看自我、主體與他者的置換，更從《花花公子》雜誌的「酒家樂」照片中，觀望其內心欲望的流動。

第三節則以《離城記》、《城之迷》等這兩部反映城鄉今昔對比的小說，在與自我的對話和城鄉空間的置換中，重新召回失落的存在感與主體的追求。換句話說，越是表現出城鄉遊移的細節，越是反襯出內心的焦躁不安，但很奇妙的是，當小說的場景從過去傷痕累累的「記憶空間」移轉到自己的出生地沙河附近的「存在空間」時，因為生活實感與在地空間有了緊密的連結，小說人物的氣息就予人氣定神閒的感覺，這或許就是母土做為一種生活的、精神的「原鄉」，所帶來的自在及安定感，這一方面是因為他已結束漂泊的生活，在家鄉復職已有一段時日，小學的教職的工作，在鄰里間自然會受到一定程度的敬重，不僅微薄地支持了他的家庭經濟所需，也提高了自我的認同與價值感。

〔註108〕張恆豪，〈七等生小說的心路歷程〉，收於《城之迷》，七等生全集【6】，頁393。

　　第四節主要是以〈隱遁者〉認同途徑的探討為主。魯道夫之所以像一隻待宰的羔羊，從一個賴以生存的舊城鎮出走，原因在於一種被遺棄的感覺。一些不堪的往事，如破碎的鏡像般，讓魯道夫本人對自我的存在產生否定和質疑，索性自我放逐。他的自我放逐是放棄與城鎮（外在）的對話與交流，轉向自然界（內在），尋求另一種自我與「他者」對話的可能。一些來自於他「內心的遠景」，也可說是他個體潛意識的象徵，幻化成各種自卑、羞辱、挫敗與恐懼等形式，起初就像巨蟒般對他造成很大的威脅，就如同榮格的理論所說的，似乎與「本我」的最初相遇，就預先投下了一個黑暗的陰影，或者恰如「內在的朋友」首先設置一個陷阱，然後捕獲那個無助的、掙扎的自我。這個緩慢、難以感知的心靈成長過程，稱之為「個體化的過程」，在其中隱約可見一個婉轉曲折的模式，因此仍然有一股自然的因素阻止他回城，因為時間使大自然改變，也使隱遁者沒有回城的途徑。就是因為當愛情在現實中幻滅，追求自由的途徑（回歸的通道）受到阻絕，那是因為在隱遁者的鏡像背後，愛情是屬於自我的象徵層，在主體的認證中，它像不可企及的現實層，永遠存在夢幻（真實）的遠方。

　　只有當隱遁者拿起望遠鏡掃視時，對岸的城鎮才會現出原形。望遠鏡只是另一個心靈之眼，或所謂的時光機，讓他返回到童年經常逃學去漫遊和躲藏的山丘，走過一條石頭碎瓦倒插滿地的不平坦的水泥路，也來到接受大哥玉明引領認識的沙河和教他游泳的跳水谷，更走訪小學教師湯阿米，去追索父親的死因。就是要一遍一遍地穿梭在昔日與現實之間，隱遁者才能從內在自我的省視中，脫離囚禁之地，走出自我認證的危機（Identity Crisis）。或許「沙河」的存在是他生命隔離感的來源，也是他自我存的「他者」，他要不斷地涉入和跨越，才能探入生命的核心。

　　經由以上的論述，我們看到七等生如何經營刻畫人物角色的主體形貌，也清楚觀照到一個對城市莫可奈何的迎拒，甚至呈現隱退的自我，最後選擇回歸鄉土，也就是遷移到最初離開之地的心靈地圖，也讓我們體會到段義孚：「逃避，是人類文化創造的原生力」話語的真實力量。說過「不完整就是我的本質」的七等生，視文學為一生的事業，也是生命求知探討的手段，透過它了解人類歷史和世界環境，以窺見自我的內在世界。他同意蒙田真正的自由是來自自我的尋求的話，為自己保留一個「貯藏庫」，也就是所謂的「自由／寧謐空間」，以達成自我塑造的工程。他知道這不是速成的事業，他願意等

待，並把目標寄望於未來，於是他透過寫作和閱讀來彌補自己所學的不足。
〔註109〕不論他當初「離城」動機是要去尋訪夢裡的桃花源，或者要去探尋歷史情境中的「逃城」〔註110〕，回到原初之地的家鄉，不見得就能擺脫浪子的宿命。然而他在《兩種文體——阿平之死》有過一段肺腑之言：

> 你說「難怪你不住台北」，必須說，我住那裡或不住那裡，往往是被逼迫的，而不是我心滿意足的選擇。我在鎮上原有一所父母留下的矮屋和破舊的房子，只有十四坪，因面對菜市場，在忍無可忍下棄屋遷離。二十多年前我離開台北，走往霧社，因為我在城市打零工已經五年，無法安定的生活下去。在山上當臨時雇員又遭老闆欺視，只好到童年的故居來。這樣的落難男子在自己出生的家鄉住下是十分痛苦的，一個沒有什麼成就，沒有職業工作的人是被人看不起的，不像在城市可以掩藏過去。〔註111〕

「隱遁退走」是他一生為生活而爭扎所採取的姿態，以逃避危害他的心靈而能繼續存活下去，〔註112〕然而即使隱居在鄉間，他還是要說：「我的思緒常常漫無止境，想到現實社會，在這小小寄以生存的土地空間，半世紀的生活經歷不禁使我憂鬱衝上心頭。現在我的空間自限得小之又小，我畏懼前往城市，也畏懼上街，幾乎等於蟹居於偏鄉的山畔的屋子裡。」〔註113〕透過讀書筆記，七等生才願意把他孤獨的心靈赤裸地攤開，讓我們看到他極感性脆弱的一面。他承認：「我幾乎逃避一切而只喜歡面對自我。也許你會說我是自戀狂，人格和生活鍛鍊均不足，總之就是懦弱、逃避責任，不敢面對現實。」「退走是我唯一處事的方式，如果我有機會可以在將來銘刻一句墓誌銘，我會寫『我唯一的心願是模仿造物者的沉默』。」〔註114〕

〔註109〕 譬如他在次子保羅出生（1973年）之後，興趣轉向歷史，也開始有計畫地展開對美國作家杜蘭《世界文明史》的閱讀。

〔註110〕 《聖經》有一處極人性化的安排處置，即耶和華曉喻帶領以色列人出埃及的摩西，要他在過約旦河後分別在約旦河東和迦南地建造六座逃城，給以色列人或他們中間的外人，並寄居的，作為逃城，使誤殺人的都可以逃到那裡。見〈民數記〉35章：9～15節。

〔註111〕 這段肺腑之言是跟阿平這位知名的女作家（三毛）的通信記錄，收於《一紙相思》七等生全集【10】，頁116。

〔註112〕 〈讀《寫給永恆的戀人》手記〉，收於《一紙相思》七等生全集【10】，頁254。

〔註113〕 〈讀《寫給永恆的戀人》手記〉，收於《一紙相思》七等生全集【10】，頁238。

〔註114〕 〈讀《寫給永恆的戀人》手記〉，收於《一紙相思》七等生全集【10】，頁248～249。

　　他的大半人生都在與自我以外的世界抗辯，要追求自我並建立起真正的自由，由城市隱退鄉間只是空間的置換，他清楚的認知：「在這個他所能用眼看到的空間裡，事物同樣不依真實而存在。這種荒謬的順序和全然順應感官的生活又同樣使他厭責起來了。」因為：「這座城市和廣大的世界去比較不啻就是一陋鄉僻壤罷了。」〔註115〕就現實而言，城鄉當然有所謂廣狹之別，但對心靈的意象所投射出的空間感而言，一個能讓他自在又安穩的生存環境才是他安身立命的所在，也才是他心靈的原鄉和自我／主體追尋的起點。

〔註115〕以上兩引句，見七等生〈木塊〉，收於《僵局》七等生全集【3】，頁 159。